Adele Gerdes

Die Selbstorganisation dynamischer Systeme

Whiteheads Beitrag zur Philosophie des Geistes

Als Dissertation angenommen an der Universität Bielefeld, Fakultät für Geschichte, Philosophie und Theologie, Abteilung Philosophie, am 14.1.2013.

Bibliografische Information der Deutschen Nationalbibliothek

Die Deutsche Nationalbibliothek verzeichnet diese Publikation in der Deutschen Nationalbibliografie; detaillierte bibliografische Daten sind im Internet über http://dnb.d-nb.de abrufbar.

ISBN 978-3-8325-3333-5

Logos Verlag Berlin GmbH
Comeniushof, Gubener Str. 47,
10243 Berlin
Tel.: +49 (0)30 42 85 10 90
Fax: +49 (0)30 42 85 10 92
INTERNET: http://www.logos-verlag.de

»Das höchste Kriterium bleibt immer
weitgefächerte, wiederkehrende Erfahrung ...«

»Nichts darf ausgelassen werden, alles muß zu seinem Recht kommen: das trunkene und das nüchterne Erleben, das Erleben im Schlaf und im Wachen, im Dämmerzustand und bei hellem Bewußtsein, im Zustand der Selbstbefangenheit und im Zustand der Selbstvergessenheit, intellektuelles und physisches, religiöses und skeptisches, ängstliches und sorgloses, vorausschauendes und zurückblickendes, glückliches und trauerndes, von Emotionen fortgerissenes und mit vollkommener Selbstbeherrschung ertragenes Erleben, das Erleben im Hellen ebenso wie im Dunklen, das normale ebenso wie das abnorme.«

»In Wirklichkeit ist der lebende Körper als Ganzes
das lebendige Organ unserer Erfahrung.«

Whitehead, Prozeß und Realität (56), Abenteuer der Ideen (401, 400)

Inhalt

»Man macht sich oft falsche Vorstellungen von dem,
was die Philosophie zu erklären versucht.
Ihre Aufgabe besteht darin,
das Hervorgehen der abstrakteren Dinge
aus den konkreteren zu erläutern.« (PR 60)

Einleitung

Wenn im Jahr 1999 eine Einschätzung zum Ergebnis kommt, »daß das systemtheoretische Paradigma eine außerordentliche historische Überlebensfähigkeit, Flexibilität und modelltheoretische Ausformulierung bewiesen hat, ohne Erschöpfungszustände zu zeigen«,[1] ist das aus heutiger Sicht Understatement. Systemtheoretisches Denken hat Konjunktur. Und besonders prominent ist die Verknüpfung von Selbstorganisations- und systemtheoretischen Sichtweisen: »Die Theorie der Selbstorganisation gewinnt an theoretischer Tiefenschärfe, wenn man sie mit der Systemtheorie in Verbindung bringt.«[2] Resultat dieser Verbindung sind Theorien dynamischer Systeme; durch sie erfuhr das systemtheoretische Paradigma in den letzten zehn bis fünfzehn Jahren grundlegende Erneuerung und Verbreitung – und das ganz besonders dort, wo sich die Suchscheinwerfer auf den *Menschen* richten: wenn es darum geht, unsere Erfahrung, unser Denken und Fühlen, unser Selbst-Sein und In-der-Welt-Sein wissenschaftlich in den Blick zu bekommen.[3]

1 Krohn et al. 1999, 1586.

2 Küppers 1999, 1450.

3 Den Begriff ›Paradigma‹ verwendet diese Studie im zweifachen Kuhn'schen Sinn: a) im engeren Sinn für allgemein anerkannte wissenschaftliche Bestände mit Modellcharakter hinsichtlich Problemstellungen und Lösungsvermutungen; b) weiter für den umfassenden diskursrelevanten Fundus an Überzeugungen, Sprach-, Symbolbeständen etc.; siehe dazu Hoyningen-Huene 1999, 989.

Konkret schlägt sich diese Entwicklung beispielsweise nieder in einer generellen, transdisziplinären, vielgestaltigen Forschungsausrichtung unter dem Obertitel ›Embodiment‹. Allgemein gesagt, geht es dabei um: »the deep contuinity of life and mind«.[4] Als eine Grundannahme lässt sich formulieren: Unsere Erfahrung, unser Denken und Fühlen, ist nur begreifbar als ein Element des Natürlichen, als ein *natürliches* Phänomen, unablösbar gebunden an Leben, an Körperlichkeit beziehungsweise Leiblichkeit. Wenn der Begriff ›Embodiment‹ ins Deutsche übersetzt wird, dann mit ›Verkörperung‹ oder auch mit ›Verleiblichung‹.

»Körper (body) ist hier ein weitgefaßter Terminus, der nicht nur die rein ›materiellen‹ Grundlagen des Geistes (v.a. das Gehirn), sondern auch anthropologische Dimensionen (historische, soziale, kulturelle, emotionale, linguistische etc.) umfaßt. *Conditio corporea* ist hier *conditio humana.* Die Unterscheidung zwischen Körper vs. Leib im Deutschen erlaubt es, den zweiten Ausdruck zur Bezeichnung dieser ganzheitlichen Auffassung des menschlichen Wesens zu reservieren.«[5]

In Forschung und Theoriebildung sind selbstorganisational-systemtheoretische Sichtweisen deshalb so stark im Kommen, weil sie ganz entscheidend helfen beim Beschreiben, Analysieren und Deuten, beim Begreifen dieser Bindung von *Erfahrung* an *Leben.*

»Where there is life there is mind, and mind in its most articulated forms belongs to life. Life and mind share a core set of formal or organizational properties, and the formal or organizational properties distinctive of mind are an enriched version of the self-organizing features of life. [...]

4 Thompson 2007, IX.

5 Unternbäumen 2001. 74, Fn. 48. Zu den Termini ›Leib‹ und ›Körper‹ siehe Platz 2006, 10: »Im Deutschen ist es möglich, zwischen Körper und Leib zu unterscheiden. Der Begriff ›Körper‹ hat seine Wurzeln im lateinischen Wort *corpus* und wurde ursprünglich vor allem für den Leichnam benutzt [...]. Er bezeichnet den objektivierten Körper, der auch für Tiere und Lebloses verwendet wird. Mit dem menschlichen Körper ist meist ausschließlich der materielle, biologische Körper gemeint. Im modernen westlichen Sprachgebrauch *hat* der Mensch einen Körper [...]. ›Leib‹ dagegen hat dieselbe Sprachwurzel wie ›Leben‹ und meinte ursprünglich Person oder Selbst [...]. Der Leib definiert sich dadurch, dass er die Welt erlebt (›erleibt‹). Er wird als Wahrnehmungs- und Handlungspotential erfahren. Der Mensch *ist* ein Leib. Im Leib sind Körper und Geist untrennbar.«

From this perspective, mental life is also bodily life and is situated in the world.«[6]

Zu dieser generellen wissenschaftlichen Ausrichtung tragen Fortschritte in ganz unterschiedlichen Bereichen bei; der sogenannte ›embodiment turn‹ ist Bestandteil einer Art globaler Entwicklung, deren einzelne Facetten auf bestimmten Forschungsfeldern auch subsumiert werden unter die Überschrift ›konstruktivistische Wende‹, auf anderen unter die Überschrift ›phänomenologische Wende‹ oder ›semiotische Wende‹ oder ›dynamical turn‹. Wichtige Akteure sind unter anderem die Entwicklungspsychologie und die Wahrnehmungspsychologie, die kognitive Linguistik und Semiotik, die Neurobiologie und die Informatik.

Anschaulich wird dieser globale Wandel, der Sache nach, beispielsweise auf der Ebene der forschungsleitenden Analogien, Metaphern, Bilder. Eine wesentliche Neuorientierung auf dieser Ebene ist etwa plakativ formulierbar als: ›Das Gehirn ist kein Computer.‹ Das wurde über Jahrzehnte anders gesehen:

»Das inzwischen klassische Beispiel für ein informationsverarbeitendes System ist der *Computer*. Der Computer mit seinen enormen Fähigkeiten der Speicherung und Verarbeitung von Informationen erschien vielen sogar auch für die menschliche Informationsverarbeitung paradigmatisch, so daß er nicht nur als Arbeitsinstrument, sondern vor allem als konzeptuelle Grundlage der Kognitiven Wissenschaft galt. Eine derartige Sichtweise wird als *Computermetapher* bezeichnet. Immer deutlicher wird heute jedoch gesehen, daß der Computer kein forschungsleitendes Modell der menschlichen Informationsverarbeitung sein kann [...].«[7]

Ein bezeichnender Aspekt des wissenschaftlichen Wandels hin zum Selbstorganisations- und ›Embodiment‹-Paradigma ist die Wende von *technikaffinen* forschungsleitenden Bildern, Analogien und Metaphern zu solchen, die das *Natürliche* an der Sache in den Blick zu nehmen suchen. Geht es beispielsweise um den Gegenstandsbereich *Gedächtnis*, scheint es in einigen grundsätzlichen Hinsichten adäquater, nicht etwa Informations-

---

6 Thompson 2007, IX. Zur Spannbreite dieser Forschungsprogrammatik siehe z.B. Barsalou 2008, Gallagher 2012, Ziemke et al. (Hg.) 2007.

7 Rickheit/Strohner 1993, 16.

technologisches wie den Computer, den Datenspeicher oder die Festplatte zwecks Veranschaulichung heranzuziehen, sondern die »biologischen Metaphern«.

»[...] dass das Gedächtnis in unserem Kopf Produkt eines außergewöhnlich komplexen natürlichen Vorgangs ist. Dieser ist in jedem Augenblick auf das individuelle Lebensumfeld und das einzigartige Erfahrungsmuster des einzelnen Menschen perfekt abgestimmt. Die alten biologischen Metaphern für das Gedächtnis mit ihrer Betonung auf ein kontinuierliches, unbestimmtes, organisches Wachstum sind, so zeigt es sich, bemerkenswert zutreffend. [...]

Diejenigen, die das ›Outsourcing‹ von Gedächtnisleistungen ins Internet bejubeln, haben sich von einer Metapher in die Irre führen lassen. Sie übersehen die grundlegend organische Natur des biologischen Gedächtnisses. Was dem echten Gedächtnis seinen Reichtum und seinen Charakter verleiht, ganz zu schweigen von seinen Geheimnissen und seiner Empfindlichkeit, ist seine Kontingenz. Es existiert in einem zeitlichen Kontext und verändert sich mit dem Körper.«[8]

Wie steht es um den Beitrag der *Philosophie* – um das philosophische Nachdenken über die Bindung von *Erfahrung* an *Leben*? Darum geht es dieser Studie; dem gilt ihr Erkenntnisinteresse. Als konkreten Zugang – als Einfallstor für die philosophische Reflexion – wählt sie die Konzeption A.N. Whiteheads. Diese gilt als eines »der am konsequentesten durchgearbeiteten Systeme«,[9] was die philosophische Beschäftigung mit dem Thema ›mind and life‹ angeht, und sie ist ein Theorieangebot, das *jede* Spielweise der Erfahrung durchdenkt im Hinblick darauf, und das unter

8 Carr 2010, 298f.

9 Wiehl 1996, 122; danach ist Whiteheads Philosophie eines »der am konsequentesten durchgearbeiteten Systeme des Naturalismus in der Philosophie der Moderne überhaupt«. – Die Whitehead-Arbeiten liegen sämtlich in deutscher Übersetzung vor und als solche den Zitaten in dieser Studie zugrunde: The concept of nature, 1919 – dt.: Der Begriff der Natur *(BN)*; Science and the modern world, 1925 – dt.: Wissenschaft und moderne Welt *(WW)*; Symbolism, its meaning and effect, 1927 – dt.: Kulturelle Symbolisierung *(Sy)*; Process and reality, 1929 – dt.: Prozeß und Realität *(PR)*; The function of reason, 1929 – dt.: Die Funktion der Vernunft *(FV)*; Adventures of ideas, 1933 – dt.: Abenteuer der Ideen *(AI)*; Modes of thought, 1938 – dt.: Denkweisen *(DW)*. – Zu historischen Abgrenzungen wie ›Spätwerk‹ bzw. Kontinuitäten und Entwicklungen im philosophischen Denken Whiteheads siehe Hampe 1990, 173, Fn. 7; 1991a, 11. – Vorüberlegungen zu dieser Studie fasst zusammen Gerdes 2007.

Gesichtspunkten, die fassbar sind mit Leitbegriffen wie ›Selbstorganisation‹, ›dynamische Systeme‹, ›Embodiment‹.

Zurzeit ist dieser Zugang noch relativ ungenutzt. Auch wenn Whiteheads Aktien momentan durchgängig stark steigen; überwiegend spielt sich die Rezeption seines philosophischen Theorieangebots noch ab in einer vergleichsweise geschlossenen Teilöffentlichkeit. Es gilt, grosso modo, als ›eindrucksvoll, aber hermetisch‹.[10]

Hier setzt diese Studie an: Als ihre Aufgabe begreift sie, dieses Theorieangebot zugänglich zu machen – als Möglichkeit der philosophischen Reflexion dessen, was wir heute über unsere Erfahrung, unser Denken und Fühlen, unser Selbst-Sein und In-der-Welt-Sein wissen.[11]

Anzusprechen ist dazu der Punkt *Aktualität* und, möglichenfalls damit zusammenhängend, der Punkt *Rezeptionsauffälligkeiten.* Whiteheads Theorieangebot traf direkt mit seinem Erscheinen auf ein eigentümliches Rezeptionsvakuum, das der Philosoph Reiner Wiehl einmal mit dem Begriff ›Mumifizierung‹ bezeichnet hat.[12] Einiges ist zu diesen Rezeptionsauffälligkeiten mittlerweile gesagt;[13] und diese Studie wird immer wieder auch Rezeptionsaspekte ansprechen. Und sie wird möglicherweise etwas sichtbar machen, was so rezeptionstheoretisch noch kaum thematisiert ist, denn es zeichnet sich besonders dann deutlich ab, wenn man das philosophische Theorieangebot – wie es diese Studie für bestimmte Fragestellun-

---

10 Siehe etwa Zimmer 2009, 216f., in Bezug auf Whiteheads »Prozeß und Realität«: »[...] unumstritttenes Pionierwerk von imposantem Umfang und schwer überschaubarer Komplexität, das völlig neue Wege eröffnet, aber gleichzeitig dem Leser große Anstrengung abverlangt [...]. *Prozess und Realität* gehört nicht zu den meist gelesenen philosophischen Werken des 20. Jahrhunderts, und der ungeheure theoretische Reichtum des Buches ist bis heute erst in Ansätzen erfasst worden.«

11 Ein Anliegen der Studie ist insofern, was die philosophische Tradition auch das hermeneutische Anliegen des Verstehens und der Verständigung nennt, des »Dolmetschens, Erklärens« (Gadamer 1974, 1061); zu diesen hermeneutischen Anliegen siehe auch Wiehl 1996, 145.

12 Siehe Hampe 1991a, 11, dort mit Verweis auf Reiner Wiehl (1959, 106): »Nun gilt aber, daß Prozeß und Realität, wie Wiehl schrieb, beinahe im Moment seines Erscheinens als großes philosophisches Werk anerkannt, aber [...] ›mumifiziert‹ und damit für jede Gegenwart ›unschädlich‹ gemacht wurde.«

13 Exemplarisch siehe dazu: Hampe 1997 und 1991a, Holl 1992, Lachmann 2000a, Lotter 1996, 20f.

gen durchspielt – systematisch im interdisziplinären Kontext reflektiert. Im Grundsatz geht es hier um die These von der *Vorzeitigkeit* Whiteheads: Aus dieser Sicht läuft dieses philosophische Unternehmen in entscheidenden – rezeptionsrelevanten – Aspekten quer zum geistes- und erfahrungswissenschaftlichen Mainstream der 1930er bis 1980er Jahre – womit, so die Überlegung, möglicherweise seine ›Mumifizierung‹ zusammenhängt. Es konvergiert demgegenüber mit weitreichenden und tiefgreifenden jüngeren und aktuellen Wissenschaftsentwicklungen: mit einem breitgefächerten, transdisziplinären, in gewisser Hinsicht globalen Wandel, der eben beispielsweise mit Schlagworten wie ›Selbstorganisation‹ und ›Embodiment‹ überschreibbar ist und dessen einzelne Facetten wir heute unter anderem kennen als konstruktivistische, als phänomenologische oder als semiotische Wende – ein Wandel, der unter anderem mit einer Vielzahl an ›Wiederentdeckungen‹ bezeichnender Selbstorganisationsansätze, wie beispielsweise der Gestaltpsychologie, einhergeht. Whiteheads Theorieangebot lässt sich vom heutigen Kenntnisstand aus deuten als eines, das diesen globalen Wandel für die *Philosophie* vollzieht.[14]

Einen aus heutiger Sicht exemplarischen Befund hinsichtlich des Zusammenhangs von *Erfahrung* und *Leben* hat die Gestaltpsychologie einmal treffend so formuliert: »Every act, every experience leaves a trace«[15] – jeder Moment, jede Erfahrung, schon die bloße Imagination hinterlässt, grundsätzlich betrachtet, Spuren, kann beispielsweise in wiederum erfahrungsrelevante Veränderungen resultieren. Es sind Befunde wie dieser, die Whiteheads Theorieangebot konsequent systematisch durchdenkt.

---

14 Ein Wandel, der einmal, in anderem Kontext und unter anderem Blickwinkel, für die postmoderne Philosophie formuliert worden ist als das »Abrücken vom Primat der Logik, das Abrücken von der Monokultur des Sinns und das Abrücken von der Prävalenz des Sehens, diese vierfache Kritik an Anthropozentrismus, Logozentrismus, Monosemie und Visualprimat [...]« (Welsch 1998, 82). – Zu anders gelagerten, etwa kultur- oder sozialwissenschaftlichen Ausformungen und Aspekten dieses Wandels wie z.B. dem sogenannten ›spatial turn‹ siehe etwa Bachmann-Medick 2006, auch Latka 2003.

15 Helson 1951, 369.

In methodologischer Hinsicht bezeichnend ist für diese Studie der Begriff der *Rekonstruktion* – der ganz allgemein eine »gegenüber den Begriffen der Interpretation und des Verstehens ausgezeichnete Methode des Begreifens« meint:[16] das gedankliche Nachbilden eines komplexen Zusammenhangs unter systematischem Gesichtspunkt. Dieses gedankliche Nachbilden zielt erstens auf interdisziplinär-wissenschaftliche Entwicklungen und Kenntnisstände; insofern ist diese Studie *Wissenschaftsgeschichte* und *Wissenschaftstheorie*.[17] Zweitens wird die *Philosophie* in den Blick genommen, Whiteheads Theorieangebot rekonstruiert, genau gesagt: teilrekonstruiert.

Nahezu jeder Versuch der Darstellung betont es: »Der Reichtum an Problemen, die Whitehead behandelt, ist ungeheuer«;[18] es ist ein Reichtum beispielsweise auf den Gebieten der Wissenschaftsgeschichte, Wissenschaftstheorie, Naturphilosophie, Erkenntnistheorie, Wahrnehmungstheorie, Anthropologie. Der Ehrgeiz der hier vorlegten Studie beschränkt sich insofern auf das Beleuchten spezifischer, in gewissen Hinsichten exemplarischer Aspekte; die Betonung liegt auf *exemplarisch*. Um das Anliegen, was die Rekonstruktion des Whitehead'schen Gedankengebäudes angeht, in ein Bild zu fassen: Es ist ein Großgebäude von außerordentlichen Aus- und Innenmaßen, und diese Studie beschränkt sich darauf, eine für einen ersten Zugang und bestimmte Fragestellungen brauchbare Orientierungsskizze zu liefern: Betrachterstandpunkt, Grundriss, Infrastruktur, Hauptareale und Zugangsoptionen, ›points of attraction‹, und immer wieder, aus verschiedenen Aufsichten: ›points of orientation‹.

16 Mittelstraß 1995, 550; zur allgemeinen Lesart des Rekonstruktionsbegriffs als ›gedankliches Nachbilden unter systematischem Gesichtspunkt‹ siehe Bausch 1999, 504; zum Rekonstruktionsbegriff siehe auch Carrier 1986.

17 Wissenschaftshistorische Vorarbeiten in diese Richtung: Gerdes 2008.

18 Hampe 1998, 122; zu den Schwierigkeiten, Whiteheads philosophisches Denken zu rekonstruieren, siehe z.B. Hampe 1990, 11ff.

Übersicht

Aufgebaut ist die Studie als argumentativer Dreischritt: *Teil I* gilt der Klärung der Fragestellungen, etwa aus wissenschaftshistorischer und wissenschaftsphilosophischer Sicht, *Teil II* der Rekonstruktion der Philosophie, *Teil III*, ergänzend, möglicherweise weiter plausibilisierenden Praxisbezügen.

Teil I

Am Anfang steht die forschungslandschaftliche Orientierung: Was genau meint die Rede von einer ›Theorie der Erfahrung‹, von ›Theorien des Geistes‹, vom ›Erklären des Mentalen‹? Was meint der Theoriebegriff, was der Begriff des ›Geistigen‹ oder ›Mentalen‹? Und wie verhält es sich mit dem notorisch vieldeutigen Begriff ›Bewusstsein‹? Das sind die Eingangsfragen *(Kapitel 1)*. Im Ergebnis kommt diese Sichtung zum Befund – der als Richtschnur für den weiteren Gang der Untersuchung dient –, wonach inhaltliche Schwerpunkte einer Theorie des Geistes oder auch, anders formuliert, einer Theorie der Erfahrung sind: 1) der Bereich des *Kognitiven*, der epistemische, Wissens- oder auch ›Welt‹-Gehalt des Mentalen, 2) der Bereich des *Erlebens*, die Subjektivität – der ›Selbst‹-Gehalt des Mentalen. Das sind zwei wesentliche Gemarkungen. Vereinfacht, zugespitzt, als Fragen formuliert:

— ›Wie kommt die Welt in den Kopf?‹
— ›Wie kommt das Selbst, die Subjektivität, in die Welt?‹

Wie steht es unter diesen Vorzeichen um disziplinäre Aufstellungen und speziell um den Beitrag der Philosophie? *(Kapitel 2)* Dazu stehen weitere begriffliche Orientierungen und Klärungen an – insbesondere zunächst einmal hinsichtlich des Naturalismusbegriffs. Grundsätzlich meint ›Naturalismus‹ auf philosophischem Terrain, den »Geist als *natürliches* Phänomen«[19] zu begreifen. Nimmt man es genauer, ist begriffspolitisch relevant die Unterscheidung zwischen Positionen, die die Erklärung des Mentalen als exklusiv naturwissenschaftliches Unternehmen begreifen – weshalb

19 Carrier/Mittelstraß 1989, 3.

sich dann der Blick nicht selten prompt auf die Neurowissenschaften richtet –, und Positionen des Naturalismus im weiten, trans- und interdisziplinären Sinn. Auch dieser Naturalismus betrachtet das Geistige als natürliches Phänomen, was aber nicht notwendig nach sich zieht, dass ausschließlich die Naturwissenschaften gefragt seien – im Gegenteil: Was Entwicklungspsychologie oder Wahrnehmungspsychologie, kognitive Linguistik oder kognitive Semiotik herausfinden, gilt aus dieser Sicht als wesentlich, und das Geistige als natürliches Phänomen zu begreifen, als ein Projekt, bei dem alle, Natur- und Geisteswissenschaften, in einem Boot sitzen – und bei dem, was den Beitrag der Philosophie angeht, im Großen und Ganzen die gesamte Breite philosophischer Unternehmungen gefragt ist: Analyse, Kritik, Konstruktion.

An diesem Punkt wird die methodologische Frage interessant: Lässt sich zurzeit auf ganz genereller Ebene, wenn es um Theorien und Modelle des Geistes geht, pragmatischer Methodenpluralismus oder auch -liberalismus feststellen – »Die Wahl einer bevorzugten Betrachtungsweise kann nur strategisch erfolgen«[20] –, gibt es bei den konkreten Ausformungen zur Theoriekonstruktion erkennbar Präferenzen. Zunehmend prominent ist, was als Klassiker konstruktiv-integrativer Instrumentarien gilt: systemtheoretische Zugänge. Ihre wesentlichen Charakteristika im Hinblick auf das Leitmotiv *Selbstorganisation* werden hier kursorisch zusammengestellt; damit ist die forschungslandschaftliche Orientierung in dieser Form vorerst am Ziel.

Der Stand der Dinge wird nun aus aus *wissenschaftshistorischer* Perspektive beleuchtet, indem eine Etappe der Wissenschaftsgeschichte als Begriffsgeschichte nachgezeichnet wird. *(Kapitel 3)* Herangezogen wird ein begrifflicher Musterfall: der kognitionswissenschaftliche Repräsentationsbegriff. Es geht also nicht um den neuzeitlichen Repräsentationsbegriff schlechthin, sondern um eine bestimmte Spielweise, an der sich entscheidende Wissenschaftsdynamiken – hin zum ›Selbstorganisations-‹ oder ›Embodimentparadigma‹ – exemplarisch nachzeichnen lassen.

---

20 Wildgen 2000, 83.

gilt Whiteheads Theorieangebot. Einführend geht es um die generelle Verortung seiner Philosophie, unter Aspekten wie: Philosophiebegriff, Themen- und Zielhorizont, methodische Ausrichtung. *(Kapitel 4)* Angesprochen wird insbesondere, inwieweit diese Philosophie sucht, eine *allgemeine* Fassung einer Selbstorganisationstheorie, eine *universelle* Theorie der Erfahrung zu entwickeln, und diese auf den anthropologischen Prüfstand zu schicken, wo sie sich als Theorie *menschlicher* Erfahrung zu bewähren hat. Angesprochen wird weiter, inwiefern dieses philosophische Programm Analyse, Kritik und Konstruktion umfasst – von einem ›pragmatischen Standpunkt‹; und wenn es um die konkrete Ausbildung zur Theoriekonstruktion geht, ist die systemtheoretische Zugangsweise Thema.

Um dann die Theoriekonstruktion selbst systematisch zugänglich zu machen, werden auf einer allgemeinen Ebene zunächst drei Säulen unterschieden: die ontologische, die wahrnehmungstheoretische und die epistemologische Säule. Daran orientiert sich die Rekonstruktion: Es geht zunächst um die Wirklichkeitstheorie, dann um die Wahrnehmungstheorie, dann um die Epistemologie – die Frage nach dem *›Welt‹-Gehalt* des Mentalen. Und schließlich mündet die Rekonstruktion in Überlegungen dazu, wie es sich aus Sicht dieser Philosophie mit dem Problem der Subjektivität, des *›Selbst‹-Gehalts* des Mentalen verhält.

Der Einstieg in die Rekonstruktion der Ontologie erfolgt begriffsgeschichtlich: mittels eines Rückblick auf den weichenstellenden Begriff schlechthin, den Substanzbegriff. *(Kapitel 5)* Denn an diesem Punkt setzt das Projekt Whiteheads als *kritisches* an, und das Interessante an dieser Kritik ist, wie sie auch heute noch virulente begriffliche Probleme ausleuchtet, wenn sie aus unterschiedlichen Perspektiven sehr deutlich macht, inwieweit im Substanzbegriff gravierende Schwierigkeiten einer naturalistischen Theorie der Erfahrung gründen können – und zwar auch dann, wenn ›Substantialismus‹ und ›Essentialismus‹ explizit als längst überwunden gelten.

Die Rekonstruktion der Ontologie *(Kapitel 6)* beginnt, der Orientierung halber, mit einem Blick auf deren Grundgerüst und speziell die wesentliche Unterscheidung, die man als eine von von Mikro- und Makroebene oder von Elementarebene und Ebene zweiter Ordnung auffassen kann. Es wird dann im ersten großen Rekonstruktionsschritt das Gegenstandsmodell für die Elementarebene rekonstruiert: das *Elementarereignis* oder der *Elementarprozess*. Nachbilden, veranschaulichen und plausibilisieren lässt sich dieses Gegenstandsmodell unter einer Vielzahl wirklichkeitstheorischer Gesichtspunkte, über klassische systemtheoretische und einflussreiche informationstheoretische Begrifflichkeiten – was schließlich deutlich macht, inwiefern es hier um etwas geht, das als prototypischer selbstorganisationaler ›Grundbaustein der Wirklichkeit‹ begreifbar ist.

Gegenstandsmodell auf Makroebene – Gegenstandsmodell für die ›Welt, wie wir sie kennen‹ –, ist das Modell des *Nexus*, des *Netzwerks*, Wenn dieses Gegenstandsmodell nun im zweiten großen Rekonstruktionsschritt gedanklich nachgebildet wird, geschieht das erstens mit besonderem Augenmerk darauf, ob und inwiefern der Netzbegriff als generelles Rahmenkonzept für Wirklichkeitsbeschreibung, -analyse und -deutung begreifbar ist. Was unterscheidet beispielsweise *Netzbegriff* und *Systembegriff*, ist eine der Fragen, die hier angesprochen werden. Zweitens wird, etwa unter einem Stichwort wie *dynamische Stabilität*, untersucht, was genau die allgemeine philosophische Wirklichkeitskonzeption zu einer Theorie dynamischer Systeme macht.

Whiteheads philosophisches Projekt ist nicht nur Ontologie, sondern in entscheidendem Ausmaß außerdem auch *Wahrnehmungstheorie*. (*Kapitel 7)* Insbesondere gravierende Probleme der Naturalisierung des Mentalen sind wahrnehmungstheoretischen Vereinfachungen und Verkürzungen verdankt, macht Whiteheads *Kritik* aus immer wieder neuen Blickwinkeln und im Gespräch mit Philosophen wie Hume und Kant deutlich: um das Geistige als *natürlich*, die menschliche Erfahrung als Element der Natur zu begreifen, braucht es einen anderen Wahrnehmungsbegriff als den des philosophisch-erkenntnistheoretischen Mainstreams. Was diese Kritik einfordert, ist heute zumindest auf wahrnehmungsphysiologischem Terrain Stand der Dinge: ein signifikant erweiterter und differenzierter Wahrnehmungsbegriff.

Whiteheads *konstruktiver* Beitrag ist die allgemeine philosophische Fassung eines solchen erweiterten und differenzierten Wahrnehmungsbegriffs. Angelegt ist diese Konzeption so, dass drei Wahrnehmungsmodi unterschieden werden; rekonstruiert wird auf dieser Etappe jeder der Modi, und zwar mit besonderem Augenmerk auf den Bezügen zur Wahrnehmungspsychologie und -physiologie. Im Grundsatz vollzieht diese philosophische Wahrnehmungskonzeption systematisch eine aus heutiger Sicht angebrachte Wende, zu der als wesentlich das *leibphänomenologische,* das *ökologische* und das *konstruktivistische* Grundmoment zählen. Das so greifbar und plausibel zu machen, dass der Wahrnehmungsbegriff in seiner ganzen Tragweite für eine – ebenso humanistische wie naturalistische – Theorie der Erfahrung sichtbar wird, betrachtet diese Rekonstruktionsetappe als Aufgabe.

Als Schlüsselbegriff einer naturalistischen Epistemologie *(Kapitel 7)* entwickelt Whitehead, aus dem Wahrnehmungsbegriff heraus, den *Symbolbegriff.* Grundsätzlich hat man es beim Symbolbegriff zu tun mit einem der vieldeutigsten und theoriegenerativsten geisteswissenschaftlichen Begriffe überhaupt – Cassirers Befund von 1927 gilt heute noch um einiges mehr:

> »In der Tat gibt es wohl keinen anderen Begriff […], der sich so reich, so fruchtbar und so vielgestaltig wie dieser erwiesen hat – aber auch kaum einen zweiten, der sich so schwer in die Grenzen einer ersten definitorischen Bestimmung einschließen und sich in seinem Gebrauch und seiner Bedeutung eindeutig festlegen läßt.«[21]

Vor allem auch mit Blick auf aktuelle kognitions- und kulturwissenschaftliche Debatten wird deshalb Whiteheads allgemeine philosophische Symbolkonzeption in ihrem Verhältnis zu erkenntnis- und zeichentheoretischen Traditionslinien und aus diesen hervorgegangenen Symbolbegriffen verortet. Auf dieser Basis wird dann entlang exemplarischer Aspekte der Frage nachgegangen, wodurch und wie diese generelle philosophische Konzeption systematisch – und systematisch anschließbar – vollzieht, was beispielsweise wissenschaftstheoretisch als *kognitiv-semiotische* Wende und als ›*embodiment turn*‹ fassbar ist.

---

21 Cassirer 1927, 295.

Wie steht es mit der Frage nach dem ›Selbst‹-Gehalt des Mentalen – nach der *Subjektivität? (Kapitel 8)* Whitehead selbst behandelt diese Frage mit einer gewissen Lässigkeit: Er formuliert weder ein explizites ›Problembild der Subjektivität‹ noch eine explizite Subjektivitätstheorie. Aus seiner Sicht stellt sich ein philosophisches ›Rätsel der Subjektivität‹ in erster Linie infolge Verknüpfungen wirklichkeits- und wahrnehmungstheoretischer Weichenstellungen: Problematisch sind zunächst einmal Denk- und Argumentationsfiguren im Gefolge des Substanzbegriffs, und die Probleme verschärfen sich dann, wenn verkürzte Wahrnehmungskonzeptionen hinzukommen; das resultiert – so Whiteheads kritische Diagnose – einerseits in rationalistisch-idealistische, andererseits in empiristisch-behavioristische Verengungen: pointiert gesagt, in Konzeptionen ›leibloser Subjekte oder subjektloser Körper‹. Wobei eine verkürzte Wahrnehmungstheorie auch dann eine Hürde sein kann kann, wenn man sich aus den ›substanztheoretischen Fesseln‹ befreit hat; das Kant'sche Programm beispielsweise ist ein solcher Fall, konzediert – nicht nur – Whitehead.

Entsprechend dieser Diagnose gestalten sich die Suchräume für Lösungen. Konkret liegen Optionen, wird auf dieser Etappe skizziert, in einer Naturalisierungsstrategie, die vorrangig selbstorganisationale Ontologie und – insbesondere leibphänomenologisch erweiterte – Wahrnehmungstheorie verschränkt: Whiteheads diesbezügliche Überlegungen laufen im Grundsatz hinaus eine Konzeption, die prominent beispielsweise unter dem Titel *Autopoiesis* anzutreffen ist. Nachgezeichnet werden diese Überlegungen hier insbesondere auch mit Blick auf Whiteheads ›virtuellen Widerpart‹ Kant.

Teil III

diskutiert schließlich exemplarische wissenschaftliche Bestände unter der Headline ›Embodiment‹ und daran Anschließbarkeiten von Wissenschaft und Philosophie; vordringliches Interesse ist, die auf allgemeine Grundzüge angelegte Philosophie konkret greifbar zu machen. Der Sache nach befasst sich diese Kontextualisierung mit beiden Schwerpunkten: 1) mit der Frage nach dem *Epistemischen*, dem *Wissen*, dem ›Welt‹-Gehalt des Mentalen, Stichwort: ›embodied cognition‹; 2) mit der Frage nach dem

Subjektiven, dem *Erleben*, dem ›Selbst‹-Gehalt des Mentalen, Stichwort: ›embodied self‹. Dabei geht der Blick sowohl auf die ›paradigmatischen‹ Ebenen als auch auf Details: einzelne Theorien, Begrifflichkeiten, Hypothesen, Hypothesenkonvergenzen.

Zusammengefasst

Was kann man sich von dieser Studie versprechen? Sie zeigt eine Spannbreite von Forschungs- und Theorieperspektiven, die wesentlich dazu beitragen, die Kontinuität von ›mind and life‹, von menschlichem Erleben und Naturvorgängen – anders gesagt: die Bindung von *Erfahrung* an *Leben* – zu begreifen. Über diese Zugänge informiert diese Studie: a) wissenschaftshistorisch und begriffsgeschichtlich – wobei manches nur skizziert wird und manche Skizze flüchtig ausfällt, mancher Bezug nur kursorisch hergestellt wird –, und b) mit besonderem Interesse für die Möglichkeiten der Philosophie.

I. Die Rede von ›Theorien des Geistes‹

Kapitel 1. Begriffliche Orientierungen

»Die Kritik an einer Theorie fängt also nie einfach
mit der Frage ›Wahr oder Falsch?‹ an,
sondern mit der Feststellung des Bereichs,
innerhalb dessen sie sich mit Gewinn anwenden läßt,
und an dessen Grenzen sie versagt.« (AI 394)

1. Die Rede von ›Theorien des Geistes‹

Wenn wir von ›Geistigem‹ und ›Mentalem‹ sprechen, meinen wir normalerweise den ganzen großen Bereich, der klassisch mit der Begriffstrias ›Denken, Fühlen, Wollen‹[22] umschrieben wird und im Grunde die gesamte Spannbreite menschlicher Erfahrung umfasst: den Bereich der Kognitionen, der Erkenntnis, des Denkens; den Bereich des Fühlens, Empfindens, Gestimmtseins, der Affekte und Emotionen; den Bereich der Volitionen, des Wollens. Das entspricht auch dem aktuellen wissenschaftlichen Verständnis; eine ›Theorie des Geistes‹ beschäftigt sich nach derzeitiger akademischer Lesart im Großen und Ganzen mit allem: den Kognitionen, Emotionen und Volitionen – was aus wissenschaftshistorischer Sicht nicht selbstverständlich ist: In der bewegten Geschichte der Begriffe ›Geist‹ und ›Mentales‹ gab es immer wieder Etappen, auf denen mehr oder weniger ausschließlich *eine* Sorte von Erfahrungen im theoretischen Blickfeld lag – es beispielsweise vornehmlich um Theorien der *Ratio*, Theorien des *Cogito* ging. Derzeit jedenfalls ist der Horizont, wie gesagt, weit; die – überwie-

22 Zu dieser Begriffstrias – Denken, Fühlen, Wollen – siehe z.B. Hermanns 2002, 344f.

gend synonym gehandelten – Begriffe des Geistigen bzw. Mentalen stehen für die gesamte ›Sortenvielfalt‹ menschlichen Erlebens, »die ganze Vielfalt der gelebten menschlichen Erfahrung«.[23] Ob Schmerzempfinden oder Lustgefühl, der intellektuelle Höhenflug oder die kindliche Vision des Schreckgespenstes unter dem Bett – all diese Erfahrungen gelten als mental oder geistig.

> »Mentale Eigenschaften umfassen ein weites und komplexes Gebiet. Es gibt, wie wir gerade gesehen haben, verschiedene engere Eigenschaften und Funktionen, durch die sich die mentale Seite einer Person selbst manifestiert, wie zum Beispiel das Erfahren von Empfindungen, das Fassen von Gedanken, das Anstellen von Überlegungen, das Treffen von Entscheidungen und das Erleben von Emotionen. Es gibt auch spezifischere Eigenschaften, die in diese Kategorie fallen, wie zum Beispiel das Spüren eines stechenden Schmerzes im rechten Ellenbogen, das davon Überzeugtsein, daß Schnee weiß ist, der Wunsch, Tibet zu besuchen, und das sich über seinen Zimmergenossen ärgern.«[24]

In weitem Sinn wird zurzeit auch der Theoriebegriff gebraucht. Prima facie liegt einer Rede von ›Theorien des Geistes‹ meist ein methodologisch offener Theoriebegriff zugrunde, der zunächst einmal abhebt auf Theoriebildung als umfassende konstruktionale Leistung.[25] Auch der Begriff der Erklärung wird bedeutungsweit gebraucht: Wenn es um die ›Erklärung des Mentalen‹ geht, kann grundsätzlich erst einmal beides gemeint sein: die Explikation als eine Operation auf begrifflicher Ebene; die Explanation für die Erklärung im Sinne der Offenlegung kausaler Zusammenhänge, des ›Warum‹.[26] Und grundsätzlich weit reicht auch die disziplinäre Betei-

---

23 Varela et al. 1992, 32. Siehe exemplarisch Kim 1998, 6: »Durch dieses ganze Buch hindurch werden ›geistig‹ bzw. ›mental‹ und ›psychologisch‹ und ihre einschlägigen Verwandten als austauschbar verwendet [...]«.

24 Kim 1998, 6. Siehe auch Kemmerling 1996, 483, oder Metzinger 1999, 189, der von der »Buntheit und Vielfalt der menschlichen Psychologie« spricht.

25 Siehe Seiffert 1992, 368f., zu unterschiedlich engen bzw. offenen Formen des Theoriebegriffs. Ein methodologisch offener Theoriebegriff steht, so gesehen, in ganz genereller Lesart erst einmal für eine Konstruktion im Sinne eines komplexen Gedankengebäudes; siehe ebd., 368.

26 Zum Begriff ›Erklärung‹ im weiten Sinn, in dem er sowohl Explanation als auch Explikation umfasst, siehe Radnitzky 1992, Lenk/Küttner 1992. Zur Explikation siehe auch Oeser 1996, 59; zur Explanation als ›Offenlegung des Warum‹ siehe Radnitzky 1992, 73.

ligung, etwa von der Informatik und Linguistik und Semiotik über die Neurobiologie und die Psychologie zur Philosophie.

Was sind Orientierungsmöglichkeiten? Aufschlussreich ist zunächst einmal die wissenschaftstheoretische Leitunterscheidung nach Gegenstands- und Zugangsspektrum – also einerseits ›der Sache nach‹ zu fragen, danach, welche inhaltlichen Grundfragen die Forschung und Theoriebildung bestimmen, und andererseits ›dem Zugang nach‹: Wie steht es mit disziplinären Aufstellungen – beispielsweise mit Alleinvertretungsansprüchen seitens der Naturwissenschaften, etwa einem ›Primat der Neurosciences‹? Oder wie steht es vice versa mit einem geisteswissenschaftlichen beziehungsweise philosophischen Anspruch auf Deutungshoheit?

2. Inhaltliche Grundfragen

Der Sache nach wirft das Geistige in erster Linie *zwei* Leitfragen auf, so ein akademischer Grundkonsens – Fragen, die zu tun haben mit zwei Aspekten seines Gehalts.

2.1 Grundfrage 1: ›Wie kommt die Welt in den Kopf?‹ – Episteme

Für einen der beiden theoriegenerativen Kernaspekte stehen etwa Begriffe wie *Kognition* und *Wissen*.[27] Grundfrage ist hier, wie gelegentlich mit Blick auf die Kognitionswissenschaften formuliert: Wie kommt die Welt in den Kopf?[28] Es geht bei dieser Dimension des Mentalen im weitesten Sinn um

27 Erhebliche Entwicklungen hat insbesondere der Wissensbegriff in den letzten Jahrzehnten durchlaufen, weshalb er heute im Grundsatz für eine erhebliche Spannbreite bzw. Vielfalt an Wissensformen steht. Aus genereller interdisziplinärer Sicht benennen eine Vielzahl an Varianten des Wissensbegriffs Strube/Schlieder 1996; zur neurowissenschaftlich-anthropologischen Debatte zum Wissensbegriff siehe etwa Pöppel 2000, und exemplarisch zu einer spezifischen aktuellen Variante des Wissensbegriffs, zum Begriff des ›körperlichen Wissens‹, siehe etwa Hierschauer 2008.

28 Siehe z.B. Schnabel/Sentker 1997.

das, was als *der* Gegenstand von Erkenntnistheorien bzw. Epistemologien gilt: »unsere epistemische Bezugnahme auf die Welt«.[29]

Was diese epistemische Dimension des Mentalen kennzeichnet, ist, anders betrachtet: Unsere Gedanken, Eindrücke, Imaginationen, Träume verweisen auf etwas in der Welt; »unsere Erfahrungen *handeln von* oder beziehen sich *auf etwas*«.[30] Das Mentale hat insofern gewissermaßen einen ›*Welt*‹- oder eben einen *epistemischen* Gehalt – der, je nach Zugang und Fokus, auf geisteswissenschaftlichem Terrain beispielsweise bezeichnet wird als intentionaler, propositionaler, repräsentationaler oder semantischer Gehalt.

Von jeher als wesentlich für das systematische Verständnis des Mentalen gilt, geht es um diese Sorte von Gehalt, was auf sprachtheoretischem und sprachphilosophischem Terrain geschieht, wo sie Gegenstand semantischer Fragestellungen ist, als *Bedeutung* untersucht wird; theoretische Kernbegriffe in diesem Kontext sind etwa der Symbol- und der Zeichenbegriff und der Begriff der Repräsentation.

---

29 Sturma 2008, 83. – Der Begriff *Episteme* ist hier in seiner weiten Lesart gemeint, wie er für das wissenschaftliche Objekt von Erkenntnistheorien resp. Epistemologien steht. Das heißt: Wenn in dieser Studie von *Episteme*, vom *Epistemischen* die Rede ist, geht es um den Bereich erkenntnistheoretischer resp. epistemologischer Grundfragen, die, wie hier skizziert, auf den Weltbezug, auf den ›Objekt‹-Gehalt des Mentalen zielen: etwa um die Frage nach den »Quellen und Ursprüngen von Glauben, Rechtfertigung und Wissen« (Brendel/Koppelberg 151), die Exploration und Explanation ihrer Natur, Entwicklung und Struktur. Keine Rolle spielen hier die teils abweichenden Bedeutungen, die der Begriff ›Episteme‹ auch kennt, etwa die Foucault'sche Lesart (z.B. Foucault 1974).

30 Hampe 1990, 245 – oder auch: »Mentale Zustände sind in traditioneller Sichtweise intentionale Zustände, sie sind gerichtet auf etwas außerhalb ihrer selbst und in einem sehr speziellen Sinn enthalten sie es.« (Metzinger 1999, 33f.) Traditioneller philosophischer Fachterminus für diesen Aspekt ist ›Intentionalität‹; zu Begriffskonfusion kommt es gelegentlich in Bezug auf die Termini ›Intentionalität‹ und ›Intention‹, siehe dazu Junghans 1999, 646: »Der Terminus ›Intentionalität‹ ist eine Substantivierung des Adjektivs ›intentional‹, das sich von lat. *intentio* (Anspannung, Aufmerksamkeit, Absicht) herleitet. Damit verwandt ist der Begriff ›Intention‹, der jedoch im Unterschied zu ›Intentionalität‹ eher im handlungstheoretischen Kontext verwendet wird und die Eigenschaft menschlichen Handelns meint, bewußt auf Zwecke und Ziele ausgerichtet zu sein.« – Darstellungen dieses Aspekts aus distinkten Perspektiven: Beckermann 1999, Haas-Spohn (Hg.) 2003, Metzinger 1996a, Münch 1996, Strube 1996b, Wilson 1999.

2.2 Grundfrage 2: ›Wie kommt das Selbst in die Welt?‹ – Subjektivität

Aus theoretischer Sicht hat das Mentale *zwei* Kernaspekte: Ein mentaler Zustand hat nicht nur eine epistemische, sondern insbesondere auch eine *Erlebensdimension.* Einen Sachverhalt in der Welt kann man wissen, gedanklich reflektieren, beurteilen, glauben – soweit die epistemische Dimension. *Und* dieser epistemische Bezug fühlt sich auf eine spezifische Art und Weise an – die Erlebensdimension: »Und schließlich ist das Erlebtwerden eines solchen Zustands etwas anderes als sein *Gedacht-, Geglaubt-* oder *Beurteiltwerden.* Daß er sich so-und-so *anfühlt,* ist etwas anderes, als daß ich ihn für das-und-das *halte.*«[31] Was diese Erlebensdimension wesentlich ausmacht, ist: Das eigene Erleben ist im Normalfall für das jeweilige Subjekt unhintergehbar *perspektivisch,* unhintergehbar das *eigene* Erleben, unhintergehbar *selbst* erlebt. Kursorisch, als bezeichnend gilt etwa: Perspektivität, ›Meinigkeit‹, transtemporale Einheit.[32]

Nicht um den ›Welt‹-Gehalt, sondern gleichsam um den ›Selbst‹-Gehalt des Mentalen geht es hier; darum, dass alles Geistige, jede Erfahrung, in besonderer, nämlich subjektiver Weise erfahren wird.

3. ›Bewusstsein‹: Prominenz und Problematik eines Mischbegriffs

Ein prominenter Begriff, wenn es um das Geistige oder Mentale geht, ist der Begriff ›Bewusstsein‹. Gelegentlich fungiert er als eine Art vager Oberbegriff; vielfach steht er unbemerkt für signifikant Unterschiedliches: »Nahezu jeder der von mir gelesenen Aufsätze von Philosophen und Psychologen zu diesem Thema schließt eine Verwirrung mit ein.«[33]

»Der Begriff des Bewußtseins ist ein hybrider oder besser, ein Mischbegriff *(mongrel concept):* das Wort ›Bewußtsein‹ konnotiert eine Anzahl verschiedener Begriffe und denotiert eine Anzahl verschiedener Phänomene. Wir stellen Über-

31 Bieri 1996, 64. – Zu diesem Befund der beiden »Hauptarten mentaler Zustände« (Beckermann 1999, 1156a) siehe exemplarisch: Beckermann 1999, Bieri 1996, Hampe 1990, 243ff., Kemmerling 1996, Metzinger 1999.

32 Siehe z.B. Metzinger 2000.

33 Block 1996, 551.

legungen zum ›Bewußtsein‹ an und verwenden dabei einige Prämissen, die für eines der unter ›Bewußtsein‹ fallenden Phänomene gelten, und andere Prämissen, die für andere ›Bewußtseine‹ gelten, und wir geraten in Unannehmlichkeiten [...]: ganz verschiedene Begriffe werden als ein einziger Begriff behandelt. Ich glaube, daß wir alle eine Tendenz dazu haben, diesen Fehler im Falle von Bewußtsein zu machen.«[34]

Als hilfreich gilt in solchen Fällen von ›Unannehmlichkeiten‹ eine Sichtung typischer Verwendungsweisen des fraglichen Begriffs;[35] ein Vorgehen, das sich für den Bewusstseinsbegriff außerdem auch anbietet als forschungslandschaftlicher Streifzug.

3.1 Prototypische wissenschaftliche Verwendungsweisen

Gängige Umgangsweisen mit dem Terminus ›Bewusstsein‹ sind ursprünglich zu nicht unwesentlichen Anteilen der Medizin und der Psychologie verdankt – hauptsächlich mit zwei Grundtendenzen:

Der medizinische Bewusstseinsbegriff
Eine weit verbreitete Lesart von ›Bewusstsein‹ meint den Grundmodus mentaler Präsenz – wie in der Wendung: ›bei Bewusstsein sein‹. ›Bewusstsein‹ ist hier die Bezeichnung für einen mentalen (Standard-)Zustand, den Wachzustand, der abgegrenzt wird vom gegenteiligen, etwa drogen- oder krankheitsinduzierten, mentalen (Ausnahme-)Zustand. Seine Gradienten – quantitative und qualitative – bezieht dieser Bewusstseinsbegriff aus den fachmedizinisch-psychiatrischen Differenzierungen: Als quantitative Beeinträchtigung gilt, was in Richtung Bewusstlosigkeit geht, mit Verlauf über Stufen wie Benommenheit, Somnolenz, Koma. Was als qualitative Beeinträchtigung gilt, spielt sich ab auf dem diagnostisch schwierigen Terrain der Bewusstseinsstörungen bis beispielsweise hin zum Wahn.[36]

---

34 Block 1996, 524.

35 Dass begrifflichem Klärungsbedarf teils mit der Sichtung prototypischer Verwendungsweisen des fraglichen Begriffs zu begegnen ist, führt etwa aus: Koppelberg 1996a, 61.

36 Siehe Pschyrembel 2002, 202.

Der psychologisch-psychoanalytische Bewusstseinsbegriff

Verbreitet ist in Alltags- und in Theoriesprache außerdem als zweite Lesart die psychologische. Grundlegend ist hier etwa die Grenzziehung zwischen Bewusstem und Nicht-Bewusstem – Unterbewusstem, Unbewusstem, Vorbewusstem –, wobei die Grenze, dank psychoanalytisch geprägter Menschenbilder, zunehmend als durchlässig gesehen wird: Bislang Unbewusstes kann etwa bewusst werden, ins Bewusstsein *auf*rücken. Und umgekehrt kann sich Bewusstes zu Nicht-Bewusstem, Unbewusstem wandeln, *ab*sacken, etwa durch Habitualisierung, Verdrängung, Vergessen.

›Bei vollem Bewusstsein… sich der Dinge nicht bewusst sein…‹

Auf alltagssprachlicher Ebene wie auf wissenschaftlichem Terrain bewegt sich die Rede von ›Bewusstsein‹ zumeist entlang der skizzierten Grundlinien: Sie meint einerseits den kognitiv-affektiven Wachzustand – ›bei klarem Bewusstsein sein‹ – etwa im Hinblick auf Fragen nach Zurechnungsfähigkeit, und andererseits folgt sie den psychologischen, etwa psychoanalytischen Denkfiguren. So gesehen, gilt: Zumeist sind wir bei Bewusstsein und zugleich ist uns vieles nicht bewusst. Der routinierte Autofahrer, der »während er fährt, in ein intensives Streitgespräch verwickelt ist – ist er sich des Schaltens bewußt oder nicht?«[37] Zweifellos ist er bei Bewusstsein, wird jedoch als routinierter Fahrer das Schalten teils ganz automatisch, nebenbei, habitualisiert ausführen, was ihn vom Fahranfänger unterscheidet – ist sich des Schaltens insofern eben nicht bewusst.[38] Was hier anklingt, ist die für den Mischbegriff ›Bewusstsein‹ bezeichnende Gemengelage, etwa als Gemenge aus medizinischem Bewusstseinsbegriff und psychologischem Begriff des Unbewussten:

> »In meinen Augen ist es die Syntax, die die menschliche Sprache von anderen Kommunikationssystemen unterscheidet. Aber die ist doch hochautomatisch

37 Wilkes 1996, 130. Facetten dieser Bedeutungsvielfalt listet auf: Bieri 1996, 62f.; einen exemplarischen Einblick in das Problemfeld gibt z.B. der Sammelband Metzinger (Hg.) 1996; Wilkes schlägt in diesem Zusammenhang als Alternative zum Terminus ›Bewusstsein‹ den Begriff ›Psyche‹ vor.

38 In diesem Sinn wird dann etwa explizites, verbalisierbares, bewusstes Wissen abgegrenzt von implizitem, prozeduralem, un- oder vorbewusstem Wissen. Siehe zu diesen Wissensbegriffen z.B. Strube/Schlieder 1996.

und damit völlig unbewußt. Wenn wir jetzt sagen, der Mensch hat ein besonderes Bewußtsein, weil er Sprache benutzt, und das entscheidende Merkmal menschlicher Sprache ist unbewußt, dann stimmt doch da irgendetwas nicht. [...]

Wir brauchen eine eindeutige Begriffsklärung. Wir wissen noch nicht einmal, was Unbewußtsein ist. Habe ich, wenn ich in der Narkose liege, eine andere Art von Unbewußtsein, als wenn ich Dinge tue, an die ich mich nicht mehr erinnern kann, weil sie automatisiert ablaufen? Wenn ich aber Bewußtsein nicht definieren kann, kann ich auch kein experimentelles Paradigma erstellen, in dem ich dann Bewußtsein teste.«[39]

3.2 Philosophische und interdisziplinäre Debatten

Wenn Philosophen von ›Bewusstsein‹ sprechen, macht das die begrifflichen Verhältnisse nicht unbedingt klarer. Die philosophischen Umgangsweisen rekurrieren zum einen auf die skizzierten alltagssprachlichen und wissenschaftlichen Lesarten, nutzen und reproduzieren sie – und sie ergänzen sie um weitere, wobei in erster Linie die Differenzierung unter dem Aspekt des Gehalts zugrunde gelegt wird: Unterschieden wird der kognitive Aspekt vom Erlebens-Aspekt – der repräsentationale, intentionale, propositionale Gehalt vom qualitativen, phänomenalen Gehalt;[40] und philosophische Bewusstseinsbegriffe meinen dann überwiegend entweder die eine oder die andere ›Sorte‹. Ein klassischer philosophischer Bewusstseinsbegriff betont beispielsweise den Referenzcharakter des Mentalen – seinen repräsentationalen oder propositionalen Gehalt –, hebt also tendenziell ab auf den *epistemischen*, den *kognitiven* Aspekt des Mentalen; begriffshistorisch ist diese Sichtweise verortbar im Kontext maßgeblicher philosophischer Traditionslinien, die Bewusstsein vornehmlich identifizieren mit den rationalen Formen der Erfahrung: mit Logos, Ratio, Reflexion, mit der Verstandestätigkeit.[41] Momentan hat eine andere Lesart Konjunktur, die

39 Friederici 1997, 53f.

40 Zu traditionellen philosophischen Perspektiven auf das Verhältnis von Repräsentativität und Phänomenalität siehe etwa Krämer 1996, 11.

41 Z.B.: Bewusstsein als ›Consentia‹: »Wie auch immer der Begriff Bewußtsein in der Geschichte der Philosophie interpretiert wurde, so sind ihm doch die Bestimmun-

mit ›Bewusstsein‹ eine Art Gegenstück meint: den phänomenalen oder qualitativen Gehalt, das *Erleben*, die *subjektive* Dimension des Mentalen.[42]

4. Zwischenbilanz: Schwerpunkte der Theoriebildung

Wenn man das Mentale, wie es die Philosophie überwiegend macht, unter dem Aspekt seines Gehalts theoretisch in den Blick nimmt – also schwerpunktmäßig das Kognitive/Epistemische unterscheidet vom Subjektiven/ Erleben –, ist das ein Zugang, der sich forschungslandschaftlich vergleichsweise deutlich abzeichnet:

1) Das *Kognitive, Epistemische* ist Untersuchungsgegenstand auf kognitionswissenschaftlichem Gebiet – interdisziplinärem Terrain mit Beteiligung etwa der Linguistik, Neurobiologie, Informatik, Entwicklungspsychologie, Wahrnehmungspsychologie.[43] Oberthema ist hier *Wissen*; in den Blick genommen wird so Unterschiedliches wie Wahrnehmen, Erinnern, Sprache, Denken. ›Wie kommt die Welt in den Kopf?‹,[44] kann man sicherlich ganz generell als kognitionswissenschaftliche Leitfrage formulieren.

2) Sofern es um die tendenziell *nicht-kognitiven* Dimensionen des Mentalen geht, lautet der Titel der Debatten nicht selten: ›Bewusstsein‹; er bezeichnet jedoch eher die Plattform von Überlegungen, als dass er etwas über einen spezifischen Untersuchungsgegenstand aussagen würde. Der Sache nach geht es im Wesentlichen um die *Erlebensdimension* des Menta-

---

gen *Wolffs* stets eigen gewesen. Bewußtsein wird allgemein verstanden als Vorstellen von Gegenständen [...] Bewußtsein stellt immer etwas vor. Ein Bewußtsein, das nichts vorstellt, ist ein Vorstellen, das nichts vorstellt, ein hölzernes Eisen.« (Jacobs 1974/2003, 20-1) Siehe zu dieser Lesart etwa Burge 1996, 585.

42 Siehe exemplarisch zu dieser Präferenz Bieri (Hg.) 1993, Metzinger (Hg.) 1996.

43 Zur Differenzierung von Multidisziplinarität, Interdisziplinarität, Transdisziplinarität: Multidisziplinäre Forschung meint tendenziell eher »demokratisches Nebeneinander« (Köchy 1995, 407), unter Erhaltung der jeweiligen disziplinären Theorie, Praxis, Methodik; inter- oder transdisziplinäre Forschung meint Gradienten und Ausformungen des ›disziplinären Miteinander‹; Präzisierungen siehe Mittelstraß 1998 und 2003. – Übersichten zur Kognitionswissenschaft – und auch zu Theorien des Geistes im weiteren Sinn – bieten: Strube et al. (Hg.) 1996, Wilson/Keil (Hg.) 1996; einen wissenschaftshistorischem Klassiker stellt dar: Gardner 1989.

44 Siehe z.B. Schnabel/Sentker 1997.

len;[45] zugespitzt ist die Fragestellung die nach der *Subjektivität* – also nicht nach dem ›Welt‹-, sondern dem ›Selbst-Gehalt‹ des Mentalen. Die disziplinäre Beteiligung reicht hier grundsätzlich weit; eindringlich melden sich derzeit beispielsweise zu Wort die Neurowissenschaften, die Entwicklungs- und die Wahrnehmungspsychologie und die Philosophie.

Kapitel 2. Die Naturalisierung des Mentalen

»›Natur *und* Mensch‹ ist eine falsche Dichotomie.
Die Menschheit ist derjenige Faktor *innerhalb* der Natur,
der ihre Plastizität in intensivster Form erkennen läßt.« (AI 190)

1. Der Naturalismusbegriff

Wenn es darum geht, das Mentale »als *natürliches* Phänomen«[46] zu begreifen, steht dafür programmatisch der Begriff des Naturalismus oder der Naturalisierung: »one naturalizes mind by understanding it as a natural phenomenon«.[47] Faktisch stehen diese Begriffe für ein Spektrum durchaus unterschiedlicher Positionen, die im Grundsatz zunächst mal *eines* eint: das aufklärerische Moment. »Eine Intention aller Naturalismen, szientifischer und nicht-szientifischer (eher leibphänomenologischer) Spielart, war

45 Zu dieser Lesart siehe etwa Kurthen (1996, 134): »Reden wir hier also nicht von ›dem Bewußtsein‹, sondern nur vom phänomenalen Bewußtsein, wie es zur Zeit in der analytischen Philosophie des Geistes (von einigen) gedacht wird: ein Zustand ist phänomenal bewußt, wenn er ›Erlebniseigenschaften‹ *(experiental properties)* besitzt, d.h. wenn es *für* den betreffenden Organismus (oder allgemeiner, für das Subjekt des Bewußtseins) *irgendwie ist*, sich in diesem Zustand zu befinden.«

46 Carrier/Mittelstraß 1989, 3.

47 Van Gelder 1997, 266.

es […] stets, Menschen von dieser Tendenz zu befreien, bei den Fiktionen des Übernatürlichen Zuflucht zu suchen.«[48]

Öffentlichkeitswirksame Debatten um die ›Naturalisierung des Mentalen‹ rekurrieren vielfach auf ganz bestimmte Lesarten des Naturalismusbegriffs: auf Spielweisen des sogenannten starken, radikalen, eliminativen oder szientistischen Naturalismus. Allgemein gesagt, handelt es sich dabei um Positionen, die die ›Naturalisierung des Mentalen‹ als vornehmlich naturwissenschaftliches Unternehmen begreifen; ›Naturalismus‹ in diesem Sinn sieht Natur- und Geisteswissenschaften gewissermaßen als Gegenspieler: Er identifiziert auf der einen Seite beispielsweise die Philosophie mit dem Husserl'schen Ideal einer eben in diesem Sinne *nicht*-naturalistischen Philosophie, die für das Mentale die exklusive geisteswissenschaftliche und speziell philosophische Deutungshoheit reklamiert. Und die Gegenposition zum Anspruch auf philosophische Deutungshoheit markiert etwa ein szientistischer Naturalismus, der die Naturalisierung des Mentalen vice versa als ein im Wesentlichen naturwissenschaftlich zu betreibendes Projekt begreift.[49] Für die Naturalisierung des Mentalen – das Mentale ›als *natürliches* Phänomen‹ zu begreifen – ist diese Dichotomie eine vergleichsweise unergiebige Konstellation, bleibt die Theoriebildung unter ihren Möglichkeiten.[50]

Es gibt ertragreichere Auffassungen davon, das Mentale als natürliches Phänomen zu begreifen; als Naturalisten in diesem Sinn gelten Aristoteles, William James, Charles Sanders Peirce, Jean Piaget, A.N. Whitehead. Auch diesem Naturalismus gilt das Geistige als *natürlich*, ohne dass jedoch daraus geschlossen würde, einzig die Naturwissenschaften seien gefragt. Grundannahme ist, »daß der Mensch, sein Bewußtsein und seine Erfah-

48 Hampe 2003, 14.

49 Zu den Verortungen des Naturalismusbegriffs speziell auch im Rekurrieren auf Husserl (1911/1965) siehe Hampe 1990, 18ff. – Vgl. zum Naturalismusbegriff generell und einzelnen Positionsbestimmungen etwa Keil/Schnädelbach (Hg.) 2000, Goebel et al. (Hg.) 2005, Koppelberg 1996b, Hampe 2003.

50 Teils radikalisieren öffentlichkeitswirksame Debatten unter diesen Vorzeichen beispielsweise »wahrnehmungs-, handlungs-, lern- und wissenstheoretische Positionen, die kultur-, zeichen- und sprachtheoretische Traditionen längst hinter sich gelassen haben« (Switalla 2006, o.S.).

rungen ein Teil der Natur sind, jedoch nicht, daß über die menschliche Erfahrung nur unter den Abstraktionsbedingungen der Naturwissenschaften nachgedacht werden kann«.[51] Dieser Naturalismusbegriff sieht Natur- und Geisteswissenschaften ›im selben Boot‹, wie es in der Quine'schen Sentenz exemplarisch für das Verhältnis von Philosophie und Wissenschaft heißt: »Die Philosophie und die Wissenschaft sitzen meines Erachtens im selben Boot – einem Boot, das wir, um wieder einmal auf Neuraths Gleichnis zurückzugreifen, nur auf offener See umbauen können, während wir uns in ihm über Wasser halten.«[52] Methodisch-systematisch steht ›Naturalismus‹ aus dieser Sicht im Grundsatz für Pluralismus – etwa im Sinne kooperativer Komplementarität oder integrierter Zugänge.[53] Für die Philosophie kann das beinhalten, dass sie gewissermaßen in ihrer gesamten Breite gefordert ist: als Analyse, Kritik und Konstruktion.

2. Die Philosophie als Analyse, Kritik und Konstruktion

2.1 ›...die Herstellung von Klarheit‹

Als eine Hauptaufgabe der Philosophie ist einmal benannt worden: »die Herstellung von Klarheit in allen Bereichen unserer Selbst- und Situationsverständnisse, auch der wissenschaftlichen Verständnisse«.[54] Anfragen an die Philosophie in diesem Sinn zielen beispielsweise ganz konkret auf *Begriffsanalyse* – darauf, sich etwa der begrifflichen Probleme anzunehmen, unter denen Diskurse über »Bewusstsein und Selbstbewusstsein [...] zu leiden haben«, »begriffliche Probleme und Verwirrungen innerhalb bedeu-

51 Hampe 1990, 21.

52 Quine 1975, 174.

53 Von »integrierte[m] Zugang« sprechen z.B. Markowitsch/Welzer (2001, 205), Carrier/Mittelstraß (1989, 9) von »kooperative[r] Komplementarität«. – Gelegentlich firmiert diese pluralistische Auffassung von ›Naturalismus‹ unter Bezeichnungen wie ›liberaler‹, ›integrativer‹ oder ›guter‹ Naturalismus. Systematische Grundlinien eines solchen Naturalismus reflektieren für die Naturalisierung des Mentalen etwa Carrier/Mittelstraß 1989; zur Präzisierung als ›guter Naturalismus‹ siehe Hampe 1991a, 25f., zur Bestimmung als ›liberaler‹ Naturalismus Brüntrup 2005.

54 Carrier/Mittelstraß 1989, 280.

tender gegenwärtiger Theorien über Wahrnehmung, Gedächtnis, Vorstellungskraft, Emotion und Wollen ausfindig zu machen«.[55]

Für grundsätzliche konzeptuelle Arbeit, wie sie hier außerdem gemeint ist, hat die philosophische Systematik beispielsweise auch den Oberbegriff *Metaphysik* – ein Begriff, der je nach Konjunktur im wissenschaftlich-interdisziplinären Umfeld gelegentlich befremdlich wirkt; so können sich etwa verkürzte Lesarten von Metaphysik- und Naturalismusbegriff dahingehend ergänzen, dass das Missverständnis nahegelegt wird, es handele sich hier um zwei inkompatible Perspektiven.[56] Genau genommen ist der Metaphysikbegriff zunächst einmal ein Instrument der systematischen Verortung von Philosophie – gemeint ist Philosophie als »theoretische Beschäftigung mit den letztlich grundlegenden Dingen«,[57] und in diesem Sinn profitieren erklärtermaßen die Wissenschaften ebenso wie die Philosophie von ›guter, altmodischer Metaphysik‹ – »[...] benefit form an infusion of good old-fashioned metaphysics«.[58] Klassischer Tätigkeitsbereich der Metaphysik ist beispielsweise die Ontologie – etwa die Erarbeitung allgemeiner Modelle zur Wirklichkeitsbeschreibung-, -analyse, -deutung.

Unter einem anderem grundsätzlichen Blickwinkel ist eine der *kritischen* Rollen der Philosophie im Wissenschaftsdiskurs einmal als »kritische Analyse der Aprioritäten«[59] bezeichnet worden. Gemeint ist damit die erkenntnistheoretische und im weitesten Sinn wissenschaftstheoretische Reflexion

55 Bennet/Hacker 2010, 9. Zu Thema ›the roles of philosophy in cognitive science‹ siehe z.B. van Gelder 1998.

56 Speziell szientistischer Naturalismusbegriff und fundamentalphilosophischer Metaphysikbegriff – beispielsweise einer Philosophie, die sich als empirie-immun versteht, sich den Wissenschaften als Fundierungs- oder Erstbegründungsphilosophie vorgeordnet sieht – ›stützen‹ eineinander dahingehend; siehe dazu, etwa unter Bezug auf das Husserl'sche Metaphysik-/Naturalismusverständnis: Hampe 1991; siehe zum Metaphysikbegriff im Wissenschaftsdiskurs auch Gerdes 2007.

57 Wiehl 1996, 68.

58 Heil 1999, 525; Metaphysik hier etwa als Zugang thematisiert, um beispielsweise aus ›diskursiven Endlosschleifen‹ wie der Frage nach der ›mentalen Verursachung‹ herauszukommen: »[...] that the philosophy of mind would benefit form an infusion of good old-fashioned metaphysics. Until we are clear on the nature of properties, for instance, or the character of ›multiple realizability,‹ we shall not be in a position to make headway on the problem of mental causation.«

59 Frese 1985, 10; Frese zitiert hier Lübbe 1971, 148.

›kategorialer Selbstverständlichkeiten‹, Denk- und Argumentationsfiguren, Deutungsmuster, Symbol- und Begriffsbestände. Aus dieser Sicht gilt – und kommt sicherlich insbesondere für eine Theorie des Mentalen, eine Theorie der Erfahrung zum Tragen:

»Nicht von der Wirklichkeit, wie sie ›an sich‹ irgendwie sein mag, gehen unsere Erkenntnisse aus, sondern von der Kritik an den Bildern möglicher Wirklichkeit, die wir im sprachlichen Umgang einander mit Ansprüchen auf Geltung und Notwendigkeit vordemonstrieren.«[60]

2.2 Die Theoriekonstruktion

Zielhorizont

Über Analyse und Kritik hinaus ist die Philosophie, geht es um das Begreifen der ›contuinity of mind and life‹, gefragt als »konstruktive Anstrengung«,[61] als Theoriekonstruktion – wobei sie es der Sache nach, global betrachtet, mit einem weiten Horizont zu tun hat: aufgespannt sowohl von Einheits- und Kontinuitätsvorstellungen – schließlich geht es um *eine* Natur – als auch von Erfordernissen der Differenzierung. Der Horizont erstreckt sich insofern gleichsam vom Universalitätsanspruch bis zu dem auf anthropologische Stimmigkeit, was beispielsweise so formuliert wird:

»Eine erfolgreiche Theorie des Mentalen müßte auf diese Weise auch ihren Beitrag liefern zu einer philosophischen Anthropologie, die ein überzeugendes Bild des Menschen als eines Innerlichkeit besitzenden Wesens anzubieten hat. [...] Sie soll aber gleichzeitig von der spezifisch menschlichen Perspektive abstrahieren und nicht in einem psychologischen Speziezismus gefangen bleiben. Deshalb muß eine Theorie des Geistes, wenn sie befriedigend sein will, auch die Frage nach der Möglichkeit einer *universellen Psychologie* [...] und ihrer Beziehung zu einer Erkenntnistheorie im allgemeinen beantworten können.«[62]

---

60 Frese 1985, 14; zum Selbstverständnis einer kritischen Philosophie siehe ebd., 10f.

61 Bennet/Hacker 2010, 9. – Der Konstruktionsbegriff ist hier und im Folgenden zunächst einmal weit gefasst lesbar, im Sinn »konstruktionaler, d.h. organisierender, strukturierender, formierender und gestaltbildender« Unternehmung (Wagner 1999, 719).

62 Metzinger 1999, 16.

Die pragmatistische Sicht

Als ein Grundmoment ›konstruktiver Anstrengungen‹ kann man das pragmatistische ausmachen – was beispielsweise für das philosophische Selbstverständnis bedeutet: Philosophie begreift sich als Beiträger im Wissenschaftsdiskurs, im ›Kommunikationszusammenhang Wissenschaft‹.[63] Auf allgemeiner Ebene ist das Verhältnis von Wissenschaft und Philosophie aus dieser Sicht begreifbar als eines wechselseitigen Bezogenseins: Ein philosophisches Theorieangebot bewegt sich aus dieser Sicht eben »nicht bloß im weiten Reich der logischen Möglichkeit und der widerspruchsfreien Denkbarkeit«[64] – sondern im Spannungsfeld von ›Systembildung und Erfahrungsabgleich‹, im Spannungsfeld des Anspruchs auf interne Einheitlichkeit, Geschlossenheit, logische Fügung der Konstruktion, *und* des Anspruchs auf beispielsweise ihre externe Beziehbarkeit, Diskursfähigkeit, Anschlussfähigkeit. Das Gefüge aus Rationalitätskritieren und Erfahrungsbezug – anders gesagt, aus »Bedingungen der Kohärenz, Konsistenz und empirischen Gültigkeit«[65] –, wird konkret etwa so formuliert:

> »Erstens muß man fordern, daß solche Versuche *nicht mit unserem derzeitigen empirischen Wissen kollidieren.* Eine Theorie über mentale Zustände darf nicht in Widerspruch stehen zum jeweiligen Faktenwissen über die physischen Hintergrundbedingungen solcher Zustände. Sie sollte empirisch plausibel sein und das ganze Spektrum subjektiver Bewußtseinszustände in ihrem gesamten phänomenologischen Reichtum verständlich machen können. Und *zweitens* muß der dieses Faktenwissen synthetisierende begriffliche Kommentar *konsistent* sein. Eine wie auch immer vorläufige Theorie des Geistes muß logischer Überprüfung standhalten können und den größtmöglichen Teil unseres empirischen Wissens erklärend integrieren.«[66]

---

63 Siehe Wuchterl 1999, 224: Theorie und Argument »erhalten ihren Sinn nur als Ausdruck vernünftigen Handelns im Kommunikationszusammenhang«. Zum Pragmatismus als ›Wissenschaftslehre‹ und zur ›pragmatistischen Maxime‹, z.B. in begriffshistorischer Rückführung auf Peirce, vgl. von Kempski 1952, 8ff.

64 Carrier/Mittelstraß 1989, 133.

65 Wagner 1999, 722. Zum Verhältnis der Kriterien der Konsistenz, Kohärenz, Adäquanz und Anwendbarkeit siehe etwa Wiehl 1998, 71.

66 Metzinger 1999, 16.

Methodische Instrumentarien, Mittel und Wege

Eine mehrheitliche Antwort auf die Frage nach einem methodischen Königsweg der Theoriebildung dürfte aktuell lauten: Pluralismus; die »Wahl einer bevorzugten Betrachtungsweise kann nur strategisch erfolgen«.[67] Als exemplarisch zu werten ist sicherlich eine generelle Hinwendung zu den Instrumentarien, die im weitesten Sinn zu den pragmatistischen gerechnet werden, die assoziiert werden mit methodischer Liberalisierung und dem theoriekonstitutiven – und als innovationsträchtig geltenden – Spannungsfeld aus ›Systembildung und Erfahrungsabgleich‹; konkret sind das beispielsweise die Abduktion und die hypothetische Deduktion.[68]

Geht es um die konkrete Ausformung zur – etwa interdisziplinär anschließbaren – Theoriekonstruktion, kommt zunehmend zum Einsatz, was als Klassiker pragmatistischer und namentlich ›universalisierender‹ und vermittelnder, integrativer Instrumentarien gilt: die systemtheoretischen Perspektiven, und zwar in beiden bekannten Ausrichtungen: als *beobachterzentrierte* und als *allgemeine* Systemtheorie.[69] Beobachterzentrierten Ansätzen geht es um das systematische Verständnis von Ordnungs- und Strukturbildungsprozessen auf Seiten des – kognitiven, emotionalen, psychischen – Subjekts; allgemeiner Systemtheorie geht es um Wirklichkeitskonzeptionen schlechthin, um generelle Modelle von Ordnungs- und Strukturbildungs- und -wandlungsprozessen.[70]

---

67 Wildgen 2000, 83.

68 Siehe Wuchterl 1999, 11 u. 239 u. passim, der Pragmatismus und Systemtheorie über die ›integrierende Grundausrichtung‹ verknüpft; zu systemtheoretischer als pragmatistischer Wissenschaftsprogrammatik Lenk/Ropohl 1978. – Zum Komplex ›Pragmatismus, Abduktion, hypothetische Deduktion‹ siehe Wirth 1995, zum Innovationspotential der hypothetisch-deduktiven Methode etwa Bayer 2007, 47f., zum Innovationspotential der Abduktion s. z.B. Nöth 2000, 68f., Wirth 2003; zu methodischer Liberalisierung siehe Carrier 2006, 36ff.

69 Zur Unterscheidung der systemtheoretischen Perspektiven siehe Giesecke (o.J.): »Es hat unter Systemtheoretikern immer Diskussionen darüber gegeben, ob die Strukturbildungsprozesse nur Klassifikationsleistungen der Beobachter sind oder aber in der Natur der Dinge liegen. Ich sehe keinerlei Notwendigkeit, hier eine allgemeine Entweder-Oder-Entscheidung zu treffen. Wohl aber ist jeweils zu klären, welche Perspektive jeweils eingenommen wird.«

70 Prominentester Fall *beobachterzentrierter* Systemtheorie ist wohl der ›radikale Konstruktivismus‹, z.B. Schmidt (Hg.) 1987. Als ein Klassiker *allgemeiner* Systemtheorie

Zum Einsatz kommen die systemtheoretischen Zugänge insbesondere zum einen nicht etwa ›völlig losgelöst‹, sondern verschränkt mit fachwissenschaftlichen Zugängen; und zum anderen insbesondere unter der globalen Headline ›Selbstorganisation‹.

3. Selbstorganisation und Systemtheorie

Der Begriff der Selbstorganisation meint, ganz allgemein, die Ausbildung von Ordnung ›von selbst‹ – also nicht von außen bestimmt, vorgegeben oder Ähnliches. »Der Zustand eines selbstorganisierten Systems hängt entsprechend wesentlich von systeminternen Faktoren ab«.[71] In diesem Sinn steht das Stichwort ›Selbstorganisation‹ für eine Art »Ansatzpunkt einer umfassenden Neuorientierung (eines ›Paradigmenwechsels)«.[72] Diese Sichtweisen fanden in den letzten Jahrzehnten und finden zunehmend Verbreitung – namentlich auch in Forschungsfeldern, wo es um das Begreifen der ›contuinity of life and mind‹ geht. Dabei ist ›Selbstorganisation‹ zunächst einmal zu verstehen als ganz genereller, umfassender Begriff:

> »für eine Reihe von Konzepten, die unter verschiedenen Namen wie ›Synergetik‹, ›Autopoiese‹, ›dissipative Strukturen‹, ›komplexe Systeme‹, eines gemeinsam haben: die Bemühung um die Beschreibung und das Verständnis komplexer, dynamischer Systeme. Die Uneinheitlichkeit der Begriffe ist eine Folge der Verschiedenheit der Problemstellungen, die in ganz unterschiedlichen Forschungsfeldern [...] Ursache für die Entwicklung dieser Konzepte waren.«[73]

Strenggenommen haben beispielsweise die Begriffe *Selbstorganisation* und *Autopoiese* durchaus unterschiedliche Bedeutung: ›Autopoiese‹ meint ›Selbsterschaffen‹, geht also insofern über Selbstorganisation hinaus, als hier nicht nur die Organisation, sondern auch die Produktion als system-

---

gilt etwa die ›Allgemeine Systemtheorie‹ Bertalanffys (1973); zu weiteren Klassikern – etwa Prigogine –, siehe Jantzsch 1976, 332ff.

71 Carrier 1995, 761. Von einer ›Globalisierung‹ des Konzepts der Selbstorganisation spricht schon Carrier 1995, 762. Zu selbstorganisationstheoretischen Traditionslinien und zur Einführung in den ›Dynamical-Systems-Approach‹ siehe z.B. Thelen/Smith 2006, Smith/Thelen 2003, Port/van Gelder (Hg.) 1995.

72 Carrier 1995, 763.

73 Küppers 1999, 1448.

eigene bestimmt wird. Bei selbstorganisierten Systemen entsteht die Ordnung »durch Interaktion zwischen den Systembestandteilen«; autopoietische Systeme sind darüberhinaus in weiterem Ausmaß selbstbestimmt:

»Als autopoietisch werden weitergehend solche Systeme bezeichnet, bei denen systeminterne Mechanismen nicht allein die Beziehungen zwischen den Komponenten steuern, sondern auch diese Komponenten selbst herstellen. Lebewesen bilden das Musterbeispiel autopoietischer Systeme.«[74]

Eingebürgert hat sich, was die begriffliche Unterscheidung zwischen Selbstorganisation und Autopoiesis angeht: Die Headline ›Selbstorganisation‹ meint vielfach zunächst einmal ganz generell eine grundsätzliche Ausrichtung und dann, wenn es um Lebewesen geht, als Spezialfall die Autopoiese, als Selbstorganisation des Lebendigen.

»Der Selbstorganisationsbegriff muß semantisch in einer mehrfachen Bedeutung betrachtet werden. a) Als naturwissenschaftliches Charakteristikum für die *innere* Strukturbildung komplexer, nichtlinearer, dynamischer Systeme, wobei die Autopoiese als Spezialfall behandelt werden kann. b) Als nicht scharf definierter Sammelbegriff für einen neuen Forschungszweig, der sich mit den Phänomenen Chaos, Katastrophen, Komplexität, dynamische Systeme, Evolutionsstrategien, fraktale Geometrie etc. beschäftigt. c) Als Kennzeichnung bzw. Symbol für ein anderes Wissenschaftsideal bzw. Paradigma (›von der Fremd- zur Selbstorganisation‹), ein anderes Naturbild sowie einen anderen Umgang mit der Natur. [...] andererseits muß erwähnt werden, daß der Selbstorganisationsbegriff in seiner Vielschichtigkeit Annäherungen und Anknüpfungen zu Phänomenen und Gegenständen der Geisteswissenschaften sowie des unmittelbar zugänglichen Alltagswissens ermöglicht.«[75]

Das Charakteristische systemtheoretischer Ausrichtungen unter dem Oberbegriff ›Selbstorganisation‹ wird deutlich, wenn man klassische und selbstorganisationale Systemansätze kontrastiert:

»Wir haben versucht, [...] ein Inventar von Annahmen zusammenzustellen, durch die das Konzept der Selbstorganisation sich selbst kennzeichnet [...]

74 Carrier 2005, 321.

75 Skirke 1998, 145.

Klassischer Systemansatz	*Selbstorganisation*
1. Systembegriff	
Analytisch definierte [...] Systeme [...] im statistischen und thermodynamischen Gleichgewicht, mit einfachen Elementen.	Realistisch definierte [...] Systeme [...] im dynamischen Gleichgewicht, fern ab vom thermodynamischen Gleichgewicht, mit komplexen Elementen.
2. Umweltbegriff	
Umwelt strukturiert Systeme, Regelung extern.	Systeme strukturieren Umwelt, Regelung intern.
3. Randbedingungen	
Randbedingungen sind beliebig, sie gehören zur Umwelt.	Randbedingungen sind wichtig, sie gehören zum System.
4. Dynamik	
Trajektorie; thermodynamischer Gleichgewichtszustand; Reversibilität.	Prozeß; thermodynamisches Nicht-Gleichgewicht; Irreversibilität.
5. Kausalität	
Linearität.	Zirkularität.«[76]

Wesentliche Interessen dieser systemtheoretischen Ausrichtung auf Selbstorganisation sind, kursorisch, auf Begriffe zu bringen wie: Autonomie, Umweltsensibilität, Entwicklung, dynamische Stabilität.

»In der allgemeinen Systemtheorie provoziert dieser zweite Wechsel des Paradigmas bemerkenswerte Umlagerungen – so von Interesse an Design und Kontrolle zu Interesse an Autonomie und Umweltsensibilität, von Planung zu Evolution, von struktureller Stabilität zu dynamischer Stabilität.«[77]

Für das systematische Verständnis des Mentalen oder Geistigen meinen diese Umlagerungen, ganz allgemein gesagt, es als Ertrag systembegrifflich fassbarer Selbstorganisation zu begreifen. Das wird etwa aus kognitionswissenschaftlicher Sicht so formuliert: »Natural cognitive systems are dynamical systems, and are best understood from the perspective of dynamics.«[78]

76 Krohn et al. 1987, 459.

77 Luhmann 1987, 27.

78 Van Gelder/Port 1995, 5.

»Dynamic systems is a recent theoretical approach to the study of development. In its contemporary formulation, the theory grows directly from advances in understanding complex and nonlinear systems in physics and mathematics, but it also follows a long and rich tradition of systems thinking in biology and psychology. The term *dynamic systems,* in its most generic form, means systems of elements that change over time. The more technical use, *dynamical systems,* refers to a class of mathematical equations that describe time-based systems with particular properties.«[79]

Ein genuiner Aspekt dieser in konjunkturellem Aufschwung begriffenen Perspektiven ist, sich nicht an Leitdifferenzen wie Körper/Geist, physisch/psychisch zu orientieren: »The mind-body problem is transcended, since there is no longer an interesting theoretical contrast between mental and physical.«[80] Nicht eine Unterscheidung wie ›mind/matter‹ ist aus dieser Sicht theoretisch interessant, sondern vielmehr beispielsweise die Unterscheidung ›Stabilität/Wandel‹. So stand etwa am Anfang der kognitionswissenschaftlichen Hinwendungen zu diesen systemtheoretischen Zugängen das Interesse am ›study of change‹ – am Erforschen von Phänomenen wie Entwicklung, Lernen, Veränderung, kognitivem Wandel. »To begin with, a *system* is a set of changing aspects of the world.«[81]

Wesentliche Merkmale der hier betrachteten Systeme sind, auf einer ersten allgemeinen Ebene: energetische Offenheit, innere Komplexität, Zeitlichkeit. Das Merkmal der energetischen Offenheit spiegelt eine wesentliche Blickrichtung dieser Sichtweisen, nämlich den Blick auf lebende Systeme, Biosysteme; diese Systeme sind energetisch im Nicht-Gleichgewicht; sie halten ihre Systemgrenzen aufrecht durch energetische Offenheit; »d.h. sie tauschen Materie, Energie, Information usw. mit ihrer Umgebung aus«.[82] »Organismen sind offene Systeme, die mit ihrer Umwelt in einem andauernden Stoff- und Energieaustausch stehen. Dabei wird die Individualität in einem ›Fließgleichgewicht‹ erhalten.«[83] »Befindet sich das klassische System aufgrund seiner Geschlossenheit im thermodynamischen

79 Thelen/Smith 2006, 258.
80 Carrier/Machamer 1997, xiii.
81 Van Gelder/Port 1995, 5.
82 Köhler-Bußmeier 2010, 10.
83 Hadorn/Wehner 1978, 1.

Gleichgewicht, so sind die Systeme der Selbstorganisation wegen ihrer Offenheit weit davon entfernt.«[84]

> »Derartige Prozesse werden heute als Grundlage der Selbstorganisation aufgefasst. So betrachtet man auch biologische Systeme als Nicht-Gleichgewichtsstrukturen, deren Gestalt (anders als bei kristallinen Ordnungsmustern) durch ständigen Energieaustausch mit der Umgebung aufrechterhalten wird.«[85]

Für das Merkmal der inneren Kompexität ist eine klassische, wegbereitende Konzeption die der Synergetik; gemeint ist damit eine wesentliche Seite fundamentaler Systemdynamik: das kooperative, koordinierte, systemkonstitutive Wirken von Teilsystemen.

> »[...] daß sich die einzelnen Teile wie von einer unsichtbaren Hand getrieben anordnen, andererseits aber die Einzelsysteme durch ihr Zusammenwirken diese unsichtbare Hand erst wieder schaffen. Diese unsichtbare Hand [...] wird durch das Zusammenwirken der einzelnen Teile geschaffen.«[86]

Maßgeblich ist die Grundannahme fundamentaler Systemdynamik unter kausalitätstheoretischen Gesichtspunkten – bespielsweise hinsichtlich der systemischen, sogenannten zirkulären Kausalität:

> »This is a strange kind of *circular causality* (which is the chicken and which is the egg?), but we will see that it is typical of all self-organizing systems. What we have here is one of the main conceptual differences between the circular causal underpinnings of pattern formation in nonequilibrium systems and the linear causality [...].«[87]

Eine wichtige begriffliche Präzisierung ist: Es geht den hier in Rede stehenden Zugängen um nicht-lineare dynamische Systeme. »Wenn in solchen Systemen *nicht-lineare* (also durch nicht-lineare Differentialgleichungen beschriebene) Effekte auftreten, kann dies zur Ausbildung kohärenter Strukturen führen.«[88] Dieses Charakteristikum gilt als wesentlich für den

---

84 Krohn et al. 1987, 460. Als Klassiker und Wegbereiter dieser Sicht gilt Prigogines Konzeption der dissipativen Systeme, z.B. Prigogine 1979.

85 Carrier/Mittelstraß 1989, 265f.

86 Haken 1981, 19; siehe zur Synergetik etwa auch Haken/Wunderlin 1986.

87 Kelso 1995, 8f.

88 Carrier/Mittelstraß 1989, 263. Das Merkmal der Nicht-Linearität erläutert etwa Kanitscheider 2006, 83, mit Blick auf innersystemische Wechselwirkungen dahingehend, dass »die Wirkungen nicht einfach proportional zu den Ursachen sind«.

Aspekt der Entstehung von Neuem – anders gesagt: für einen Spielraum für *Kontingenz*. Ein Stichwort ist hier: *Indeterminismus*.

»*Indeterminismus:* Die Entwicklung von Systemen ist nicht durch die Anfangs- und Randbedingungen festgelegt, sondern wird entscheidend durch systeminterne Fluktuationen bestimmt. Dieses Merkmal gilt als Stütze für die Annahme einer ›offenen Zukunft‹, die die Möglichkeit ›schöpferischer Neuartigkeit‹ eröffnet.«[89]

»Open systems, where many components are free to relate to each other in non-linear ways, are capable of remarkable properties. When sufficient energy is pumped into these systems, new ordered structures may spontaneously appear that were not formerly apparent. […] The system may behave in highly complex, although ordered ways, shifting from one pattern to another, clocking time, resisting perturbations, and generating elaborate structures.«[90]

Und schließlich, last not least, geht es ganz entscheidend um Temporalität, um Entwicklungen *in der Zeit:* »The heart of the problem is time. Cognitive processes and their context unfold continuously and simultaneously in real time.«[91]

Kurz: Theorien dynamischer Systeme sind beispielsweise ein Zugang dazu, komplexe Wirklichkeitsbereiche wie etwa den des *Lebendigen* und den des *Kontingenten* – Stichwort: ›offene Zukunft‹ – modelltheoretisch in den Blick zu bekommen.

89 Carrier 1995, 763.

90 Thelen/Smith 2006, 272.

91 Van Gelder/Port 1995, 2 (im Original weitenteils kursive Hervorhebung, AG).

Kapitel 3. Wissenschaftsgeschichte als Begriffsgeschichte: Der Repräsentationsbegriff

»Für Repräsentationen im allgemeinen einzutreten ist eine Sache, dies präzise und zwingend zu tun, eine ganz andere.«[92]

Veranschaulichen lassen sich entscheidende Wissenschaftsentwicklungen hin zum Selbstorganisations- und zum ›Embodiment‹-Paradigma an einem bestimmten Begriff: dem kognitionswissenschaftlichen Begriff der Repräsentation. Zu diesem Unternehmen, Wissenschaftsgeschichte als Begriffsgeschichte zu skizzieren, ist zu unterstreichen: Es geht hier nicht etwa um den Repräsentationsbegriff schlechthin, sondern um einen spezifischen, eben den kognitionswissenschaftlichen Repräsentationsbegriff – der im Grunde in mehrfacher Hinsicht ein Schlüsselbegriff ist: Er steht a) auf kognitionswissenschaftlichem Terrain für signifikante Neuorientierungen, was epistemologische Fragen, also das Verständnis des *›Welt‹-Gehalts* des Mentalen betrifft. Darüber hinaus macht ihn b) ein bestimmter Begriffsexport interessant: In seinen aktualisierten Fassungen – um die es hier nun unter anderem geht – wird er nicht mehr nur für epistemologische Fragen herangezogen, sondern zunehmend auch zu einem Gegenstandsmodell für Fragen nach der Subjektivität, dem *›Selbst‹-Gehalt* des Mentalen.

1. Phase 1: Die Repräsentation als ›statisch, dekontextuell, akausal‹

Für die sich in den 1950er Jahren neu konstituierende Kognitionswissenschaft spielt das Gegenstandsmodell der Repräsentation von Beginn an eine Schlüsselrolle; es steht für die Annahme mentaler Konstrukte, Strukturen, Organisationsformen. »Das Wissen, das Lebewesen mit Hilfe ihrer

92 Gardner 1989, 400.

Kognition aufbauen, wird in Form *von mentalen Repräsentationen* realisiert«[93] – eine für die Kognitionswissenschaft grundlegende Annahme:

> »Meiner Meinung nach liegt die bedeutendste Leistung der Kognitionswissenschaft in dem eindeutigen Beweis, daß zu Recht von einer Ebene geistiger Repräsentation ausgegangen werden kann: einer Reihe von Konstrukten, die zur Erklärung kognitiver Phänomene – von visueller Wahrnehmung bis zum Verstehen von Geschichten – herangezogen werden können. Wo vor vierzig Jahren, als der Behaviorismus im Zenit stand, wenige Wissenschaftler von Schemata, bildhaften Vorstellungen, Regeln, Transformationen und anderen mentalen Strukturen und Operationen zu sprechen gewagt hätten, gelten diese repräsentationalen Annahmen und Konzepte jetzt als selbstverständlich und finden sich in allen Kognitionswissenschaften.«[94]

Eine Repräsentation ist danach eine mentale Entität, die, im weitesten Sinn, für Teilbereiche der Wirklichkeit steht, sich auf sie bezieht, sie bezeichnet – eine Repräsentation ist gewissermaßen eine Art ›innerer Beschreibung von Teilbereichen der Wirklichkeit‹.[95] Je weiter die Kognitionswissenschaft sich entwickelt, desto weiter entwickelt sich insbesondere auch die Auffassung von dieser ›inneren Beschreibung‹. Besonders seit den 1980er Jahren kommt es sukzessive zu Neuerungen, aufgrund derer der kognitionswissenschaftliche Repräsentationsbegriff sich heute teils erheblich von dem unterscheidet, der in den 1950er Jahren an der Wiege dieser Wissenschaft stand. Erhellen lassen sich diese Veränderungen unter zwei Fragestellungen. *Frage 1:* Welche Rolle spielt das Zustandekommen der ›inneren Beschreibung der Wirklichkeit‹? Hat die Repräsentation eine für ihr theoretisches Verständnis relevante Entstehungs-/Entwicklungsgeschichte? *Frage 2:* Wenn die Repräsentation eine ›innere Beschreibung‹ ist – welcher Beschreibungsmodus kommt hier zur Anwendung? In wel-

---

93 Rickheit/Strohner 1993, 15.

94 Gardner 1989, 400. – Zur Datierung: »Nur selten sind sich die Amateurhistoriker so einig: Fast alle bedeutenden Wissenschaftler der damaligen Zeit, die heute noch am Leben sind, stimmen überein, daß sich die Kognitionswissenschaft offiziell etwa 1956 bildete.« (Gardner 1989, 40) Zur Konstitution der Kognitionswissenschaft siehe auch Strube 1996b.

95 Metzinger 1999, 47: »Mentale Repräsentation ist ein Vorgang, durch den manche Biosysteme innere Beschreibungen von Teilbereichen der Wirklichkeit erzeugen.«

chem Format wird repräsentiert? Gleicht die ›innere Beschreibung‹ beispielsweise einem Text, einem Bild, einer Melodie?

Das Repräsentationsmodell, wie es an der Wiege der Kognitionswissenschaft steht, ist in diesen Punkten sehr präzise bestimmt; die entsprechenden theoretischen Aussagen sind dezidiert, und signifikant anders gelagert als heute: Die Frage nach einer Entstehungs-/Entwicklungsgeschichte stellt sich für dieses Gegenstandsmodell *nicht*. Lern- und entwicklungstheoretische Fragestellungen stehen für dieses Modell dezidiert nicht zur Debatte, sondern werden im Gegenteil ausgeschlossen.[96]

Auch die Frage nach dem Format ist auf der ersten kognitionswissenschaftlichen Etappe kategorisch beantwortet: Zentrale Annahme ist, ›innere Beschreibungen von Teilbereichen der Wirklichkeit‹ liegen ausschließlich in *einem* Format vor; dieses Format kennt man unter Bezeichnungen wie beispielsweise ›propositionales‹ oder ›sprachliches‹ oder ›digitales Format‹; Prototypen der digital kodierten Botschaft sind etwa Zahlen- respektive Buchstabenfolgen. »Die Annahme lautete, jede Information werde im wesentlichen auf die gleiche Weise verarbeitet«; »propositionale (sprachähnliche) Repräsentationen seien die *lingua franca* der Kognitionssysteme«.[97]

---

96 Siehe zu diesen und weiteren Aspekten Strube 1996b, besonders 304-309; zum Ausblenden lern- und entwicklungstheoretischer Fragestellungen siehe Gardner 1989, 408; eine wissenschaftshistorische Skizze ist Gerdes 2008.

97 Gardner 1989, 142 und 143. – ›Digital‹ meint in gängiger kognitonswissenschaftlicher Lesart: »aus einer Menge an Standardsymbolen zusammengesetzt, die nach bestimmten Vorgaben miteinander kombiniert werden können (Kompositionalität). Diese Menge von Symbolen ist nicht dicht.« (Rehkämper 1996, 25) – Das Kriterium der Digitalität ist insofern mit Bedacht in Anschlag zu bringen, als die polare begriffliche Konstellation von ›digital vs. analog‹ z.B. für die Fragestellungen einer Theorie des Geistes jeweils nur bis zu einem gewissen Grad trägt. Siehe zur Problematik einer nur begrenzt tauglichen ›Digital-Analog‹-Leitdifferenz grundsätzlich aus semiotischer Sicht: Nöth 2000, 218; aus kognitionswissenschaftlicher Sicht: Rehkämper 2003, 8; zur Geschichte des Begriffspaars und Diskussion aktueller Perspektiven auf eine Digital-Analog-Leitdifferenz siehe Schröter/Böhnke (Hg.) 2004; zur Kritik siehe auch Metzinger 1999, 58, Fn. 20, oder Herrmann 2003, 513. Zur Problematik der Unterscheidung zwischen propositionalem und analogem Format siehe auch Metzinger 1999, 58, Fn. 20. – Genaugenommen ist zwischen den Merkmalen ›digital‹ und ›propositional‹ zu unterscheiden.

Der erste kognitionswissenschaftliche Repräsentationsbegriff ist insofern konzipiert als uniform: *ein* Format für sämtliche ›innere Beschreibungen‹. Aus anderem Blickwinkel betrachtet, ist dieser Repräsentationsbegriff insbesondere konzipiert als *amodal*; unter dem Gesichtspunkt der Modalität als wahrnehmungsbezogener Kategorie gilt seine Amodalität als entscheidendes Charakteristikum dieses Gegenstandsmodells:[98] Entscheidend ist für diesen repräsentationstheoretischen Ansatz, dass wahrnehmungsbezogene Überlegungen im Grundsatz *nicht* vorkommen – dass Repräsentationen amodal sind, meint: Sie sind unabhängig von Wahrnehmungserfahrungen.

Stützung erfährt diese diese Repräsentationskonzeption in erster Linie durch ihre Passung in formallogischer, in informationstheoretischer und informationstechnologischer Hinsicht:

> »First, little empirical evidence supports the presence of amodal symbols in cognition. Instead, amodal symbols were adopted largely because they provided elegant and powerful formalisms for representing knowledge, because they captured important intuitions about the symbolic character of cognition, and because they could be implemented in artificial intelligence.«[99]

Dieses repräsentationale Gegenstandsmodell ist über die ersten Jahrzehnte der Kognitionswissenschaft *das* Erfolgsmodell. Es funktioniert umfänglich auf den seinerzeit als relevant geltenden Ebenen der Theorie- und Modellbildung – prominent etwa auf rechnergestützt-informationstheoretischen Ebenen; von dieser Passung her rührt beispielsweise die Bezeichnung ›Computer-Modell des Geistes‹.

> »Das inzwischen klassische Beispiel für ein informationsverarbeitendes System ist der *Computer*. Der Computer mit seinen enormen Fähigkeiten der Speicherung und Verarbeitung von Informationen erschien vielen sogar auch für die menschliche Informationsverarbeitung paradigmatisch, so daß er nicht nur als Arbeitsinstrument, sondern vor allem als konzeptuelle Grundlage der Kogniti-

98 Überblick siehe Barsalou 2008.

99 Barsalou 2008, 620.

ven Wissenschaft galt. Eine derartige Sichtweise wird als *Computermetapher* bezeichnet.«[100]

Aus dieser Sicht gilt Kognition als im Wesentlichen erklärt und beschrieben als Anwendung von Regeln – Operatoren – auf eine Menge an Operanden – digitalen Symbolen. »Representations are static structures of discrete symbols. Cognitive operations are transformations from one static symbol structure to the next.«[101] Eine ganz generelle Bezeichnung für diese Sicht auf das Mentale ist ›Symbolverarbeitungsparadigma‹. Betrachtet wird in wesentlichen repräsentationalen Hinsichten im Grundsatz vornehmlich *ein* Systemtypus: das formal-abstraktive Symbolsystem, wie es beispielhaft eine formale Sprache, etwa eine Programmiersprache darstellt.

Ontologisch gesehen ist dieses Modell in gewisser Hinsicht – wird im Laufe der Studie deutlicher – ›substanzbegriffbasiert‹, lässt es sich rückverfolgen auf die Bestimmungen des – noch zu besprechenden – cartesianisch zugespitzten Substanzbegriffs. »Classical Cognitive Science, even though it claimed to be realist, was in fact hopelessly enmeshed in the in-

100 Rickheit/Strohner 1993, 16. – Siehe zum Punkt ›Computermetapher‹ bzw. ›technikaffine Analogie‹ auch Rojas 1993, 4: »Es scheint eine Konstante der Wissenschaftsgeschichte zu sein, dass das Gehirn immer am jeweils kompliziertesten technischen Artefakt aus menschlicher Hand gemessen wurde [...]. Im Altertum wurde es mit einer pneumatischen Maschine, in der Renaissance mit Uhren und Ende des letzten Jahrhunderts mit einem Telefonnetz verglichen. Für einige ist der Computer heute das Paradigma par excellence eines Nervensystems [...].« Zur *heuristischen Fruchtbarkeit von Analogien* siehe z.B. die Überlegungen von Ernst Mach, etwa Mach 1917, 226: »Das Leitmotiv der Ähnlichkeit und Analogie erweist sich in mehrfacher Hinsicht als treibend und fruchtbar für die Erweiterung der Erkenntnis. Ein noch *wenig geläufiges* Tatsachengebiet N offenbare in irgend einer Weise seine Analogie zu einem uns *geläufigeren*, der unmittelbaren Anschauung zugänglicheren Gebiet M. Sofort fühlen wir uns angetrieben in Gedanken, durch Beobachtung und Experiment zu den bekannten Merkmalen oder Beziehungen der Merkmale von M die Homologen von N aufzusuchen. Unter diesen Homologen werden sich im allgemeinen bislang unbekannte Tatsachen des Gebietes N finden, die wir auf diese Weise *entdecken*. Trifft aber unsere Erwartung auch nicht zu, finden wir unvermutete Unterschiede von N gegen M, so hat sich unser Trieb doch nicht vergebens betätigt. Wir haben das Tatsachengebiet N genauer kennen gelernt, unsere *begriffliche* Kenntnis desselben hat sich *bereichert*. Die Operation mit Hypothesen wird durch den Reiz der Ähnlichkeit und Analogie eingeleitet.«

101 Van Gelder/Port 1995, 1.

soluble antinomies of Cartesian dualism.«[102] Ein Merkmal des Epistemischen, Kognitiven, ist unter diesen repräsentationstheoretischen Vorzeichen seine kausale Unabhängigkeit – was sich beispielsweise darin abbildet, dass die ›innere Beschreibung von Teilbereichen der Wirklichkeit‹, oder anders gesagt, das Wissen, der ›Welt‹-Gehalt des Mentalen, gewissermaßen aufgefasst wird als etwas, das schlicht ›gegeben‹ ist, eine Entstehungs- oder Entwicklungsgeschichte nicht von theoretischem Interesse ist. Im Grundsatz geht es hier, ganz allgemein formuliert, um die kategorische, ›paradigmatische‹ Annahme der *Autonomie* des Mentalen.[103]

2. Phase 2: ›Dynamisch, transient, kontextabhängig...‹ – Neubestimmungen

Das Bild beginnt sich sukzessive zu wandeln in den 1980er Jahren, im Zuge einer sogenannten ›zweiten kognitiven Wende‹ – als ›erste kognitive Wende‹ gilt nach dieser Zählung die grundlegende vom Behaviorismus zur Kognitionswissenschaft. Generell wächst sich auch diese zweite kognitive Wende zu einer globalen aus – mit einer Vielzahl an Aspekten und Schauplätzen. Terminologisch kennt man einzelne ihrer Facetten beispielsweise als konnektionistische, dynamizistische, konstruktivistische Wende oder als ›embodiment turn‹.[104]

> »Nach Jahrzehnten der Vorherrschaft von Geistkonzepten, die ihre Herkunft aus dem Horizont cartesianischen Denkens nicht verhehlen können, gewinnen in den Kognitionswissenschaften zunehmend Forschungsansätze an Einfluß, die unter Begriffen wie ›embodied cognition‹ und ›interactive mind‹ die Körper- und Weltverankerung von Kognition hervorheben.«[105]

---

102 Sinha 2007, 1285.

103 Zu den wesentlichen philosophischen Fundierungen dieses Gegenstandsmodells zählt beispielsweise die Fodor'sche Konzeption (Fodor 1983).

104 Die ›klassische kognitionswissenschaftliche Hochphase‹ datiert Strube (1996b) auf die Dekade 1975-1985. Zur konnektionistischen Facette dieser Wende, auf die hier nicht weiter eingegangen werden kann, siehe etwa Gerdes 2008.

105 Linz/Jäger 2004, 8.

Angestoßen, getragen und gestützt wird diese zweite kognitive Wende – der Wechsel zur sogenannten ›second generation cognitive science‹ – durch Entwicklungen auf mehreren Ebenen; in repräsentationstheoretischer Hinsicht entscheidend ist grundsätzlich die Feststellung, dass das Gegenstandsmodell ›Repräsentation‹ in seiner bisherigen Fassung – kausal unabhängig, amodal – zu kurz greift, wenn man nicht innerhalb der Fragestellungen der formalen Logik verbleibt und insbesondere nicht nur die Informationstechnologien, nicht nur Computer betrachtet – sondern lebende Systeme, Biosysteme, den Menschen.

> »The computational approach provides a very powerful framework [...] Unfortunately, it has a major problem: Natural cognitive systems, such as people, aren't computers.«[106]

> »Das inzwischen klassische Beispiel für ein informationsverarbeitendes System ist der *Computer.* [...] Eine derartige Sichtweise wird als *Computermetapher* bezeichnet. Immer deutlicher wird heute jedoch gesehen, daß der Computer kein forschungsleitendes Modell der menschlichen Informationsverarbeitung sein kann [...].
>
> Eine alternative Vorstellung zur Computermetapher ist die Analyse der menschlichen Informationsverarbeitung vor dem Hintergrund der Interaktion von Lebewesen mit ihrer Umwelt. Lebewesen sind in einer qualitativ anderen Weise als Computer mit ihrer Umwelt verbunden [...].«[107]

In repräsentationstheoretischer Hinsicht weitet sich der Horizont der Kognitionswissenschaft ganz entscheidend, was sich beispielsweise veranschaulichen lässt am Werdegang der Linguistik:[108] In der ersten Phase der Kognitionswissenschaft ist ihr Blickfeld vornehmlich bestimmt durch Anliegen der formal-strukturalistischen Analyse des abstrakten Systems ›Sprache‹ – was konvergiert mit dem generellen Ansatz dieser Phase: Man betrachtet vorzugsweise formal-abstrakte Symbolsysteme. Ein Motor für wissenschaftliche Innovationen ist dann die Feststellung: Geht es um die

---

106 Van Gelder/Port 1995, 1f.

107 Rickheit/Strohner 1993, 16.

108 Schon die Geburtsstunde der Kognitionswissenschaft, die Revision behavioristischer zugunsten kognitivistischer Sichtweisen, ist eng verbunden mit sprachwissenschaftlichen Überlegungen, konkret z.B. ausgelöst durch Noam Chomskys »Review of Skinners ›Verbal Behavior‹« (Chomsky 1959).

kognitionswissenschaftlichen Leitfragen nach dem Epistemischen, dem Kognitiven, nach *Wissen,* bleiben bei einer Sichtweise, die Sprache ausschließlich unter den Gesichtspunkten der formal-strukturalistischen Analyse betrachtet, entscheidende Aspekte unerklärbar. Eine Frage, an der sich Debatten entzünden, ist etwa: Wie ist der mit geradezu schlafwandlerischer Sicherheit verlaufende Spracherwerb, den wir alle als Kleinkinder ganz nebenbei bewältigt haben, zu begreifen? Neues Terrain erschließen hier in den 1980er Jahren interdisziplinäre Spracherwerbsdebatten; lerntheoretische, entwicklungspsychologische und selbstorganisational-systemtheoretische Überlegungen und Ansätze kommen auf, die etwa Begriffe wie *Sprachentwicklung* ins Spiel bringen und die in der Folge einen Großteil zur repräsentationstheoretischen Wende und im Weiteren, weit über das Terrain der kognitiven Linguistik hinaus, zu einer Art globaler Wende beitragen.

Richtungweisendes Moment dieser Wissenschaftsdynamiken ist – und hier ist der Fortschritt auf dem Gebiet der kognitiven Linguistik, wie gesagt, exemplarisch: Neben dem abstrakten System ›Sprache‹ werden zunehmend – und in konstitutiver Verbindung damit – weitere Systemsorten betrachtet: das kognitive Subjekt als lebendes System, eingebunden in systemische Umwelten, beispielsweise ökologische, soziale, kulturelle.

2.1 Die repräsentationstheoretischen Innovationen

Anders bewertet und angegangen werden im Zuge der repräsentationstheoretischen Innovationen vor allem die oben angesprochenen Aspekte des Zustandekommens und des Formats der mentalen Repräsentation:

Genuin neu ist das Einbeziehen *entwicklungstheoretischer* Überlegungen. Von elementarer Bedeutung für das systematische Verständnis des Kognitiven ist, sein *Zustandekommen* zu begreifen, lautet der entscheidende Befund – was kognitionswissenschaftlich neue Leitfragen mit sich bringt: Wie *entsteht* der ›Welt‹-Gehalt der Erfahrung? Wie entsteht Wissen? Konkret: Wie entstehen die elementaren Einheiten des Wissens: Konzepte, Begriffe, Schemata – oder auch: Zeichen, Symbole, Repräsentationen? Theoretisch fassbar wird die ›Welt im Kopf‹ im Grundsatz letztlich erst, wenn man sie als Entwicklungsgeschehen in den Blick nimmt, so die neue und in gewisser Hinsicht programmatische Feststellung; hier liegt der entscheidende Unterschied zum kognitionswissenschaftlichen Repräsentationsbegriff der ersten Stunde, wonach die repräsentationale Ebene adäquat als Set wie auch immer ›gegebener‹ Symbolstrukturen fassbar ist und damit einhergehend vorzugsweise formal-logische Fragestellungen aufwirft.[109]

Mit der Entwicklungsperspektive einher gehen Fragestellungen, was das repräsentationale *Format* betrifft: Es mehren sich auf kognitionswissenschaftlichem Terrain die Ansätze, die sich von der Annahme eines einzigen Formats – des digital-propositionalen – verabschieden zugunsten der Annahme von Formatvielfalt. Der Befund lautet: Begreift man die Repräsentation als ›innere Beschreibung von Teilbereichen der Wirklichkeit‹, dann ist im Grundsatz ein breites Spektrum an ›Beschreibungsmodi‹ anzunehmen. Das ursprünglich als alleiniges repräsentationales Format geltende Format gilt heute als eine Option unter mehreren.

Diese Offenheit in Formatfragen ist eng verbunden mit *wahrnehmungstheoretischen* Überlegungen: Der Begriff ›Repräsentation‹ steht nicht mehr in erster Linie für die Handhabung einer – wie auch immer – ›gegebenen‹ Entität, sondern für ein Entwicklungs- oder auch Verarbeitungsgeschehen, und zwar für eines, bei dem Wahrnehmungen mutmaßlich nicht unwesentliche Rollen spielen. Deshalb erfährt die Annahme von Amodalität gewissermaßen Ablösung durch die von *Multimodalität* und *Intermodalität* – womit beispielsweise gemeint ist die Kapazität zur Formatintegration, das heißt die Kapazität, distinkte Wahrnehmungs- resp. Informationsformate zu verarbeiten, etwa das auditorische, gustatorische, olfaktorische, piktoriale, und auch das kinästhetische, propriozeptive, und auch das propositionale Format:

»Man darf bei der Analyse des menschlichen Geistes als eines natürlichen Repräsentationssystems auf biologischer Basis nicht übersehen, daß menschliche

109 Begriffsbildung beispielsweise ist aus dieser Sicht in erster Linie eine formal-logische Operation, siehe Oeser 1996, 58ff.

Gehirne mit einer Vielzahl von Repräsentatformaten operieren: auditorischen, kinästhetischen, propriozeptiven, gustatorisch/olfaktorischen oder piktorialen. Wir hören *Klänge*, spüren unsere *Körperbewegungen* oder riechen den *Duft* von Gebäck, der vielleicht seinerreits wiederum *innere Bilder* aus unserer Kindheit aufsteigen läßt.«[110]

Repräsentationstheorie ist aus dieser Sicht ein weites Forschungsfeld – wobei im Grundsatz, gewissermaßen, der ganze weite Bereich ›zwischen Perzept und Konzept‹ als theoretisch interessant gilt; Grundannahme ist:

»dass kognitive Informationseinheiten (Konzepte, Kategorien, Schemata, usw.) keine objektiv und unveränderlich in der Welt vorhandenen Entitäten sind, sondern durch die menschliche Wahrnehmungsfähigkeit, das körpermotorische Programm, die Vorstellungskraft, aber auch durch soziokulturelle Spezifika determiniert sind.«[111]

2.2 ›*...in the mids of change...*‹ – *Neubestimmungen*

Der Begriff *Informationsverarbeitung* ist für die Kognitionswissenschaft von Beginn an ein ganz wesentlicher Begriff; und der erfährt nun im Zuge der skizzierten repräsentationstheoretischen Entwicklungen entscheidende Anreicherungen. Er wird nicht mehr vorrangig unter formal-logischen Fragestellungen betrachtet, meint nicht mehr in erster Linie das Anwenden von Regeln, Operatoren, auf eine Menge an Operanden – sondern ein systemisches Entwicklungsgeschehen; als elementare Systemsorte wird nun betrachtet: das kognitive Subjekt als lebendes System, seinerseits systemisch eingebunden etwa in ökologische, soziale, kulturelle Umwelten. Schlagworte für ein prominentes Forschungsprogramm mit Fokus auf dieses systemische Gefüge: ›grounded cognition‹, ›embodied cognition‹.

»There has been a recent resurgence of interest in the body both within philosophical as well as cognitive scientific approaches to consciousness and cognition. An abundance of body-centric alliterative characterizations now abound throughout the literature. It is widely argued, for instance, that mind is only to be understood once we take seriously its fundamentally *ecological*, or situated, character. From this general orientation, we then encounter further claims: mind

110 Metzinger 1999, 58.

111 Unternbäumen 2001, 74.

is *embodied, embedded, enacted,* and, most radically of all, *extended.* However, at the heart of these approaches lies the embodiment thesis.«[112]

Dies ist die Etappe, auf der die Kognitionswissenschaftler beispielsweise Selbstorganisationsansätze wiederentdecken und weiterentwickeln und beginnen, Theorien dynamischer Systeme für das Erklären des ›Welt‹-Gehalts des Mentalen in Anschlag zu bringen. Aus diesem Blickwinkel lassen sich die repräsentationstheoretischen Veränderungen etwa so zusammenfassen: Das klassische kognitionswissenschaftliche Gegenstandsmodell ›Repräsentation‹ steht für eine Basisentität, die in wesentlichen Grundzügen beschreibbar ist als statisch bzw. zeitlos, akontextuell, akausal; demgegenüber betrachten jüngere Ansätze die Repräsentation als dynamisch, transient, kontextabhängig:

»In classical cognitive science, symbolic representations and their algorithmic manipulations are the basic building blocks. Dynamical models usually also incorporate representations, but reconceive them as dynamical entities (e.g., system states, or trajectories shaped by attractor landscapes). Representations tend to be seen as transient, contextdependent stabilities in the midst of change, rather than as static, context-free, permanent units.«[113]

Wichtig ist: Der Repräsentationsbegriff erfährt durch diese jüngeren Wissenschaftsentwicklungen teils tiefgreifende Veränderungen, doch er *bleibt* kognitionswissenschaftlich relevant: »Der Repräsentationsbegriff wird durch die dynamizistische Kognitionswissenschaft nicht, wie viele meinen, eliminiert, sondern inhaltlich stark ausdifferenziert und angereichert«[114] – »for the most part representation has been reconceptualized rather than consigned to the dustbin of Bad Ideas«.[115]

---

112 Legrand et al. 2009, 279. ›Embodied cognition‹ als »general trend in progress« ist kursorisch skizziert etwa bei Wilson 2002 (hier 635) sowie ausführlich in Ziemke et al. (Hg.) 2007; zur Bedeutungsweite von Wendungen wie ›embodied cognition‹ oder auch ›grounded cognition‹ siehe auch Barsalou 2008, zum ›Embodied Cognition Research Programme‹ Shapiro 2007.

113 Van Gelder 1999, 244.

114 Metzinger 1996a, 348. Zu diesem weit gefassten Repräsentationsbegriff siehe Rehkämper 1995, 1996, 2003, May 1996a, 1996b.

115 Wilson 2004, 210.

2.3 *Ein Beispiel: ›Mental models‹*

Abschließend sei ein konkretes Beispiel genannt: Eines der jüngeren repräsentationalen Gegenstandsmodelle ist das sogenannte ›mental model‹;[116] wie schon in den 1980er Jahren prognostiziert, erfreut es sich zunehmender Prominenz: »*Mental models* könnte sehr wohl das mentale Modell der nächsten Generation von Kognitionswissenschaftlern werden.«[117] Es hat bestimmte programmatische und konzeptionelle Grundzüge und ist ansonsten so offen, dass es in mancher Hinsicht gewissermaßen als Prototyp oder Rahmenkonzept fungiert und Anwendung findet in unterschiedlichsten Forschungs- und Theoriebereichen – nicht nur, wenn es um das *Kognitive* geht, sondern auch in *Subjektivitätsmodellen.*

Als ein ganz wesentlicher und exemplarischer Grundzug dieses Repräsentationskonzepts gilt die *Analogizität* – wobei diese ein systematisch mehrdeutiges Kriterium ist: »Die Charakterisierung eines Repräsentationssystems als *analog* kann sich dabei auf zwei unterschiedliche Aspekte beziehen, was häufig Anlass zu einiger Verwirrung bietet [...].«[118]

---

116 Die Konzeption des ›mental model‹ wurde maßgeblich entwickelt von Johnson-Laird, siehe z.B. Johnson-Laird 1983, Johnson-Laird 1999, May 1996a u. 1996b, Rehkämper 1995, 1996, 2003; eine subjektivitätstheoretische Anwendung findet dieses Gegenstandsmodell z.B. in Metzinger 1999. – Zur Terminologie: Wenn im Kontext von Forschungs- und Theorieperspektiven auf das Mentale die Rede von ›mentalen Modellen‹ oder ›mental models‹, kann das – möglicherweise vage – rekurrieren auf das Johnson-Laird'sche Repräsentationskonzept des ›mental model‹, muss jedoch nicht – mehr – viel mit ihm gemeinsam haben; Kelter (2003, 513) spricht diesbezüglich z.B. von einem »Substanzverlust«.

117 Gardner 1986, 384.

118 Opwis/Lüers 1996, 350; siehe dazu auch Rehkämper 2003, 8; zum Versuch, terminologisch Klarheit herzustellen mittels der Unterscheidung von ›analog‹ und ›analogisch‹, siehe Freksa 1996, 27: Diese terminologische Unterscheidung hat sich nicht durchsetzen können; unter einer analogen Repräsentation wird heute sowohl die Kontinua abbildende, also nicht-diskrete Repräsentation verstanden als auch die ähnlichkeitsbasierte Repräsentation, »unabhängig davon, ob es sich um kontinuierliche oder diskrete Strukturen handelt« (Freksa 1996, 27). – Zum propositionalen Format siehe Rehkämper 2003, 8: »Analoge und propositionale Repräsentationen unterscheiden sich daher grundsätzlich [...]. Dies heißt jedoch nicht, dass es nicht auch Mischformen geben kann. [...] Johnson-Laird (1983) machte mit seinem Vorschlag, nicht nur die Existenz zweier unterschiedlicher Repräsentationsformen anzunehmen, sondern die Möglichkeit zuzulassen, dass in einem mentalen Modell

Erstens kann mit der Charakterisierung als ›analog‹ gemeint sein – und ist häufig damit gemeint: das analoge Format bzw. die analoge Kodierung, entlang der Unterscheidung ›digital/analog‹, ›kontinuierlich/diskret‹. Zweitens kann damit ein etwas anders gelagerter repräsentationstheoretischer Aspekt gemeint sein, der so, in dieser Form, beim ersten, klassischen kognitionswissenschaftlichen Gegenstandsmodell kein Thema war: die Art der *Repräsentationsbeziehung,* im Sinne einer spezifischen Form von Ähnlichkeitbeziehung – »durch eine strukturelle Isomorphie«;[119] gemeint ist hier die – in vielen Theoriekontexten eine zunehmende Rolle spielende und im jeweiligen Theoriekontext genauer zu betrachtende – Verknüpfung der Denkfigur der Repräsentation mit der Denkfigur der relationalen Ähnlichkeit, der Strukturähnlichkeit.[120]

> »Mentale Modelle bezeichnen eine bestimmte Form der (insbesondere auch analogen) Repräsentation von Wissen, die seit etwa 1980 in der Kognitionswissenschaft diskutiert wird. [...] Es handelt sich bisher wohl eher um ein Rahmenkonzept menschlicher Wissensrepräsentation, dessen Stärke darin liegt, der Ganzheitlichkeit, Kohärenz und Dynamik mentaler Repräsentationen komplexer Sachverhalte Rechnung zu tragen.«[121]

---

beide Formen gemeinsam verwendet werden, einen konstruktiven Schritt vorwärts.«

119 Oestermeier 1995, 592. Zu diesem Analogiebegriff siehe beispielsweise Johnson-Laird 1983 u. 1999, der den Aspekt unterstreicht, dass die Repräsentation relationale Eigenschaften des Repräsentierten abbildet; siehe zu diesem Analogiebegriff auch Rehkämper 1995 u. 2003. Aufgrund der Strukturähnlichkeit sind ›mental models‹ in einem spezifischen Sinn stets ›wahr‹, so Johnson-Laird (1999, 526): »Mental models represent explicitly what is true, but not what is false. They don't aim at truth in a logical sense, but at similarity.«

120 Zur Denkfigur der Analogie als Ausgangs- und Kristallisationspunkt kognitionswissenschaftlicher Überlegungen siehe Gentner 1999; für im engeren Sinn linguistische Belange siehe Itkonen 1997.

121 May 1996a, 406.

II. Die Philosophie – Whitehead

Kapitel 4. Der Philosophiebegriff – ›...eine Theorie der Erfahrung...‹

»Das höchste Kriterium bleibt immer
weitgefächerte, wiederkehrende Erfahrung [...].« (PR 56)

1. Philosophie als Analyse, Kritik, Konstruktion

Whiteheads Theorieangebot kann man sich unter verschiedenen Ordnungskriterien nähern: Philosophiesystematisch betrachtet, umfasst es Ontologie und Epistemologie; auf der Folie der klassischen systemtheoretischen Perspektiven betrachtet, ist es allgemeine und beobachterzentrierte Systemtheorie. Stellt man, wie oben geschehen, Überlegungen an zum generellen Aufgabenprofil der Philosophie, ist es beschreibbar als Analyse, Kritik und Konstruktion.

1.1 Der Metaphysikbegriff

Whitehead selbst ordnet sein philosophisches Unternehmen ein als Metaphysik im systematischen Sinn, als »theoretische Beschäftigung mit den letztlich grundlegenden Dingen«.[122] Es ist ein Metaphysikbegriff, der den Bezug auf die *Erfahrung*, anders gesagt, den *Empiriebezug* sehr ernst nimmt – bezeichnet beispielsweise als revidierbare Metaphysik, wissenschaftliche

122 Wiehl 1996, 68.

Metaphysik oder pragmatistische Metaphysik.[123] »Alles, was man in der ›Praxis‹ vorfindet, muß innerhalb der Reichweite der metaphysischen Beschreibung liegen. Wenn es der Beschreibung nicht gelingt, die ›Praxis‹ einzubeziehen, ist die Metaphysik inadäquat und bedarf einer Revision.« (PR 48)

1.2 Kritische Philosophie

Hinsichtlich Whiteheads Philosophie als *kritischer* ist zunächst einmal aufschlussreich, um was es Whitehead dabei *nicht* geht: in erster Linie weder um Kritik im Sinne historisch-kritischer Auseinandersetzung noch um den fachphilosophischen Schlagabtausch; bezeichnend ist vielmehr das konstruktive Moment: ein »elementarer Grundzug zur Synthesis«, das heißt, sie »zieht die Theorien ihrer Umgebung in ihren eigenen Wirkungskreis, anstatt durch deren Ausschließung sich eine zusätzliche Pointierung der eigenen Wirksamkeit zu verschaffen«.[124] Inhaltlich zielt die Kritik im Grundsatz auf ›Anti-Naturalismen‹: »Wogegen ich im Wesentlichen protestiere, ist die Bifurkation der Natur in zwei Wirklichkeitssysteme« (BN 26); Adressaten sind sowohl die Wissenschaften wie die Philosophie; das Grundproblem ist aus Whiteheads Sicht, hier wie dort: der Umgang mit

123 Zu Anschließbarkeiten Whiteheads über den Begriff einer ›revidierbaren Metaphysik‹ siehe z.B. Poser 1986, zur Revidierbarkeit auch Hampe 1990, 12. Zu Anschließbarkeiten unter dem Stichwort ›scientific metaphysics‹ siehe Riffert 1995; generell zur ›metaphysischen wissenschaftlichen Theorie‹ auch Stachowiak 1978, 58; zur ›pragmatistischen und kritischen Metaphysik‹ siehe Lotter 1991, 1996 – z.B. Lotter 1991, 275: »Der Wert einer pragmatistischen Metaphysik liegt nicht in der Unbezweifelbarkeit ihrer Annahmen, sondern in ihrer *Relevanz* als Kritikerin von Abstraktionen und darin, daß sie komplexe Zusammenhänge einsichtig machen kann.« Siehe zur Verortung von Philosophie und Wissenschaften im konstitutiven Kommunikationszusammenhang auch Lotter 1996, 22: »Nur die Dialogform kann der Philosophie gerecht werden, wenn man diese wie Whitehead als einen multiperspektivischen und nie endgültig entschiedenen Prozeß der Kommunikation versteht.« Zum Kriterium der Anwendbarkeit siehe in Bezug auf Whitehead Wiehl 1998, 71; zu Whiteheads Metaphysikbegriff auch Rohmer 2000, 28ff.

124 Wiehl 2000a, 10. Zu Whiteheads *nicht* historisch-kritischer Auseinandersetzung mit der philosophischen Tradition siehe Hampe 1990, 13; zum kritischen Impetus siehe z.B. Lotter 1996, 39ff.

Abstraktionen, die Verkennung des Abstraktionsniveaus, die Verwechslung des Abstrakten mit dem Konkreten – der »Trugschluß der unzutreffenden Konkretheit«, darauf beruhend, »daß man irgendein Abstraktum als konkrete Realität behandelt hat« (AI 348). Kritische Philosophie ist, so gesehen, vor allem Kritik der Abstraktionen: »Genau hier findet die Philosophie ihren Platz als wesentlicher Beitrag zum gelungenen gesellschaftlichen Fortschritt. Sie ist Kritik der Abstraktionen.« (WW 75) Diese Kritik der Abstraktionen übt Whitehead breit und undogmatisch: In philosophisch-wissenschaftstheoretischer Hinsicht gilt sie positivistisch-szientifischen ebenso wie transzendentalphilosophischen, idealistischen, rationalistischen Verkürzungen ebenso wie empiristischem ›Tunnelblick‹. Weder gilt ihm beispielsweise die Sprache als ›sprachanalytisch gesichertes‹ Gelände, noch das ›transzendentale Subjekt‹ als denkbarer Fixpunkt, von dem der Blick in unsere inneren Landschaften verbürgt klarsichtig wäre.[125]

In ontologischer Hinsicht gilt die Kritik besonders den Grundkategorien und Leitbegriffen, die gerade für aus naturalistischer Sicht problematische Wirklichkeitskonzeptionen entscheidend mitverantwortlich sind – speziell *der* wirkmächtigen begrifflichen Weichenstellung schlechthin: dem Substanzbegriff. Dabei macht Whiteheads Diagnose unter verschiedenen Gesichtspunkten sehr deutlich: Der Substanzbegriff ist zum einen akademisch-fachdiskursiver Schlüsselbegriff; er steht für dezidiert philosophisch-ontologische Bestimmungen, für spezifische Wirklichkeitskonzeptionen, ontologische Traditionslinien und Gegenstandsmodelle. Und außerdem bestimmt er, weit über die Grenzen fachlicher Diskursuniversen hinaus, als ein genereller Grundton unser Denken. Er schwingt als solcher Grundton in nahezu jeder Reflexion über Welt-, Wirklichkeits- und Menschbilder mit; ›Substanzorientierung‹ ist eine kategoriale Selbstver-

125 In einem kursorischen Abriss listet Whitehead als problematische Auffassungen auf (PR 24f.): i) sprachanalytische, sprachidealistische Gewissheiten – durch nichts gerechtfertigtes »Vertrauen in die Sprache als angemessener Ausdruck von Aussagen«; ii) empiristische Gewissheiten – die exklusive wahrnehmungstheoretische Fokussierung auf Sinneswahrnehmungen, die »sensualistische Wahrnehmungslehre«; iii) transzendentalphilosophische, idealistische, rationalistische Gewissheiten – das Apriori des unbedingten Subjekts, die »Kantsche Lehre von der objektiven Welt als theoretischem Konstrukt aus rein subjektiver Erfahrung«.

ständlichkeit, der sich Forschungs- und Theorieperspektiven durchgängig nur schwer entziehen. Speziell wenn es um das systematische Verständnis des Mentalen geht, ist der Substanzbegriff beides, macht Whiteheads kritische Diagnose sehr klar: ontologische Bestimmung und generelle, omnipräsente Denkfigur.

Desgleichen die weiteren Stoßrichtungen der Kritik: Auch hinsichtlich des Epistemischen oder des Subjektiven geht es ihr durchgängig darum, das Kontinuum von ›life and mind‹ theoretisch in den Blick zu bekommen; die entscheidende Grundproblematik resultiert in erster Linie aus wahrnehmungstheoretischen Verkürzungen, vielfach in Verschränkung mit substanzbegrifflichen – so der Tenor der Kritik, die die gesamte Breite des philosophischen Mainstream ins Gespräch verwickelt, etwa Empirismus, Positivismus, sprachanalytische und analytische Philosophie, Rationalismus, transzendentalphilosophische Positionen und die »ihrer Erben«.[126]

2. Die philosophische Konstruktion

2.1 Zielhorizont

Hinsichtlich der philosophischen Theoriekonstruktion ist Whiteheads genereller Zielhorizont zuallererst mit dem Stichwort ›Naturalismus‹ gut getroffen: »Es gibt also so etwas wie eine generelle Kontinuität zwischen dem menschlichen Erleben und den Naturvorgängen. Und es ist ersichtlich eine Aufgabe der Philosophie, diese Kontinuität sichtbarer und greifbarer zu machen.« (PR 346) Vergleichbares gilt für die Konstellation ›Universalismus und anthropologischer Prüfstand‹; seine Projektbeschreibung lautet, auf eine Kurzformel gebracht: »ein Gedankenschema zu entwerfen, das den allgemeinen Charakter des gegenwärtigen Entwicklungszustands des Universums wiedergibt«, ein universell taugliches Begriffssystem (FR

126 Hampe 1990, 223.

62f.)[127] –wobei als Prüfstand einer universellen Theorie der Erfahrung ihr anthropologisches Erklärungspotential gilt: Bewährungsprobe einer *allgemeinen* Theorie der Erfahrung ist das tiefere Verständnis *menschlicher* Erfahrung. Und es geht dabei, das ist entscheidend, um menschliche Erfahrung in ihrer gesamten Vielfalt:

> »Nichts darf ausgelassen werden, alles muß zu seinem Recht kommen: das trunkene und das nüchterne Erleben, das Erleben im Schlaf und im Wachen, im Dämmerzustand und bei hellem Bewußtsein, im Zustand der Selbstbefangenheit und im Zustand der Selbstvergessenheit, intellektuelles und physisches, religiöses und skeptisches, ängstliches und sorgloses, vorausschauendes und zurückblickendes, glückliches und trauerndes, von Emotionen fortgerissenes und mit vollkommener Selbstbeherrschung ertragenes Erleben, das Erleben im Hellen ebenso wie im Dunklen, das normale ebenso wie das abnorme.« (AI 401f.)

Dabei ist Aufgabe der Philosophie das Forschen nach dem Durchgängigen, nach den Grundzügen – die Entwicklung einer *allgemeinen* Fassung einer solchen Theorie.

> »Bei der Wissenschaft liegt der Hauptnachdruck auf der Beobachtung bestimmter Einzelvorgänge und auf der induktiven Verallgemeinerung, die zu einer bestimmten Funktionsweise – d.h. entsprechenden umfassenden Klassifizierung der Dinge führt. Bei der Philosophie dagegen liegt das Hauptgewicht auf Verallgemeinerungen [...].« (AI 281)
>
> »Sie sucht nach *den* allgemeinen Zügen [...].« (AI 286)

2.2 Die pragmatische Perspektive

Hinsichtlich der Mittel und Wege lässt sich für Whiteheads Theoriekonstruktion vor die Klammer ziehen, was oben für aktuelle Debatten resümiert wurde: das Faible für Sicht- und Herangehensweisen, wie sie etwa mit dem Pragmatismus verbundenen werden. Explizit, im Sinn einer grundsätzlichen methodologischen Präferenz, benennt Whitehead in erster Linie die hypothetisch-deduktive Methode: die Theoriegenerierung als

127 Whiteheads Kurztitel für dieses Projekt einer ›Universaltheorie‹ ist auch ›Kosmologie‹; der Whitehead'sche Kosmologiebegriff ist philosophiebegrifflich nicht unbedingt abgesichert, siehe dazu: Kanitscheider 1984, 19, Kann 1989, 88ff., insbes. 92.

Balance, als Wechselspiel aus gedanklichem Höhenflug, begrifflich-logischer Konstruktion und Erfahrungsabgleich. »Spekulative Kühnheit muß durch absolute Demut vor der Logik und vor den Tatsachen ausgeglichen werden.« (PR 56) Die Gelingenskriterien der Kohärenz, Konsistenz und empirischen Gültigkeit lesen sich bei Whitehead beispielsweise so:

»1. Übereinstimmung mit der anschaulichen Erfahrung;
2. Klarheit des gedanklichen Inhalts;
3. innere logische Konsistenz;
4. äußere logische Konsistenz;
5. die Einordnung in ein *logisches* Schema, das
(a) weitgehend mit der Erfahrung übereinstimmt,
(b) nirgendwo mit ihr in Konflikt gerät,
(c) auf kohärenten Grundbegriffen bzw. Kategorien [categorial notions, d.Ü.] beruht, und
(d) bestimmte methodologische Konsequenzen hat.« (FR 55)

Markant ist an Whiteheads Theorieangebot das *Ausmaß* der Entwicklung zum kohärenten, logischen und notwendigen Begriffssystem – das Ausmaß, in dem die Begriffe einander wechselseitig konstituieren, bestimmen, schärfen: »Wo keine Letztbegründung und axiomatische Evidenz möglich ist, muß die Rationalität noch lange nicht ihren Systemanspruch aufgeben«[128] ... – ein Ausmaß, wie es einmal mit Blick auf eine andere Systemtheorie als *ästhetisch* bezeichnet worden ist: wenn eine Theoriekonstruktion besticht durch ihre interne Virtuosität – durch ihre perfekte ›Innenseite‹, ihre zwingende innere Logik, ihre »Witterung für die formalen Gesichtspunkte einer Theorie [...] für ihr Innenleben, für die Nichtbeliebigkeit von Konsistenzzwängen, die aus Unterscheidungen resultieren, die aufeinander bezogen werden«.[129]

Zur ›virtuosen Innenseite‹ kommt das Außenverhältnis: das Verhältnis zur Erfahrung, zur Empirie – etwa zum Wissenschaftsdiskurs. Es sind Neuorientierungen – innovative natur-, human- und kulturwissenschaftliche Forschungs- und Theoriebestände: Aufbrüche und Umbrüche im Wirklichkeits- und Menschenbild –, zu denen Whitehead die Philosophie

128 Hampe 1991b, 18.
129 Fuchs 2001, 68; Fuchs bezieht sich hier auf die Luhmann'sche Systemtheorie.

in Beziehung setzt. Zu solchen Auf- und Umbrüchen kommt es von etwa 1910 bis in die 1930er Jahre in den Wissenschaften, den Künsten, dem Bildungs-, Kultur-, Gesundheitswesen im weitesten Sinn – zu neuen und in vieler Hinsicht emanzipativen Perspektiven auf Wirklichkeit und Mensch. Um auf ganz allgemeiner Ebene einige exemplarische Facetten zu benennen, die den ›Empiriehorizont‹ Whiteheads philosophischen Denkens markieren: Naturwissenschaftlich sind es die erhebliche Umschwünge im Wirklichkeitsverständnis im Kontext der Entwicklungen der theoretischen Physik, etwa der Quantenmechanik. Gespiegelt werden diese Umbrüche gewissermaßen kulturtheoretisch, in realitätsskeptischen Diskursen und Positionen, beispielsweise in der ›abstrakten‹ oder auch ›konkreten‹, etwa futuristischen oder dadaistischen bildenden Kunst und Dichtung. Folgenreich ist weiter die Erschütterung von tradiertem Menschenbild durch die Psychoanalyse, die ›Entdeckung‹ der Wirkmächtigkeit des Unbewussten, Unterbewussten, Vorbewussten. Und schließlich sind da die vielen, multithematischen und -disziplinären Reformansätze, Reformbewegungen, Aufbrüche, für die unter anderem Einzelstichworte wie ›Emergenz‹ oder ›Gestalttheorie‹ stehen – Aufbrüche, die ganz generell etwa subsumiert werden unter die Headline: *Suche nach Ganzheit*.[130] Aus heutiger Sicht Grundlegendes geschieht hier beispielsweise auf wahrnehmungspsychologischem Gebiet; eine prominente Ausformung dieser ›ganzheitlichen Suchbewegungen‹ ist etwa die Gestaltpsychologie.

2.3 *Das systemtheoretische Instrumentarium*

Eine Verortung Whiteheads als Systemtheoretiker bedarf zunächst einer Klärung: Whiteheads Konzeption ist keine explizite Systemtheorie in dem Sinne, dass sie als solche terminologisch ausgewiesen wäre; auf inhaltlicher Ebene spricht Whitehead kaum ausdrücklich von ›Systemen‹, seine Rhetorik geht – wird in dieser Studie noch besprochen – andere Wege, von denen er sich in puncto Anschaulichkeit mehr verspricht. Wenn er den

130 Zur Zeitgeschichte unter dem Blickwinkel der ›Suche nach Ganzheit‹ oder auch ›Ganzheitlichkeit‹ siehe Harrington 2002.

Systembegriff verwendet, dann in erster Linie für das Theoriegebäude, für die philosophische Konstruktion: »Whitehead gebraucht die Begriffe ›System‹ und ›Schema‹ weitgehend in gleicher Bedeutung, vor allem im Hinblick auf sein eigenes Kategoriensystem.«[131] Faktisch sieht die Sache anders aus, ruft diese Philosophie die systemtheoretischen Möglichkeiten umfänglich ab. Ihre tragende ontologische Säule ist eine *allgemeine* Systemtheorie: ein begriffliches Instrumentarium zur Wirklichkeitsbeschreibung, -analyse, -deutung. Weiter ruht das Unternehmen ganz entscheidend auf einer zweiten Säule: Es rekonstruiert Strukturbildung auf Seiten des *psychischen Subjekts* – grundlegend im Rahmen der Wahrnehmungstheorie, um darauf aufzubauen im Rahmen der Symboltheorie.

Kapitel 5. Der Substanzbegriff – eine problematische Prägung

»Kurz: ›Substanz‹ ist ein metaphysischer Irrtum, der dadurch entsteht,
daß die Struktur von Subjekt-Prädikat-Sätzen
auf die Struktur der Welt übertragen wird.«[132]

1. Das Substanzparadigma – die Stoßrichtung der Kritik

Auf ontologischem Terrain ist der Substanzbegriff ein Schlüsselbegriff: Er liegt mächtigen, weithin diskursprägenden, Wirklichkeitskonzeptionen und daraus resultierenden Denk- und Argumentationsfiguren zugrunde – und zwar auch dort, wo man sich explizit längst von Substanzbegriff, Essentialismus & Co. verabschiedet hat; problematisch ist diese kategoriale Selbstverständlichkeit insbesondere für eine naturalistische Theorie der

131 Wiehl 2000, 13.

132 Russell 1950/2012, 223.

Erfahrung – so die grundsätzliche Stoßrichtung von Whiteheads kritischer Auseinandersetzung mit dem Substanzbegriff; ihr Adressat ist, was beispielsweise als *Substanzparadigma* bezeichnet wird:

»Bei näherer Inblicknahme zeigt sich [...] dass die Gegenwartsontologie dem Forschungsparadigma der substanzontologischen Tradition noch immer weitgehend verpflichtet ist, auch und gerade da, wo sie den Substanzbegriff hinter sich zu lassen glaubt. Das Forschungsparadigma der ontologischen Tradition – ich nenne es das ›Substanzparadigma‹ – besteht aus einer Menge tiefliegender Präsuppositionen, die ein bestimmtes Vorverständnis ontologischer Probleme erzeugen und den Spielraum zulässiger Lösungen beschränken.«[133]

Es geht Whitehead also nicht darum, dem Substanzbegriff als komplexem philosophischem Grundbegriff gerecht zu werden; vielmehr interessiert ihn in erster Linie das Breitenwirksame daran – der wirklichkeitstheoretische *basso continuo*, der sich nur schwer ausblenden lässt:

»Wir sind alle im Dualismus zweier völlig unterschiedlicher Seinsbereiche aufgewachsen. Auf der einen Seite der Geist, das Mentale, das Psychische und – völlig verschieden – auf der anderen Seite das Körperliche und Physische. Derart vorgeprägt bemüht man sich dann, das Verhältnis der beiden Sphären aufzuklären, sei es zum Beispiel in Form irgendwelcher Wechselwirkungen oder sei es, daß man vom Dualismus aus sekundär einen Monismus wiederherstellen will. Mit der Behinderung durch diese ontologische Vorprägung haben alle zu kämpfen, auch wenn sie offiziell behaupten, sich vom Substantialismus und überhaupt von jeder Metaphysik verabschiedet zu haben.«[134]

2. Die immanente Problematik des Substanzbegriffs

Man kann an Whiteheads Auseinandersetzung mit dem Substanzbegriff mindestens zwei Blickrichtungen unterscheiden. Zum einen geht es ihm beispielsweise um im engeren Sinn philosophiebegriffliche Fragen danach, wie die problematischen ontologischen Weichenstellungen vorgenommen werden. Und zum anderen geht es ihm um den Bezug zwischen Philosophie und Naturwissenschaft: um das Verhältnis zwischen der Vorstellung

133 Seibt 2005, 197.
134 Schwegler 2001, 75.

vom ›isolierten, starren Wirklichkeitsklötzchen‹[135] – eine Kurzformel für die aus substanzbegrifflichen Weichenstellungen resultierende Pauschalvorstellung –, und naturwissenschaftlichen Wirklichkeitskonzeptionen.[136] Für Ersteres, die *philosophieinterne* Analyse, sieht Whitehead vorzugsweise zwei Ansatzpunkte: die entscheidenden Weichenstellungen durch die Aristotelische und die Cartesianische Bestimmung des Substanzbegriffs.

2.1 Aristoteles: Substanz-Qualität-Verhältnis

Von *dem* Aristotelischen Substanzbegriff zu sprechen wäre grobe Verallgemeinerung; unterschieden werden hier etwa die differenzierten substanztheoretischen Untersuchungen der Aristotelischen Metaphysik und der vergleichsweise eingängige logische Substanzbegriff der Aristotelischen Kategorienlehre; es ist Letzterer, der Substanzbegriff der Kategorienlehre, der zur wirkmächtigen ontologischen Pauschalvorstellung aufrückt.[137] Das ist insofern grundlegend für die mit der Schlüsselrolle des Substanzbegriffs als »erste vernünftige Bestimmung des Wirklichen«[138] einhergehende Problematik, als die Aristotelische Kategorienlehre keine

135 Siehe Fetz 1981, 210, Fn. 9, der hier Paulsen (1892, 136) zitiert: »... isolirtes [sic], starres Wirklichkeitsklötzchen ...«.

136 Siehe Böhme 1980, 45f., Kann 2001, 154.

137 Zu dieser Unterscheidung siehe Fetz 1981, 210ff., Kann 2001, 131 u. passim. Fetz sieht hier eine Differenz zwischen Whiteheads *Kritik* und seiner *Konstruktion:* Danach zielt Whiteheads Kritik zu Recht auf den Substanzbegriff der Aristotelischen Kategorienlehre; Whiteheads Konstruktion hingegen sieht Fetz in enger Nähe zum tiefer reichenden, komplexeren Substanzbegriff der Aristotelischen Metaphysik: eine Nähe, die »Whiteheads Kritik am herkömmlichen Substanzdenken und seine eigene Konzeption einer ›aktualen Wesenheit‹ in entscheidenden Punkten als eine Zurückgewinnung und Radikalisierung des genuin Aristotelischen Wesenheitsbegriffs« (Fetz 1981, 212) erscheinen lässt.

138 Stegmaier 1974, 12 (die Formulierung geht lt. Stegmaier auf Johann Eduard Erdmanns »Versuch einer wissenschaftlichen Darstellung der Geschichte der neueren Philosophie«, Leipzig 1840, zurück). Insbesondere die Abhandlung Stegmaiers liegt dieser Skizze wirkmächtiger Ausformungen des Substanzbegriffs zugrunde. Zum Verhältnis von Whiteheads Substanzkritik zu diesen Ausformungen siehe Fetz 1981, Kann 2001; zum Verhältnis zur Tradition der Substanzmetaphysik siehe das gleichnamige Kapitel in Fetz 1981, 209ff., zur Whitehead'schen Substanzkritik generell siehe Fetz 1981, Hampe 1991.

ontologische Untersuchung ist, sondern eine logische. Der Substanzbegriff der Kategorienschrift gilt logischen Strukturen, etwa dem aussagenlogischen Subjekt-Prädikat-Verhältnis; Karriere macht dieser Begriff allerdings – und darauf zielt Whiteheads Kritik –, als ontologische Bestimmung, als Wirklichkeitskonzeption. Als solche geht er über das Mittelalter in die Neuzeit ein, um dort mit Descartes zu dominieren und zur gängigen Pauschalvorstellung von Wirklichkeit zu avancieren.

> »Wenngleich Aristoteles diese beiden Grundstrukturen – die sprachliche und die metaphysische – zumindest nicht eindeutig und ausdrücklich identifiziert, sondern nach verbreiteter Auffassung seine Metaphysik weitgehend unabhängig von der Subjekt-Prädikat-Struktur assertatorischer Aussagen entwickelt, so wird diese doch für spätere metaphysische Konzeptionen, insbesondere die des Descartes, zum zentralen Paradigma.«[139]

In der ›Umnutzung‹ eines ursprünglich *logischen* begrifflichen Instrumentarium zum *ontologischen* sieht Whitehead Wurzeln der problematischen kategorialen Annahme, auf prinzipieller Ebene sei Wirklichkeit kategorial über Leitdifferenzen wie ›Substanz/Qualität‹ oder ›Ding/Eigenschaft‹ fassbar. Mit diesem Transfer werden also philosophiebegrifflich entscheidende Weichen gestellt; und das Entscheidende daran ist unter anderem,

> »daß viele Philosophen, die in ihren expliziten Behauptungen den aristotelischen Begriff der ›Substanz‹ kritisieren, in ihren Diskussionen doch immer stillschweigend voraussetzen, daß die ›Subjekt-Prädikat‹-Form der Aussage die letztlich adäquate Darstellungsform hinsichtlich der wirklichen Welt verkörpert. Das mit der aristotelischen ›ersten Substanz‹ eingeführte Übel besteht genau in dieser Gewohnheit, die metaphysische Emphase auf die ›Subjekt-Prädikat‹-Form der Aussage zu legen.« (PR 77f.)

In den Worten Bertrand Russells: »Kurz: ›Substanz‹ ist ein metaphysischer Irrtum, der dadurch entsteht, daß die Struktur von Subjekt-Prädikat-Sätzen auf die Struktur der Welt übertragen wird.«[140]

---

139 Kann 2001, 154; siehe auch Fetz 1981, 210f.

140 Russell 1950/2012, 223.

Seine Schlüsselposition erlangt der Substanzbegriff mit Descartes. Als entscheidende Größe kommt hier ins Spiel das Leitmotiv der *Unbedingtheit*, des ›per se existere‹, der kausalen Unabhängigkeit:[141]

> »Bestimmt sich aber die Substanz nach ihrer Selbständigkeit gegen andere Substanzen, so kann sie sich von ihnen nicht durch Momente der Selbständigkeit unterscheiden; denn sollen sie in ihrer Selbständigkeit gleichgewichtig bleiben, soll keine Grund der andern sein, so kommen sie gerade in ihr überein. So treten sie in ein Verhältnis reiner Unabhängigkeit, in dem keins das andere beeinflußt und beide ihren Unterschied voneinander als bloße Ausschließung bestimmen. Die Ausschließung des anderen wird für Descartes Kriterium der Substantialität: ›haec est natura substantiarum, quod es mutuo excludant.‹«[142]

Bedeutsam – speziell für Fragestellungen einer naturalistischen Theorie der Erfahrung – ist, *was* hier in Verhältnissen reiner Unabhängigkeit gedacht wird. Bei Descartes' Substanzbegriff handelt es sich um *einen* Begriff für *zwei* Substanzen: ›res cogitans‹ und ›res extensa‹. Zwar ist dieser Begriff der Substanz im Grundsatz gedacht als ein allgemeiner Begriff, das heißt, er soll für beide Substanzen stehen; doch: »das per se existere, das für beide Substanzen trotz ihres Wesensunterschiedes gelten sollte [...]

---

141 Zur Entwicklungslinie von Aristoteles zu Descartes – zur »endgültige[n] Dominanz im modernen Denken« (Kann 2001, 154f.) – siehe etwa Stegmaier 1974, 98: »Zwischen dem Ansatz Aristoteles' und dem Descartes' liegt die Entwicklung einer eigenständigen Logik und Grammatik in der Stoa und daran anschließend der ganze Universalienstreit des Mittelalters, in dessen Verlauf der Nominalismus den Begriff aus der Einheit der ›Logik des Seins‹ herausnimmt und zum bloßen Begriff des Denkens erklärt, liegt außerdem die platonisch-christliche Tradition [...] und schließlich der Beginn der neuzeitlichen Naturwissenschaft [...]. So sehr sich diese geschichtlichen Voraussetzungen untereinander fremd zu sein scheinen, sie wirken doch darin zusammen, das Denken, den Geist oder die Seele, das, was als das Auszeichnende des Menschen vor den Tieren gelten soll, aus dem organischen Zusammenhang der Natur zu lösen und es ihr selbständig als erstes gewisses und wahrhaftes Seiendes gegenüberzustellen. Descartes ist derjenige, der sie in ihrer vielfachen Verschränkung zusammengenommen und die neue Stellung des Denkens zur Welt in einer neuen Konstruktion des Substanzbegriffs metaphysisch begründet hat.« – Zur ›vis per se existendi‹ siehe Stegmaier 1974, 155; zu substanztheoretischen Kernaspekten wie ›schlechthinniger Einfachheit‹, Einheit, Unteilbarkeit siehe ebd., 119, 138ff., 196ff.

142 Stegmaier 1974, 140.

war nur scheinbar allgemein; denn der prinzipielle Unterschied der beiden Substanzen blieb in ihm bewahrt [...].«[143] Diese begriffliche Bestimmung setzt beide Substanzen – ›res cogitans‹ und ›res extensa‹, lesbar beispielsweise als ›Denken‹ und ›Natur‹ – in ein spezifisches, nämlich ein Unabhängigkeitsverhältnis: als gegeneinander selbstständig, unbedürftig, einander ausschließend: »Denken und Natur begründen einander nicht, sie schließen einander vielmehr aus: keines bedarf des anderen. So wird die Substanz als das Unbedürftige im Sein bestimmt.«[144] Hier werden entscheidende philosophiebegriffliche Weichen gestellt: Das Verhältnis wechselseitiger Ausschließung, Unbedürftigkeit und Selbständigkeit wird gedacht als ontologisch grundlegend, als ›ontologisches Grundverhältnis‹:

»Er [Descartes] eröffnet so als Sachfeld über das Denken hinaus das Verhältnis von Denken und Natur oder, wie es meist nicht ganz konsequent genannt wird (denn auch dem Denken kommt ein Sein zu), von Denken und Sein, in dem das Denken sich selbst gegen die Natur und die Natur von sich her als das Andere bestimmt, ohne daß beide ineinander aufgingen, in dem sie sich vielmehr als selbständig gegeneinander bestimmen; da sich aus ihm jetzt die Stellung des Menschen (als des Denkens) in seiner Welt neu und grundlegend bestimmt, hat man es auch das ›Grundverhältnis‹ genannt.«[145]

Die entscheidende philosophiebegriffliche Weichenstellung, die hier vollzogen wird, ist, das Geistige und das Natürliche in ein Verhältnis zu setzen, das im Grundsatz gekennzeichnet ist von wechselseitiger Ausschließung, Unbedürftigkeit, Selbständigkeit – oder auch: Beziehungslosigkeit.

»Irgendwelche Beziehungen unter den ›ersten Substanzen‹ können also auf keinen Fall die gleiche substantielle Realität haben wie diese ›ersten Substanzen‹ selbst. Auf der Grundlage dieser Auffassung ist dann der Zusammenhang zwischen wirklichen Dingen in der gesamten modernen Philosophie immer wieder und unter allen möglichen Aspekten zum Problem geworden – für die Metaphysik ebenso wie für die Erkenntnistheorie.« (AI 480)

143 Stegmaier 1974, 196.
144 Stegmaier 1974, 137.
145 Stegmaier 1974, 101.

Eine weitere Wirklichkeitskonzeption ist in diesem Zusammenhang zumindest kurz zu nennen: Leibniz' ontologisches Basismodell – die ›organismisch‹ gedachte Monade. Sie ist zwar kein so breitenwirksames Erfolgsmodell wie das Aristotelische Substanz-Akzidenz-Schema oder der Descartes'sche Substanzbegriff, aber doch eine vergleichsweise prominente alternative Spielweise eines ›Grundverhältnisses des Wirklichen‹ und »ohne Zweifel eine Schlüsselfigur für das Verständnis Whiteheads«.[146] Aus dessen Perspektive hat Leibniz' Konzeption der Monade eine entscheidende Schwachstelle: Es hindert »eine Bindung an das klassische Substanzdenken Leibniz daran, seine Individuen direkt in Beziehung zueinander zu setzen«.[147] Pointiert gesagt: Die Monade teilt mit der Descartes'schen Substanz das Problem der Beziehungslosigkeit.[148]

3. Wirklichkeitskonzeptionen im Umbruch

So nützlich eine Denkfigur wie etwa die der Substanz-Qualität-Unterscheidung in bestimmten Hinsichten auch sein mag – als grundsätzliche Leitdifferenz ist sie wenig hilfreich, weder philosophisch noch wissenschaftlich, so ein Tenor von Whiteheads Kritik am Substanzbegriff, auch mit Blick auf die Naturwissenschaften, die zu Beginn des 20. Jahrhunderts die Grenzen mit dem Substanzbegriff konvergierender Materiekonzeptionen aufzeigen.

---

146 Fetz 1981, 81, Fn. 32. Whitehead zur Relevanz Leibniz': »Ganz eindeutig muß die Begründung der Philosophie durch die Voraussetzung des Organismus auf Leibniz zurückgeführt werden.« (WW 181) – Siehe zur Weiterentwicklung des Substanzbegriffs durch Leibniz: Stegmaier 1974, 238f.

147 Rohmer 2000, 90. Zum Verhältnis Whitehead/Leibniz siehe auch Fetz 1981, 80f., Kann 2001, 204ff.

148 Wird das ›Grundverhältnis des Wirklichen‹ in der Aristotelischen Spielweise als Substanz-Qualität-Verhältnis bestimmt und in der Descartes'schen als Substanz-Substanz-Verhältnis, wird es bei Leibniz bestimmt als Verhältnis ›Substanz-Relation‹ – »das Verhältnis der Substanz zu einem Relationsgefüge oder als Substanz-Relation-Relation« (Stegmaier 1974, 15f.).

»Was aber aus dem Feld grundlegender wissenschaftlicher Konzeptionen verschwand, ist der Begriff qualitätsloser materieller Existenz mit passivem Überdauern, mit primären individuellen Attributen und mit akzidentellen Abenteuern. Einige Merkmale der physischen Welt lassen sich in dieser Weise zum Ausdruck bringen. Aber der Begriff ist als ein Grundbegriff in der Wissenschaft und in der Kosmologie nutzlos.« (PR 557)

Paradigmatischer Fall eines durch naturwissenschaftliche Umwälzungen – etwa Relativitätstheorie und Quantenmechanik – eingeleiteten Verlustes an grundsätzlicher Bedeutung ist die Newton'sche Physik.

»Gegen die Newtonsche Physik ist solange kein Vorwurf zu erheben, wie sie als eine Wissenschaft von *Abstraktionen* verstanden wird, wobei diese Abstraktionen in bestimmter Absicht aus dem Gesamtkomplex der Naturerscheinungen herausgelöst sind.«[149]

Im Ergebnis sieht Whitehead auf naturwissenschaftlicher Seite vorangetrieben, was er auch für die philosophiebegriffliche Seite diagnostiziert: das Obsoletwerden von Konzeptionen, die abheben auf das ›isolierte, starre Wirklichkeitsklötzchen‹, auf das gänzlich Unabhängige, kausal Unbedingte – »was für sich ist und aus sich selbst heraus begriffen wird«[150] – auf die sogenannte ›simple location‹. Es sind Befunde der theoretischen Physik wie beispielsweise der, »daß die Analyse der scheinbar unbeweglichen Dinge zu dynamischen Feldern führt«,[151] die für Whitehead:

»den Begriff der Materie und die Bestimmung des Verhältnisses von Raum und Materie auf eine Weise revolutionierten, daß all die philosophischen Konzepte, die sich noch an der Newtonschen Raum- und Materiekonzeption orientierten, durch sie zur Inadäquatheit verurteilt waren; dies gilt vor allem für die Vorstellung der sogenannten simple location […].«[152]

Obsolet werden mit dem Substanzbegriff konvergierende Materiekonzeptionen beispielsweise zugunsten einer alternativen Leitorientierung: die *Relation*. Unter substanztheoretischen Vorzeichen spielt der Begriff der Relation keine herausragende Rolle – ist die Relation allenfalls ephemeres,

149 Hölling 1971, 186.
150 Hampe 1990, 61.
151 Hölling 1971, 215.
152 Hampe 1991b, 240.

äußerliches Phänomen. So etwas wie eine Relation im starken Sinn – etwa als Produktionsbeziehung oder als Enthaltensrelation – ist hier ontologisch nicht gedacht; es gilt:

> »daß eine ›erste Substanz‹ nicht zu den Wesensbestandteilen einer anderen ›ersten Substanz‹ gehören kann. Irgendwelche Beziehungen unter den ›ersten Substanzen‹ können also auf keinen Fall die gleiche substantielle Realität haben wie diese ›ersten Substanzen‹ selbst. Auf der Grundlage dieser Auffassung ist dann der Zusammenhang zwischen wirklichen Dingen in der gesamten modernen Philosophie immer wieder und unter allen möglichen Aspekten zum Problem geworden – für die Metaphysik ebenso wie für die Erkenntnistheorie.« (AI 480)

Anders verhält es sich, wenn man, im Rahmen einer allgemeinen Systemtheorie, als ontologisch fundamental nicht das substanzbegriffliche *Unbedingtsein* setzt, sondern im Gegenteil das relationale *Bedingtsein.*

Kapitel 6.
Die Ontologie – eine allgemeine Systemtheorie

> »Wir befinden uns in einer summenden Welt, inmitten einer Demokratie von Mitgeschöpfen; wohingegen die orthodoxe Philosophie, in welcher Gestalt auch immer, uns nur zwischen einsame Substanzen stellen kann, die alle scheinhafte Erfahrungen machen.« (PR 109)

1. Das Theoriegebäude im Grundriss

Auf einen allerersten Blick kann man Whiteheads Ontologie beschreiben als ein Theorieangebot, das ausnahmslos, durchgängig, der Einheit beziehungsweise Kontinuität der Natur Rechnung trägt. Es gibt keine Leitdifferenz wie etwa die dem Decartes'schen Substanzbegriff inhärente von ›res extensa‹ und ›res cogitans‹, die eine ›bifurcation of nature‹ begründen könnte, sondern ausschließlich *eine* Sorte an ›Grundbausteinen der Wirklichkeit‹ – hier gründet die Einheitlichkeit dieser Wirklichkeitskonzeption. Weiter ist es ein Theorieangebot, das auf Differenzierung angelegt ist: ein begriffliches Instrumentarium, um Vielfalt – Varianten und Gradienten – zu beschreiben, analysieren und interpretieren. Es ist eine Ontologie, die – gemäß der inhaltlichen Leitorientierung auf Einheit, Kontinuität *und* Vielfalt der Natur – jeder Form von Erfahrung Rechnung zu tragen sucht. Dem entspricht das ontologiebegriffliche Basisinventar auf eine Weise, dass man sowohl von ›Monismus‹ wie auch von ›Pluralismus‹ sprechen kann – beispielsweise im Sinne eines »relationalen ontologischen Pluralismus« oder auch eines »psychophysische[n] Prozeß-Pluralismus«.[153]

Hilfreich ist für einen ersten Zugang zu dieser Ontologie die Unterscheidung von zwei Ebenen: einer Elementarebene und einer Ebene zweiter Ordnung. Man kann diese Unterscheidung auffassen als Differenzierung von Mikro- und Makroebene, wie sie vergleichsweise etwa zum Tragen kommt, wenn das ›System Mensch‹ beispielsweise kognitionswissenschaftlich in den Blick genommen wird: Unter einem Stichwort wie ›Mikroebene‹ geht es dann um die Beschreibung und Analyse subpersonaler – etwa kognitiver – Geschehnisse, Prozesse, Ereignisse und so weiter; auf der Makroebene rückt dann das empirische Subjekt ›in toto‹ – der denkende, fühlende, handelnde Mensch – in den Blick.

2. Die Ebene erster Ordnung: Der Elementarprozess

2.1 Das ›Holon‹ als Basismodell

Auf der Elementarebene, der Ebene erster Ordnung, haben wir es zu tun mit dem basalen Gegenstandsmodell dieser Ontologie: dem ›actual entity‹, Elementarereignis oder Elementarprozess. In ihrem Modellcharakter ist diese hypothetische Basisentität der Descartes'schen ›substantia‹ oder der Leibniz'schen Monade vergleichbar; sie ist ›Grundbaustein der Wirklich-

153 Siehe Hampe 1990, 222, zum Monismus; Hampe 1991c, 97, zum »relationalen ontologischen Pluralismus«; zum »psychophysische[n] Prozeß-Pluralismus« Carrier/Mittelstraß 1989, 164.

keit‹, hinter den sich weiter nicht zurückgehen lässt: »›Wirkliche Einzelwesen‹ – auch ›wirkliche Ereignisse‹ genannt – sind die letzten realen Dinge, aus denen die Welt zusammengesetzt ist. Man kann nicht hinter die wirklichen Einzelwesen zurückgehen, um irgend etwas Realeres zu finden.« (PR 57f.)[154] Das ontologische Prinzip dieser Wirklichkeitskonzeption lautet, »daß es abgesehen von den wirklichen Dingen nichts gibt – nichts, weder als Tatsache, noch als Wirkungskraft« (PR 93). Es ist eine schnörkellose Konstruktion: ein ontologiebegrifflich sparsames Theoriesetting, insofern die Zahl der Grundgrößen klein gehalten wird.[155]

Man kann diese ontologische Basisentität – den Elementarprozess oder das Elementarereignis – poetisch fassen: als kleinste Münze im Portefeuille des Kosmos. Oder man kann sie, mit Whitehead, als »Quantenaspekt« der Wirklichkeit (AI 341) bezeichnen. Wesentlich ist, dass diese Betrachtungsweise auf grundsätzlicher Ebene sowohl elementarisierende als auch holistische Züge aufweist:[156] Sie ist elementarisierend, insofern sie den Blick richtet auf die Frage nach kleinsten wirklichkeitsbildenden Elementen, und ihr ›holistischer‹ Grundzug lässt sich etwa über die Denkfigur des Holons fassen: Das Wort ›Holon‹ entstammt der Kombination des griechischen ›Holos‹ für ›das Ganze‹, während ›on‹ für einen Partikel- oder Teilchencharakter steht; der Begriff ›Holon‹ meint also: das ›ganze Partikel‹ oder auch die ›Sub-Ganzheit‹ oder das ›kleinste Ganze‹.[157] Ein Holon kennzeichnet im Grundsatz zweierlei: Es ist einerseits konstitutiver Teil eines umfassenderen Kontextes; es ist, mit Blick auf höherstufige Ebenen, als Element beschreibbar. Und es ist andererseits eine integrierte, selbst-

---

154 Whiteheads Terminus für dieses Gegenstandsmodell ist: ›actual entity‹; deutschsprachige Übersetzungen haben dafür die Wendungen: ›wirkliches Einzelwesen‹, ›aktuale Entität‹ sowie die Termini, die auch diese Studie nutzt: ›Elementarereignis‹, ›Elementarprozess‹.

155 Zum Vorzug begrifflicher Sparsamkeit siehe etwa Carrier/Mittelstraß 1989, 168.

156 Zwei Perspektiven, die nicht selten als antagonistische gehandelt werden; zum Verhältnis von Elementarisierungs- und Ganzheitlichkeitskonzeptionen siehe überblicksmäßig aus klassischer systemtheoretischer Perspektive Ropohl 1978, 9ff.

157 Geprägt hat den Begriff *Holon* Arthur Koestler (Koestler 1972). Im hier skizzierten Sinn einer *Sub-Ganzheit* wird der Begriff auch außerhalb der Koestler-Rezeption verwandt.

organisationale Einheit, ein abgeschlossenes Ganzes. Eben dieser Doppelcharakter, Element zu sein *und* Ganzheit, ist bezeichnend für das Basismodell des Elementarereignisses oder Elementarprozesses.

Sinnfällig macht Whitehead Einzelaspekte dieses Basismodells über Metaphern und Analogien wie: Atom, Zelle – oder auch: Monade.

> »So, wie ich sie hier verwende, bedeuten die Ausdrücke ›Individuum‹ und ›Atom‹ das Gleiche, nämlich die Einheit eines zusammengesetzten Dings, das eine absolute Realität besitzt, die seinen Bestandteilen abgeht. [...] Auch der Ausdruck ›Monade‹ bringt diese wesentliche Einheit im entscheidenden Augenblick zwischen Entstehen und Vergehen gut zum Ausdruck.« (AI 328)

Entscheidend ist bei Analogien wie den obigen, die Hypostasierungsfalle – Vergegenständlichungen – zu meiden; Denkfiguren wie das Ereignisatom, der Basisorganismus,[158] die Zelle, können zwar Grundzüge des Elementarprozesses sinnfällig machen. Doch die Basisentität, um die es hier geht, ist weder ein anorganisches noch ein organisches ›Gebilde‹: weder Elementarteilchen, Atom, Molekül oder Nanopartikel – noch Zelle, Mikroorganismus, Gen oder Mitochondrie ...

> »[...] wenn man in diesem Sinne von Atomen, von Monaden oder von fundamentalen Subjekten des Erlebens spricht, wird eine Welt, in der es Zusammenhänge und Beziehungen zwischen realen Individuen gibt, schlechthin unverständlich. Das Universum wird in eine Mannigfaltigkeit unzusammenhängender substantieller Dinge aufgesplittert [...].« (AI 267)

Das basale Gegenstandsmodell dieser Ontologie ist – hier kommen obige Analogien an ihre Grenze – Modell eines *Geschehens.* Fassen lässt sich dieses Geschehen aus distinkten Perspektiven.

2.2 *Veranschaulichung an informationstheoretischen Beständen*

Eine anschauliche Perspektive auf das Gegenstandsmodell des Elementarereignisses oder Elementarprozesses ergibt sich bei Nutzung der informationstheoretischen Bestände; bis zu einem gewissen Grad lässt sich dieses ontologische Gegenstandsmodell anhand gängiger informationstheoreti-

158 Fetz 1981, 89.

scher Gegenstandsmodelle illustrieren. Ein solches gängiges Modell ist beispielsweise das Neuronenmodell: ein formales Modell, das in seinen Grundzügen Analogien zu biologischer oder auch technischer Informationsverarbeitung heuristisch fruchtbar macht und das etwa in kognitionswissenschaftlichen Forschungs- und Theoriekontexten zur Darstellung bestimmter Funktionsprinzipien und Mechanismen herangezogen wird.[159] – Entscheidend ist allerdings auch hier, bei der Verdeutlichung mittels informationstheoretischer Gegenstandsmodelle wie dem sogenannten Neuronenmodell, Hypostasierungsfallen zu meiden: Erstens geht es nicht darum, das Elementarereignis als technisches oder biologisches Gebilde zu identifizieren. Es geht ausschließlich um die Illustration bezeichnender Kernaspekte des Elementarereignisses – wozu sich seine Darstellung als Datentransformationsgeschehen anbietet. Und zweitens ist das Neuronenmodell, wie es hier zur Veranschaulichung dient, seinerseits ein Modell; es bildet lediglich spezifische Grundzüge neuronaler Informationsverarbeitung schematisiert, vereinfacht ab. Sofern man diese Risiken der Hypostasierung nicht aus den Augen verliert, kommt man mit dem Beispiel des Neuronenmodells bemerkenswert weit, was Kernaspekte des Elementarereignisses angeht.

Wir betrachten mit dem Neuronenmodell ein informationstheoretisches Gegenstandsmodell, an dem zunächst einmal bedeutsam ist: Es ist in wesentlichen Grundzügen fassbar über seine externe Relationierung, über Eingangsbeziehungen und eine Ausgangsbeziehung. Das Neuronenmodell hat »mehrere unabhängige Eingänge und einen Ausgang, d.h. die Information fließt in eine bestimmte Richtung«.[160] Das Neuronenmodell bildet also, grob gesagt, die Generierung eines Ausgangssignals aus unterschiedlichen Eingangssignalen ab. In der Terminologie der Operations Research: Es bildet den Prozess der Transformation von heterogenem Input in homogenen Output ab. Diese Transformation ist identifizierbar als ein

159 Andere Bezeichnungen für das Neuronenmodell sind: ›Modellneuron‹, ›formales‹ resp. ›künstliches Neuron‹. Das Neuronenmodell ist die Basiseinheit informationstheoretischer Modelle: der sogenannten künstlichen neuronalen Netze; Details siehe Palm 1996, Rojas 1993.

160 Rojas 1993, 31.

spezifisches, ›übersummatives‹ Verrechnen: Der Dateninput wird – auf für ein Modellneuron jeweils bezeichnende Art und Weise – verrechnet, gemäß einer individuellen, vielfach nichtlinearen Funktion – der sogenannten Kennlinie oder Antwortcharakteristik. Resultat dieser Verrechnung ist das Ausgangssignal, der Datenoutput.

Summarisch lässt sich das Geschehen so skizzieren: 1) Eingang von Signalen über mehrere Eingangsbeziehungen; 2) Verrechnung der Eingangssignale nach individueller Antwortcharakteristik; 3) Emission des Verrechnungsergebnisses als *ein* Ausgangssignal, das Anschlussprozessen wiederum Eingangssignal ist.

Diese drei Kernaspekte sind gleichermaßen charakteristisch für das Neuronenmodell wie für das Gegenstandsmodell ›Elementarereignis‹: Auch ein Elementarereignis ist als Geschehen beschreibbar, dessen entscheidende Größen die externe Relationierung und die interne ›Verrechnung‹ sind. Extern relationiert ist das Elementarereignis zweifach: Initialmoment – Auslöser, Verursacher, Produzenten – sind die Eingangsrelationen; Finalmoment ist sein Ertrag – sein ›pragmatischer Wert‹ (PR 174): die individuelle Ausgangs- und Anschlussrelation. Ist der Elementarprozess intern abgeschlossen, liegt er Anschlussprozessen zugrunde. Hier liegt sein Nutzen für den größeren Zusammenhang, dessen Element er ist. Mit anderen Worten: Mit dem anschlussfähigen Abschluss des Elementarprozesses liegt der Systemnutzen vor: »die ›Erfüllung‹ eines Einzelwesens kann nur auf der Grundlage seiner Nützlichkeit diskutiert werden« (PR 169). Neben dieser ›öffentlichen‹ Seite der Ein- und Ausgangsbeziehungen hat das Elementarereignis eine ›interne‹ Seite:[161] Das entscheidende Geschehen zwischen Input und Output ist die übersummative Verrechnung, anders gesagt: die Synthese der Eingangsdaten zu einem neuen Datum. Whitehead'scher Terminus für dieses Kerngeschehen: Konkretisierung, Konkretion.

Über die Analogie ›Neuronenmodell‹ wird das Gegenstandsmodell ›Elementarereignis‹ also zunächst einmal deutlich als Datentransformationsgeschehen, als Integrations- und Synthesegeschehen. Und ein weiterer

161 Prozesse »münden in Öffentlichkeit und leiten sich von Öffentlichkeit her« (PR 275).

entscheidender Grundzug ist: Es ist als Verursachungs- und Herstellungsgeschehen identifizierbar: Es wird ein neues Datum produziert – das ist in gewisser Hinsicht ausschlaggebend.

2.3 Zwei Seiten der Medaille: Relationierung/Ganzheit

Resümiert: Daten finden zusammen zu einem neuen Datum – so funktioniert, vereinfacht gesagt, auf elementarer Ebene Wirklichkeitskonstitution. Wofür das Gegenstandsmodell ›Elementarereignis‹ also im Wesentlichen steht, ist ein wirklichkeitskonstitutives Geschehen, das einerseits *relational* entsteht, aus der Vielheit der Eingangsdaten, und das andererseits als im Endeffekt durch *Ganzheit* bestimmtes – das heißt: abgeschlossenes – Geschehen zu begreifen ist. Fassbar wird diese Grundkonfiguration über das Begriffspaar ›Relationierung/Ganzheit‹; im Grundsatz ist mit diesem Begriffspaar das Spannungsfeld beschrieben, in dem sich Wirklichkeitskonstitution auf elementarer Ebene abspielt: Relationierung ist die eine Seite der ›kleinsten Münze im Portefeuille des Universums‹ – die Ganzheit oder auch Abgeschlossenheit in gewisser Hinsicht seine andere Seite.

Eine begriffliche Analogie, die in informations- und systemtheoretischen Diskursen vielfach herangezogen wird und geeignet ist, dieses Spannungsfeld zu verdeutlichen, ist die des *Knotens*. Man kann das Bild des Knotens noch weiter eingrenzen auf einen ›Entscheidungsknoten‹, dann veranschaulicht dieses Bild den externen Aspekt der Relationierung als ›Verknotung‹ bzw. Verknüpfung und den internen Aspekt der Verrechnung als ›Entscheidung‹.[162] Wesentlich ist – und hier gilt es, sich von vergegenständlichenden Analogien kategorisch zu verabschieden: Es wird zwar mit jedem Elementarereignis etwas entschieden, doch es gibt keinen ›Entscheidungsträger‹, kein Neuron, keine Zelle oder Vergleichbares. In der Terminologie der Operations Research: Es gibt keine informationsverarbeitende Unit, die Input aufbereiten würde, um im Anschluss an mehr oder weniger transparente Verrechnungsaktivitäten als Output einen Gegenwert auszuwerfen. Es gibt ausschließlich den Transformationsprozess

162 Zum Aspekt der Entscheidung als Selektion, Inklusion, Exklusion siehe z.B. PR 97f.

– den Integrations- und Syntheseprozess – mit dem Resultat des anschlusssichernden Abschlusses. »Der Prozeß selbst ist das, was wirklich ist; und er ist auf keinen schon vor ihm existierenden statischen Träger angewiesen. Und die vergangenen Prozesse werden im Vergehen selber als die komplexe Ausgangsbasis aller neuentstehenden Vorgänge wirksam.« (PR 480) Hier wird die Schlüsselrolle des Begriffs der Relation deutlich: Ein Elementarereignis »ist nichts Selbständiges«, sondern fassbar nur über seine »Bezogenheiten« auf andere Elementarereignisse.[163]

Um das noch einmal zu unterstreichen: Gleichermaßen wichtig wie seine Relationiertheit, wie sein ›Beziehungscharakter‹, ist der produktive Charakter des Elementarereignisses, sein ›Herstellungscharakter‹. Die Generierung eines neuen Datums bedeutet insbesondere: aus dem relationalen Geschehen geht eine neue Einheit hervor – genau gesagt: eine neue Sub-Einheit, oder, anders betrachtet: ein neues Faktum. Im Finalmoment – im anschlusssichernden Abschluss – ist das Elementarereignis ein individuelles, unteilbares Ganzes – ein Datum, welches wiederum weiteren Integrations- und Syntheseprozessen zugrundeliegt.[164] Insofern ist der anschlussfähige Abschluss Schlüsselaspekt dieses Gegenstandsmodells: Mit dem Elementarereignis oder Elementarprozess kommt, im anschlussfähigen Abschluss, ein neues Datum oder auch Faktum in die Welt; Whiteheads Formulierung für diesen Doppelaspekt: ›concrete fact of relatedness‹.

163 Siehe auch Böhme 1980, 53: Elementarprozesse sind in gewisser Hinsicht »mit ihrem Beginn entschieden«. Anders und vereinfacht gesagt: ›Nichts ist geeint, bevor nicht alles geeint ist.‹

164 Zum für das Elementarereignis bezeichnenden Aspekt der *Finalität* siehe aus systemtheoretischer Sicht besonders Engels 1982, die im Interesse der »Entmythologisierung der Finalität durch ihre Bestimmung als objektive Systemeigenschaft« beispielsweise angeführt (Engels 1982, 142): a) Der systemtheoretische Zielbegriff unterscheidet das Ziel als Prozesseigenschaft und konstitutives Systemmerkmal vom Ziel als extern instantiierter Wert- oder Zwecksetzung; er unterscheidet extern bestimmte Veränderung von ›intrinsisch‹ motivierter, systemischer Entwicklung. b) Die Systemeigenschaft der Finalität ist aus systemtheoretischer Sicht eine grundsätzliche Systemeigenschaft – hat also nicht etwa spezifisch mit dem Lebensbegriff oder Ähnlichem zu tun, dient nicht etwa der »Unterscheidung zwischen belebter und unbelebter Natur«; entscheidend ist vielmehr, im Grundsatz, dass »das objektive Merkmal der Finalität gleicherweise an belebten und unbelebten Systemen vorkommt«.

2.4 Relationen ohne Relata?

Wenn in wissenschaftstheoretischen Debatten die Möglichkeit der durchgängig relationalen Verfasstheit der Wirklichkeit Thema ist, geschieht das beispielsweise in naturphilosophisch-physikalischen Hinsichten unter dem Stichwort ›Strukturenrealismus‹. Diskutiert wird dabei das »Primat von Relationen in einem stärken Sinn«,[165] und die hier aufgeworfenen Fragen sind interessant auch mit Blick auf das Gegenstandsmodell ›Elementarereignis‹. Eine Überlegung ist beispielsweise, »wie Relationen ohne Relata instantiierbar sein können«.[166] Im Rahmen der Whiteheadschen Ontologie könnte man diese Frage unter Umständen in folgende Richtung beantwortet sehen: Es *gibt* Relata; und dass es diese Relata gibt, ist notwendige Bedingung der Wirklichkeitskonstitution. Als Relata identifizierbar sind jedoch keine substanzbegrifflich fassbaren Entitäten, sondern vielmehr instantane, transiente Einheiten – und das ist entscheidend. Die Relata entstehen im ›Treffpunkt‹ der Relationen – denkbar beispielsweise als Knoten –, und erst durch die Relata kommt es zu neuen Relationen, Anschlussrelationen etc. Es handelt sich hier um gerichtete Relationen, gerichtet auf bzw. mündend oder resultierend in eine – transiente, aber individuelle – Einheit. Anders gesagt: Die relationale Verfasstheit der elementarontologischen Ebene ist verschränkt mit einer ›besonderen Form von Ganzheitlichkeit‹, einer besonderen, subsystemischen Form von ›Holismus‹. Man könnte auch sagen: von ›Körnigkeit‹.

2.5 Der Prozessbegriff, oder: die Granularität der Wirklichkeitsentstehung

Dem Begriff ›Prozess‹ begegnet man normalerweise mit bestimmten Assoziationen – und diese unterläuft Whiteheads Prozessontologie in gewisser Hinsicht, denn sie sieht auf elementarer Ebene kein ›prozesshaftes‹ Geschehen im üblichen Wortsinn: Als prozesshaftes Geschehen insofern, als ein Verlauf – etwa über Phasen – identifizierbar wäre, ist der Elementarprozess *nicht* zu denken; wichtig ist, »daß aber der Akt selbst nicht in dem

165 Carrier 2009, 217.

166 Lyre 2006, 5; zum Strukturenrealismus siehe Carrier 2009, 215ff.

Sinne extensiv ist, in frühere und spätere Akte des Werdens teilbar zu sein« (PR 143). Beschreibbar ist dieser Schlüsselaspekt unter anderem über den Begriff der Punktualität: Das der Elementarprozess kein verlaufsmäßiges, sondern ein punktuelles Geschehen ist, macht eben den ›holostischen‹, unteilbaren Charakter dieses Basismodells aus. Zur Veranschaulichung dieser Punktualität dient gelegentlich die ›Tropfen‹-Analogie – metaphorisch etwa bei Whitehead als ›Erfahrungstropfen‹: »Die letzten Tatsachen sind ausnahmslos wirkliche Einzelwesen; und diese wirklichen Einzelwesen sind komplexe und ineinandergreifende Erfahrungströpfchen.« (PR 58)

Entscheidend ist: Auf elementarer Ebene hat Wirklichkeit, genau gesagt: *Wirklichkeitsentstehung*, eine körnige, granulöse Beschaffenheit, die elementaren Sub-Ganzheiten – als Holons, Tropfen, Knoten vorstellbar – verdankt ist. Das ist wesentlicher Grundzug des Gegenstandsmodells ›Elementarereignis‹ oder ›Elementarprozess‹; Wirklichkeitentstehung kann darüber als punktuell, als körnig beschaffen betrachtet – beschrieben, analysiert, gedeutet – werden, und das auf verschiedenen Abstraktionsebenen, niedrig- und höherstufigen. Anders gesagt: Wirklichkeitskonstitution kann in unterschiedlicher *Granularität* betrachtet werden.

Ein Zugang zu dieser Art von Konzeption eines elementaren Holismus ist der zeittheoretische, das heißt, die Punktualität bzw. Körnigkeit unter Temporalitätsaspekten zu denken. Whiteheads Theorem zu diesem Aspekt der Verzeitlichung von Selbstorganisation ist die sogenannte ›epochal theory of time‹[167] – ein Theorem, das Wirklichkeitsentstehung als Verschränkung zeitlicher Verhältnisse denkt, wobei das instantan Punktuelle und Transiente die zeitkonstitutive Fundamentalebene darstellt. »Realisierung ist das Werden von Zeit im Bereich der Ausdehnung. [...] Verzeitlichung ist Realisierung. Verzeitlichung ist nicht ein weiterer kontinuierlicher Prozeß. Sie ist eine atomistische Abfolge.« (WW 152)

167 Sowohl Whiteheads philosophisches Theorieangebot als auch explizite Theorien dynamischer Systeme denken selbstorganisationale Wirklichkeitsentstehung – was diese Studie im Wesentlichen ununtersucht lassen muss – als radikal verzeitlicht; siehe zur Temporalität aus Sicht der Theorien dynamischer Systeme etwa die in der Bibliografie genannten Arbeiten van Gelders.

Auf ein Grundmoment der Wirklichkeitskonstitution qua Elementarereignisses ist noch einmal explizit einzugehen: Jedes Elementarereignis ist als ein physikalisches Geschehen gedacht; es ist raum-zeitlich konkret, ist Element des Raum-Zeit-Netzwerks – genau gesagt: konstituiert es. ›Physikalisch‹ kann also im Sinne einer prominenten Definition gelesen werden: »*Physical₁:* an event or entity is *physical₁* if it belongs in the space time network.«[168] Als physikalisches Grundmoment schlechthin gilt der Fluss eines gewissen Energiequantums.

> »Die Physik betrachtet jeden Naturvorgang als eine lokalisierte Form von Energie. Worum es sich bei einem solchen Vorgang sonst auch immer handeln mag; er ist ein individuelles Faktum, das so-und-soviel Energie enthält. [...] Die einzige Konsequenz dieser Entdeckung, die für uns hier interessant ist, ist die Tatsache, daß die Energie erkennbare Wege durch Raum und Zeit verfolgt. Die Energie geht von einem bestimmbaren Naturvorgang zum nächsten über. Sie strömt gleichsam wie in einem Fluß, der an der Stelle ein quantitativ erfaßbares Volumen und Gefälle und eine ganz bestimmte Richtung hat.« (AI 339f.)[169]

Dass ein Elementarereignis ausnahmslos ein physikalisches Geschehen ist, ist eine ontologische Grundannahme, die nicht etwa zu verstehen ist im Sinne einer Dichotomisierung wie ›physisch vs. psychisch‹ oder ›mind vs. matter‹; diese Dichotomisierung gibt es in Whiteheads Ontologie ebenso wenig wie in anderen Theorien dynamischer Systeme.

Ein emblematischer Begriff ist in gewisser Hinsicht der Begriff der *Vektorialität* – ›Gerichtetheit‹. Er steht für eine axiomatische Denkfigur, die zu-

168 Meehl/Sellars 1956, 252. Zur Physikalismus-Begrifflichkeit siehe Carrier/Mittelstraß 1989, 184. Zu Whiteheads Verhältnis zur Physik, seiner Interpretation der Physik seiner Zeit etc., auf das hier nicht eingegangen wird, siehe Carrier 1996, Hampe 1989, 175, Fn. 8 u. 9.

169 Nachgehen könnte man in diesem Zusammenhang dem Begriff der *Kontiguität*; die Beschäftigung damit läuft bei Whitehead unter dem Stichwort ›Extensives Kontinuum‹, zu ›Kontiguität‹ siehe PR 533: »Daher muß der Begriff der kontinuierlichen unmittelbaren Übertragung auf einem Weg von aufeinander folgenden Quanten der Ausgedehntheit ersetzt werden. Diese Quanten der Ausgedehntheit sind die Gebiete, die aufeinander folgenden benachbarten Ereignissen [im Englischen: contiguous occasions; AG] als Basis dienen.« Zum extensiven Kontinuum siehe auch die Ausführungen und Diskussion in Ringel 2007.

nächst einmal ausgewiesen wird über die Bestände der Kräfte- und Feldphysik; das entsprechende Axiom: »Alle grundlegenden physikalischen Quantitäten [sind] vektoriell und nicht skalar« (PR 330). – Anders gesagt: »In der Physik nimmt dieses Prinzip die Form an, die man bei der Spekulation über Grundsatzfragen niemals aus den Augen verlieren sollte, daß nämlich skalare Quantitäten von Vektor-Quantitäten abgeleitete Konstrukte sind.« (PR 393) Whitehead konfrontiert hier zwei Konzeptionen: a) die Konzeption eines Skalars – einer ungerichteten Größe, hier kann man beispielsweise denken an mit dem philosophischen Substanzbegriff konvergierende Materiekonzeptionen; b) die Konzeption einer gerichteten Größe: eines Vektors. Und entscheidender Punkt ist – darauf zielt diese Gegenüberstellung ab: Auf elementarer Wirklichkeitsebene hat man es, so die zugrundeliegende These, ausschließlich mit *vektorieller* Verfasstheit zu tun – mit *gerichteten Größen*. Das ist aus Whiteheads Sicht die modelltheoretische Quintessenz: die Vorstellung einer nicht-derivativen – letztlich nicht weiter ›reduzierbaren‹ oder hypostasierbaren – gerichteten Größe.

In ontologischer Hinsicht schlägt sich diese Grundannahme nieder in einer entsprechenden Charakterisierung des Gegenstandsmodells des Elementarereignisses. Danach ist es prinzipiell als ›vektoriell‹ verfasst zu begreifen, soll heißen: als gerichtete Größe, als eine Integration von Größe und Richtung. Whiteheads Terminus für diese vektorielle ›Natur der Dinge‹ ist: Dipolarität. Die Beschaffenheit des Elementarereignisses ist unter den begrifflichen Vorzeichen der Dipolarität so umschrieben: Der Größenaspekt firmiert als ›physischer Pol‹; der Richtungsaspekt, die dynamische Dimension, als ›psychischer‹ Pol, ›mentaler‹ Pol. Mit dieser polaren Konfiguration – Größe und Richtung, oder ggf. auch: Ganzheit und Relationierung – ist das Spannungsfeld, das die elementarontologische Basisebene ausmacht, formuliert. Weiter lässt sich Wirklichkeit nach dieser Konzeption nicht ›reduzieren‹; die polare Verfasstheit lässt sich nicht derivativ zurückverfolgen – ableiten, zerlegen, ›runterbrechen‹ – auf bloße Größe oder bloße Richtung. »Die Welt ist weder ›bloß materiell‹ noch ›bloß geistig‹. Sie ist auch nicht ›bloß eine‹, an der es untergeordnete physische und psychische Momente gibt.« (AI 347) Die Polarität – oder auch Grundspannung aus Ganzheit und Relationierung oder auch auch Gerichtetheit oder ›aktive Materie‹ – ist die nicht-hintergehbare Grundbedingung der Selbstorganisation.

»Physisch oder psychisch?« Diese Frage geht, sofern sie auf ontologische Leitdifferenzen zielt, ins Leere.

> »Ein plötzlich ›in mir‹ auflebendes Gefühl der Freude ist ebenso als eine actual entity zu rekonstruieren wie ein Strom, der in einem Draht pulsiert. Die Unterscheidung von physisch und psychisch übernimmt Whitehead, sofern sie an die Klassifikation von Dingen oder Substanzen gebunden war, eben Seelen- oder Geistdingen auf der einen und körperlichen Dingen auf der anderen Seite, *nicht*. Trotzdem leugnet er natürlich nicht, daß es Phänomene der Körperlichkeit, wie Undurchdringlichkeit, Schwere, elektrische Ladung etc. gibt, ebenso wie es Phänomene des Seelischen wie Wollen, Wahrnehmen, Lieben, Hassen, Denken usw. gibt. Doch diese Phänomene ergeben sich daraus, daß bestimmte Ereignisse geschehen, sie sind nicht das Resultat der Tatsache, daß es bestimmte Substanzen gibt.«[170]

Diese Art modelltheoretischen Zugangs, das Unterlaufen dichotomer Leitorientierungen wie ›Körper/Geist‹, ist genuines Charakteristikum selbstorganisational-systemtheoretischer Ansätze: »The mind-body problem is transcended, since there is no longer an interesting theoretical contrast between mental and physical.«[171] »The same basic mathematical and conceptual tools are used to describe cognitive processes on one hand and the nervous system and the body and environment on the other.«[172]

3. Das Potential für ›psychologistische Missverständnisse‹

Daran, wie Whitehead das Prinzip der Vektorialität bzw. Dipolarität formuliert – wenn beispielsweise die Rede ist vom ›mentalen‹ Pol, vom ›psychischen‹ Pol –, wird eine grundsätzliche und rezeptionsrelevante Eigenheit seines philosophischen Projekts sehr deutlich: die anthropomorphe oder psychomorphe Sprache. Whitehead bedient sich nicht nur beim ›ac-

---

170 Hampe 1998, 112f.

171 Carrier/Machamer 1997, xiii.

172 Van Gelder/Port 1995, 29.

tual entity‹, Elementarereignis oder Elementarprozess, einer Ausdrucksweise, die als Indiz emphatischer Anthromorphisierung missverstanden werden kann, die die »Gefahr psychologistischer Mißverständnisse« birgt.[173] So spricht Whitehead hinsichtlich der Elementarereignisse etwa von ›Subjekten‹, die ›Erfahrungen‹ machen, ›Empfindungen‹ haben, ›Ziele erreichen‹ und letztlich ›Befriedigung erfahren‹. Das ist eine nicht unproblematische Rhetorik, insofern sie Gefahr läuft, den Verdacht nahezulegen, hier werde mit der Konzeption einer dipolar verfassten Mikrowelt philosophisch schlicht als ›ontologisch gegeben‹ gedacht, was eine Theorie des Geistes doch erst zu erklären sucht: die gehaltvolle Erfahrung. Das dürfte Whitehead sehr fern liegen; schließlich demonstriert er ja ›at work‹, wird die Studie im Weiteren nachzeichnen, dass eine erklärungsmächtige Theorie der Erfahrung ein eben nicht nur ontologisch, sondern speziell wahrnehmungs- und symboltheoretisch zu leistendes Projekt ist. Doch bei ihm »scheint es sich um den tragischen Fall eines Autors zu handeln, der seinen Interpreten ihre Mißverständnisse selbst nahelegt«.[174]

Als Grund für diese potentiell missverständliche Rhetorik – die anthropomorphisierenden Analogien, Bilder und Begrifflichkeiten – führt Whitehead an: Er bediene sich ihrer ihrer Ausdruckskraft wegen, im Interesse intuitiver Anschaulichkeit. Denn das Problem mit neutralen Termini sei:

> »solche Termini bereiten dem Verstand große Schwierigkeiten, da sie keine Assoziationen mit besonderen Beispielen aufkommen lassen. Dementsprechend suchen wir nach äquivalenten Termini, die den Bedeutungsreichtum vertrauter Tatsachen mit sich führen.« (PR 82)

Die Terminologie ist also gewissermaßen als eine rhetorische List gedacht – und als solche nicht unbedingt unplausibel. Problematisch an ihr ist jedoch, dass sie die ›Gefahr psychologistischer Mißverständnisse‹ birgt, »seinen Interpreten ihre Mißverständnisse selbst nahelegt«.[175] Und hinzu

173 Hölling 1971, 227.

174 Lotter 1996, 21; konkret macht Lotter diese Anmerkung zu Whiteheads Metaphysikbegriff; zutreffen dürfte die Anmerkung auch für die rhetorische Ebene.

175 Lotter 1996, 21. Zu Whiteheads ›terminologischer List‹ siehe auch Hampe 1998, 108f. Zu weiteren sprachlich-rhetorischen Aspekten, etwa dem des terminologischen Anschlusses an die philosophische Tradition bzw. die Prägung von Neolo-

kommt: Wissenschaftsrhetorisch war diese Terminologie jahrzehntelang ›out‹, gingen die Naturalisierungsdiskurse genau gegenläufige sprachliche Wege: Die im Mainstream der Philosophie des Geistes beispielsweise populären Analogien, Bilder und Begrifflichkeiten entstammen in erster Linie Bereichen wie Maschinenbau und Informationstechnologie; hier ist nicht die Rede von ›Subjekten‹ und ›Empfindungen‹, sondern wird vielmehr einem Bedürfnis nach nüchterner Distanz terminologisch entsprochen; ein verbreitetes Beispiel ist etwa das des Thermostaten.[176]

Entscheidend ist: Wenn Whitehead auf elementarontologischer Ebene vom ›mentalen Pol‹, vom ›Subjekt‹ und seinen ›Erfahrungen‹ spricht, meint das nicht die Projektion menschlichen Selbstverständnisses in die Natur, in die Wirklichkeit schlechthin. Whiteheads ›rhetorische List‹ zielt darauf, eine generelle Selbstorganisationstheorie, eine allgemeine Systemtheorie plastisch und nachvollziehbar zu formulieren. Zunächst einmal kann es hilfreich und nicht inadäquat sein, die ontologische Rede von ›Erfahrung‹, vom ›mentalen Pol‹ etc. als Versuch der rhetorischen Bemächtigung genuiner Charakteristika eines umfassenden Selbstorganisationstheorems einzuordnen: Es geht hier in erster Linie um das – methodisch unabdingbare – Grundmoment systemkonstitutiver Aktivität, ›tätiger Materie‹. Es ist ein Grundmoment, das nichts spezifisch Organisches oder Lebendiges oder gar Mentales birgt – geschweige denn, eine Erklärung des Gehalts menschlicher Erfahrung, eine Theorie der Episteme oder Subjektivität sein will.

»Die ontologische Trennung von personalem Wissen oder Bewußtsein auf der einen und elementarer Erfahrung auf der anderen Seite muß man sich bei Whitehead relativ scharf denken, obwohl die grundsätzliche Kontinuität der Natur zwischen diesen beiden Instanzen auch zu einer konstruktiven Kontinuität führt [...].«[177]

---

gismen, siehe z.B. AI 415. Zu den Problemen eines Übersetzers mit diesen sprachlichen Besonderheiten siehe Holl 1992.

176 Z.B. Dretske 1998.

177 Hampe 1990, 115.

4. Die Ebene zweiter Ordnung: Vernetzungen

4.1 Das Netz – ein prominentes Gegenstandsmodell

Wie steht es mit der ›Welt, wie wir sie kennen‹ – wie wir sie etwa sinnlich wahrnehmen? Das Gegenstandsmodell für diese Wirklichkeitsebene ist der *Nexus*, anders gesagt: das *Netzwerk* oder *Netz*. Das Netz ist das generelle Gegenstandsmodell für die sich aus den Elementarereignissen aufspannende raum-zeitliche Welt – man kann es denken als Geflecht, eben als Netz, ›geknüpft‹ aus den Elementarprozessen. Auf zunächst ganz genereller Ebene ist dieser Netzbegriff der, wie er für Wirklichkeitskonzeptionen aus unterschiedlichsten Perspektiven derzeit einen markanten Aufschwung erlebt: »Netzwerke sind zu einem vielfältig verwendbaren Deutungsbegriff ebenso für physische und technische wie für soziale Verhältnisse avanciert. Sie bieten einige Vorzüge gegenüber älteren oder anderen Wirklichkeitsbeschreibungen.«[178]

Schärfen kann man den ganz allgemeinen Netzbegriff, wie er sich zunehmender Promimenz erfreut, beispielsweise am Verhältnis zum *Systembegriff*: Erstens werden Netzbegriff und klassischer Systembegriff voneinander abgesetzt; aus dieser Sicht gilt der Netzbegriff im Vergleich zu klassischen Systemkonzeptionen insofern etwa als brauchbarer, als »geschmeidiger als der Begriff des Systems, historischer als die Struktur«.[179] Eine solche Abgrenzung meint genau genommen beispielsweise: Der Netzbegriff taugt insbesondere zur Beschreibung *dynamischer* Systeme. »Netze bilden komplexe zeiträumliche dynamische Systeme. [...] Sie tun dies nach stabilen Prinzipien, doch in instabilen Gleichgewichten, selbstgenerativ, selbststeuernd, selbsterweiternd, also autopoietisch und evolutionär.«[180]

178 Lorenz 2010, 579.

179 Latour 1995, 10.

180 Böhme 2004, 19 (im Original durchgängig kursiviert; AG). Als Einstieg in begriffsgeschichtliche Aspekte der Konjunktur des Gegenstandsmodells ›Netzwerk‹ siehe, überblicksartig, Böhme 2004, Gießmann 2005, Friedrich 2010; zu weiteren Aspekten siehe Barkhoff et al. (Hg.) 2004.

Grundsätzlich gibt es zum Systembegriff – neben der elementaren Unterscheidung zwischen klassischem und selbstorganisational-dynamischem System, wie oben, *Kapitel 2*, übersichtsmäßig gegenübergestellt – noch eine weitere verbreitete Differenzierung, die insbesondere im Rahmen der selbstorganisational-dynamischen Auffassungen wichtig ist: die Unterscheidung zwischen a) dem *holistisch* verfassten – durch Ganzheit oder auch Finalität charakterisierbaren – Sub-Ganzen oder auch Holon oder auch Basiselement, und b) dem strukturalen Geflecht interdependenter Elemente – dem *retiven System*, dem Netz.[181] Diese Differenzierung ist maßgeblich für auch Whiteheads Ontologiekonzeption, die Grundkonstellation von Elementarereignis und Nexus. Ist der Elementarprozess als ›Holon‹ beschreibbar, als Sub-Ganzes, kommt mit dem Gegenstandsmodell ›Nexus‹ ein weiterer Systembegriff ins Spiel: das netzartige, das retive System. Im Modell des Netzes hat das Elementarereignis sein systematisches Gegenstück:

- Ist der Elementarprozess das Gegenstandsmodell für eine spezifische Ganzheit im Sinne von Abgeschlossenheit, ist das Netz das Gegenstandsmodell für Verläufe in Raum und Zeit.
- Ist der Elementarprozess das Gegenstandsmodell für das Flüchtige, Transiente, »die wahren und wirklichen Dinge, die sich ereignen«, so ist das Netz das Gegenstandsmodell für »die wahren und wirklichen Dinge, die zeitlich dauernd sind«;
- ist der Elementarprozess beispielsweise das Gegenstandsmodell für den »Komplex, den unsere individuellen Erlebnisse innerhalb eine

181 Dem Adjektiv ›retiv‹ liegt das lateinische ›rete‹ für ›Netz‹ zugrunde. – Die Gegenüberstellung distinkter Systembegriffe, die auf das *Geflecht* als Gegenstück des holistischen Systems abhebt, auf: »strukturale Geflechte interdependenter Elemente«, und somit – implizit – auf den Begriff des Netzes als ›retives System‹, nimmt vor: Ropohl 1978, 46. Gebraucht wird die Wendung vom ›retiven Systemmodell‹ derzeit beispielsweise mit Blick auf soziale Systeme im Sinne Luhmanns bei Latka 2003, 20ff. Zum begrifflichen Verhältnis von Luhmann'schem und Whitehead'schem Gegenstandsmodell siehe Wiehl 2000b, 387: »Wo Luhmann von sozialen Systemen spricht, spricht Whitehead von *nexus* [...].«

Zehntelsekunde bilden«, so ist als Netz zu rekonstruieren beispielsweise: »ein Felsbrocken, oder – um über den herkömmlichen Bereich der Naturwissenschaft hinauszugehen – die Individualität eines Menschen« (AI 131). Doch gerade beispielsweise für Letzteres gilt: Das Netzwerk ist ein Gegenstandsmodell für bestimmte Spielweisen von Offenheit, beispielsweise Zukunftsoffenheit.

»Aber es gibt keinen bestimmten Nexus, den man als *den* Nexus bezeichnen könnte. [...] So nimmt z.B. das Leben eines Menschen immer um noch einen Tag zu, und die Dauer der Erde um noch ein weiteres Jahrtausend. Und solange der Mensch nicht gestorben ist und die Erde nicht aufgehört hat zu existieren, gibt es keinen bestimmten Nexus, den man uneingeschränkt mit diesem Menschen oder mit dieser Erde gleichsetzen könnte.« (AI 367f.)

Anders rekapituliert: Das Gegenstandsmodell ›Elementarereignis‹ steht für eine funktional aktive Basiseinheit, die heterogenen Input ›übersummativ verrechnet‹ zu einem individuellen Output; ein finales Integrations- und Synthesegeschehen mit dem eindeutigen Resultat des anschlussfähigen Abschlusses – anders betrachtet: ein Verursachungs- und Herstellungsgeschehen; kurz gesagt: das Modell ›transientes Holon‹. Auf Ebene zweiter Ordnung steht das Modell des Netzes – des Nexus – für sich aus den Elementarereignissen konstituierende Ereignissysteme, Relationensysteme, raum-zeitliche Kontinua. Man kann dieses wirklichkeitskonstitutive Grundverhältnis von Elementarereignis und Netz unter einer Vielzahl an Gesichtspunkten betrachten, wobei es dann beispielsweise als ein wechselseitig *konstitutives* oder auch als ein *komplementäres* Verhältnis deutlich wird. Man kann es in unterschiedliche systemtheoretische Begrifflichkeiten fassen – beispielsweise formulieren als Verhältnis von Element zu System, von Knoten zu Netz. Grundsätzlich entscheidend ist für die Plausibilität und Anwendbarkeit dieses ontologischen Settings in erster Linie, das Verhältnis als inderdependentes zu begreifen. Das heißt etwa: Phänomene wie Stasis und Wandel, Beständigkeit und Veränderung, sind als Makrophänomene zu verstehen, denen spezifische Wirkmuster auf Mikroebenen zuzuordnen sind. Der Wirklichkeitsaspekt der Stasis – spatio-temporale Beständigkeit, Geschichtlichkeit, Kontinuität – ist ein makroweltlicher Sachverhalt, dem bestimmte Invarianten im mikroweltlichen Geschehen zugrundeliegen. Anders gesagt: Das Makrophänomen der Kontinuität ist erklärbar über reproduktive oder iterative Aspekte des diskontinuierlichen mikroweltlichen Geschehens: »Es gibt nichts Statisches in der Welt. Aber es gibt *Reproduktion;* und *Beständigkeit,* die das Resultat von Ordnung wie auch deren Ursache ist.« (PR 436) Dieses wirklichkeitskonstitutive Grundmoment wird systemtheoretisch auch als *dynamische Stabilität* bezeichnet:

»Dieser Theorie geht es also nicht, wie klassischen Gleichgewichtstheorien, um Rückkehr in eine stabile Ruhelage nach Absorption von Störungen, sondern um die Sicherung der unaufhörlichen Erneuerung der Systemelemente; oder in kurzer Formulierung: nicht um statische, sondern um dynamische Stabilität. Alle Elemente verschwinden, sie können sich als Elemente in der Zeit nicht halten, sie müssen also laufend neu hervorgebracht werden und dies auf Grund der Konstellation von Elementen, die im Moment aktuell ist. Reproduktion heißt also nicht einfach: Wiederholung der Produktion des Gleichen, sondern reflexive Produktion, Produktion aus Produkten. Um deutlicher zu akzentuieren, daß nicht die unveränderte Erhaltung des Systems gemeint ist, sondern ein Vorgang auf der Ebene der Elemente, der für jede Erhaltung und Änderung des Systems unerläßlich ist [...].«[182]

4.3 Das Netz als Rahmenkonzept

Der Nexus ist in Whiteheads Ontologie generelles Rahmenkonzept: Ob Molekül, Staubkorn, Tisch oder Mensch – die Dinge, die uns umgeben, und wir selbst sind, allgemein betrachtet, rekonstruierbar als – mehr oder weniger komplexe – Nexūs. Weiter differenziert wird dann nach Art eines ontologischen Schichtenmodells;[183] rhetorisch-terminologisch tendiert Whitehead hier zur Sozialbegrifflichkeit – was insofern nahe liegt, als er die Elementarereignisse selbst gern als ›Subjekte‹ beschreibt; ihre Vernetzung beschreibt er also als ›soziale Zusammenhänge‹, ›Gesellschaften‹ etc.

»Die allgemeinsten Beispiele für solche Gesellschaften sind die regelmäßigen Wellenzüge, einzelne Elektronen, Protonen, einzelne Moleküle, Gesellschaften

182 Luhmann 1987, 79.

183 Siehe z.B. PR 331, wo vier Stufen unterschieden werden.

> von Molekülen, wie anorganische Körper, lebende Zellen und Gesellschaften von Zellen, wie Pflanzen und tierische Körper.« (PR 193)

Das generelle Konzept ›Netz‹ steht also für unterschiedliche Netztypen, Netzformen, differenziert nach Komplexitätsgrad – nach »Abstufungen der Komplexität, deren die Natur fähig ist« (AI 359). Bestimmte Komplexitätsgrade sind etwa bezeichnend für signifikante raum-zeitliche Stasis, etwa anorganische Natur, kristalline Strukturen. Und weiter gibt es hochkomplexe Nexūs, die diese Philosophie besonders interessieren: lebende Systeme. Bei diesem Wirklichkeitsbereich hat eine Ontologie »eine ungeheure Anzahl von räumlich und zeitlich koordinierten Vorgängen« in den Blick zu bekommen, zu rekonstruieren, zu deuten (AI 369). Was diesbezüglich das Modell des Nexus auszeichnet, ist Anwendungsoffenheit: Es steht im Grundsatz für eine Vielzahl an Differenzierungsmöglichkeiten, etwa hinsichtlich diachroner *und* synchroner Spielweisen der Entstehung von Wirklichkeit.

Welche Spielweisen raum-zeitlicher Ereignissysteme – Netze – wären im Grundsatz beispielsweise anzunehmen, um netzwerkmäßig näherungsweise dem Rechnung zu tragen, was man normalerweise als diachrones Kontinuum begreift: das menschliche Erleben – das Persönliche, Subjektive – das »wie ein roter Faden die Folge unserer Erlebensvorgänge durchzieht« (AI 343)? Netztypologisch geht Whitehead dem ein Stück weit, probatorisch und vergleichsweise wenig systematisch, nach; interessant in programmatischer Hinsicht: Um menschlichem Erleben in seiner diachronen Kontinuitität modelltheoretisch Rechnung zu tragen – menschliches Erleben als etwas Stromförmiges begriffen, wie etwa in der Wendung vom ›stream of consciousness‹ –, wäre, so Whiteheads Überlegungen, ein auf den ersten Blick intuitiv naheliegender Zugang der über eine lineare, serielle Konzeption: Ein Erlebnis, eine Erfahrung, eine Empfindung reiht sich an die nächste. Netzwerktheoretisch auf der Hand lägen also, so der Gang seiner Überlegungen, Konzeptionen von Linearität und Serialität; als einen entsprechenden Zugang diskutiert er eine Netzarchitektur, dank derer »die Elemente der Gesellschaft durch ihre genetischen Relationen in einer seriellen Ordnung eingerichtet« sind (PR 178) – die Konzeption der sogenannten ›personalen Ordnung‹, eine idealtypische serielle Konzeption.[184] Doch ein ontologisches Gegenstandsmodell hat den als *wesentlich* erachteten Aspekten des jeweiligen Wirklichkeitsausschnitts Rechnung zu tragen, nicht etwa idealtypischen Abstraktionen, anders gesagt: »Ein gutes Modell bildet die in bestimmter Hinsicht wesentlichen Aspekte eines komplexen Geschehens oder Sachverhaltes ab.«[185] Und ein als wesentlich zu erachtender Aspekt ist – und das ist der programmatisch interessante Aspekt der Whitehead'schen Überlegungen – dass es hier um ein lebendes System geht: »Man braucht nur an den eigentümlichen Status des menschlichen Körpers zu denken, um diese Vorstellung einer strikt personalen Ordnung sogleich zu verneinen.« (AI 345) »Der Körper eines lebenden Wesens ist nun aber eine Gesellschaft, die eine ungeheure Anzahl von räumlich und zeitlich koordinierten Vorgängen umfaßt.« (AI 369)

5. Dynamische Systeme

5.1 Mikro-, Makro-, Mesolevel

›Plastizität‹ nennt Whitehead, was lebende Systeme in herausragendem Maß kennzeichnet und aus genereller systemtheoretischer Sicht beschrieben wird als ein signifikantes Maß an dynamischer Stabilität – beispielsweise als signifikantes Ausmaß an Autonomie und an Umweltsensibilität, an Entwicklung und Zeitlichkeit. Gewissermaßen ein Musterfall an Plastizität, an systemkonstitutiver Komplexität, ›an entirely living nexus‹, ist

184 »Ein Nexus hat eine ›personale Ordnung‹, wenn a) er eine ›Gesellschaft‹ ist, und wenn b) das genetische Bezogensein seiner Elemente diese ›seriell‹ anordnet.« (PR 85) Im Detail expliziert Whitehead diese Konzeption etwa zeittheoretisch: Jeder Elementarprozess innerhalb dieser ›Serie‹ ist z.B. als Zeitschnitt denkbar, der ein ›Vorher‹ von einem ›Nachher‹ scheidet und dessen Erbmasse jeweils im ›gesamten Vorher‹ besteht. – Diese Studie kann auf die zeittheoretischen Dimensionen dieses Philosophieangebots lediglich verweisen; sie bestehen beispielsweise – analog zu expliziten Theorien dynamischer Systeme – aus Optionen der dynamischen Verschränkung distinkter temporaler Verhältnisse und Zeitachsen, etwa der Verschränkung von Synchronizität und Diachronizität, Parallelität und Serialität.

185 Spitzer 1996, 318. Zu aktuellen Spielweisen des Modellbegriffs vgl. Gähde 2007, 64f.

der Mensch. »Die Menschheit ist derjenige Faktor *innerhalb* der Natur, der ihre Plastizität in intensivster Form erkennen läßt.« (AI 190)

In einem Fall wie dem ›System Mensch‹ ist die fundamentale Systemdynamik als maximal, der Gesamtnexus als maximal vielschichtig zu denken, mittels Verflechtung verschiedenster temporaler und kausaler Verhältnisse. Dem wird – sowohl in Whiteheads allgemeiner Wirklichkeitskonzeption als auch in expliziten Theorien dynamischer Systeme – Rechnung getragen, indem modelltheoretisch nicht nur die Differenzierung zwischen Mikro- und Makroebene konzipiert wird, sondern mehrschichtiges ›thinking in levels‹:

- Auf Mikroebene werden elementare Einheiten – etwa im Sinne transienter ›Sub-Ganzheiten‹ – angenommen;
- auf Makroebene geht es um das komplexe System in Raum und Zeit, den lebenden, denkenden, fühlenden Menschen;
- und auf Mesoebene geht es um vielfältige Subsysteme – in Whiteheads Diktion: Subnexūs; entscheidend für die fundamentale Systemdynamik ist hochgradige Binnendifferenzierung; als konstitutiv werden Zusammenhänge unterschiedlichster Subsysteme gedacht.

»Der Großteil der für diese Diskussion bedeutsamen Modelle betrifft das, was wir in der Fachsprache die *komplexen Systeme* nennen. Diese sind sehr verschieden von den klassischen Systemen, die sich analytisch auf deterministische Weise beschreiben ließen. Es handelt sich um *organisierte* und *regulierte* Systeme, in denen mehrere *Realitätsebenen* und mehrere *Skalen* miteinander interagieren – im allgemeinen (und mindestens) eine *Mikro*-Ebene elementarer, miteinander in Wechselwirkung stehender individueller Einheiten, eine *Meso*-Ebene komplexer Organisation, und eine *Makro*-Ebene, auf der qualitativ beschreibbare Makrostrukturen zum Vorschein kommen.«[186]

5.2 *Kausalität und Immanenz*

Eine Pointe dieser Art von Ontologie lässt sich diskutieren unter dem Stichwort ›Kausalität‹: Auf grundsätzlicher Ebene ist jeder Elementarprozess fassbar sowohl als Kausalrelation wie auch als Erzeugungsgeschehen

186 Petitot 2002, 81f.

wie auch als Integrations- und Synthesegeschehen; das Netzwerk ist die konkrete Form eines Zusammenhangs solcher Kausalrelationen, und lebende Systeme beispielsweise stellen in gewisser Hinsicht herausragende Zusammenhänge dar: *Funktionszusammenhänge* im starken Sinn des Wortes. Hier kommt die System-Umwelt-Differenz auf spezifische Weisen zum Tragen; hier sind Aspekte wie Entwicklung und Zeitlichkeit, Autonomie und Umweltsensibilität – als energetische Offenheit – von besonderer Relevanz; das Spannungsfeld aus Autonomie und Umweltsensibilität etwa ist für Lebewesen konstitutiv.

Wirklichkeitstheoretisch hat man es hier in besonderem Maße mit der Verflechtung distinkter Kausalverhältnisse zu tun: der Verschränkung *intrinsischer*, systemeigener Bedingungsgefüge und *extrinsischer*, infolge der – im weitesten Sinn ökologischen – Einbindung des Systems in Umwelten. Dabei wird Erstere, die systemimmanente Kausalität, ganz entscheidend gedacht beispielsweise im Sinne rekursiver, zirkulärer Kausalität: wechselseitiger Determination von Element, Subsystem und System – also im Sinne innersystemischer Interdependenzen. Es ist ein Grundverhältnis »wechselseitiger Immanenz« von System, Teilsystemen und Elementen (AI 367), das beispielsweise begreifbar wird über den systemtheoretischen Gedanken der *Co-Entwicklung:*

> »In an autonomous system, the whole not only arises from the (organizational closure of) the parts, but the parts also arise from the whole. The whole is constituted by the relations of the parts, and the parts are constituted by the relations they bear to one another in the whole. Hence, the parts do not exist in advance, prior to the whole, as independent entities that retain their identity in the whole. Rather, part and whole co-emerge and mutually specify each other.«[187]

Im Fall des innersystemischen Kausalgefüges gewinnt die Identifikation einer Kausalrelation mit einer Produktions, Integrations- und Enthaltensrelation nun denkbarerweise an Gewicht: Die historische Dimension der Systementstehung und Systementwicklung – anders gesagt: der Selbsterschaffung und Selbstorganisation – wird so grundsätzlich als immanent

187 Thompson 2007, 65.

gedacht im Sinne von: eingebettet, enthalten, bewahrt. Das Grundverhältnis ist, so gesehen: Die Ursache ist der Wirkung, die Vergangenheit der Gegenwart immanent, da in ihr – als Element ihrer kausalen Entstehungskette – eingebettet, enthalten, bewahrt. Diese Immanenz – dieses ›Seine-Entstehungsgeschichte-in-sich-Bewahren‹ – ist in gewissem Sinn richtungweisendes Grundmoment der hier betrachteten Theorien. Selbstorganisational-systemtheoretisch wird es gelegentlich beispielsweise diskutiert unter einem Stichwort wie ›komplexer Entwicklungspfad‹: »d.h. nicht der momentane Zustand bestimmt die weitere Entwicklung, sondern die gesamte Historie (der Entwicklungspfad) [...] Die Systeme besitzen ein Gedächtnis.«[188] Wobei wesentlich ist, diese historische Dimension nicht mit *Determination* zu verwechseln: Für die hier betrachteten Theorien dynamischer Systeme ist im Gegenteil die Annahme von *Indetermination* bezeichnend – die Annahme, dass die historische Dimension der Systementwicklung, das ›Systemgedächtnis‹, verschränkt ist mit der Möglichkeit einer *offenen Zukunft*.

»Die Entwicklung von Systemen ist nicht durch die Anfangs- und Randbedingungen festgelegt, sondern wird entscheidend durch systeminterne Fluktuationen bestimmt. Dieses Merkmal gilt als Stütze für die Annahme einer ›offenen Zukunft‹, die die Möglichkeit ›schöpferischer Neuartigkeit‹ eröffnet.«[189]

»This scheme accounts for the creation of order from intrinsic processes, the increase in complexity over time, the emergence of true novelty within developing systems, transition points that permit both structural advances and individual diversication, and the capacity for self-correcting stability as well as sensitive adaptation to the environment. Moreover, this is not just a descriptive scheme; it is one that provides a coherent explanation for development. Emer-

188 Köhler-Bußmeier 2010, 10. – Whitehead zu diesem historischen, diesem ›Gedächtnis‹-Aspekt, auch in Verknüpfung von Ontologie und Wahrnehmungstheorie: »Dies sind die Weisen, wie das Vergangene im Gegenwärtigen lebt: Es ist Verursachung. Es ist Gedächtnis. Es ist die Wahrnehmung des Abkünftigseins.« (AI 421) Als ›Verabsolutierung des Gedächtnisses‹ thematisiert etwa Hölling (1971, 227) dieses Grundmoment der Immanenz; von einer ›mnestischen Konzeption der Kausalität‹ spricht treffend Hampe (1990, 178).

189 Carrier 1995, 763.

gent order necessarily results from spontaneous entrained coordination with macroscopic form and function.«[190]

6. Die Ordnungsmuster: ›Das Wiederkehrende‹

Das Wiederkehrende

Wenn modelltheoretisch unterschieden wird zwischen dem Gegenstandsmodell des transienten ›Holon‹ und dem Gegenstandsmodell des spatiotemporalen Netzes, kann man diese ontologische Unterscheidung im Grundsatz beispielsweise fassen als die zwischen Sich-Ereignendem und Dauerndem. Darüberhinaus gibt es noch einen weiteren Schlüsselaspekt: das Wiederkehrende; in gewissem Sinn hat man es hier mit einer nicht unwesentlichen Dreifachdifferenzierung zu tun.

> »[...] fatal, wenn man unkritisch hin- und herschwankt, zwischen den Dingen, die *dauern*, und den Dingen, die *sich ereignen*, und den Dingen, die *wiederkehrend* sind. In Diskussionen, wo nicht mit metaphysischer Klarheit zwischen dem Dauernden, dem sich Ereignenden und dem Wiederkehrenden unterschieden wird, kann man durch Sophismen alles beweisen.« (AI 132; Hervorh. AG)

Generelle Bezeichnungen für diesen ontologischen Aspekt sind etwa ›Universalie‹ oder ›Abstraktum‹; angesprochen ist damit im Grundsatz sozusagen das »wahrhaft Allgemeine«.[191] »Die philosophische Bedeutung der Universalien besteht in ihrer Allgemeinheit. Sie benennen Ähnlichkeiten oder Gemeinsamkeiten und decken so Zusammenhänge der Wirklichkeit auf oder schaffen eine Ordnung, die die einzelnen Dinge miteinander in Zusammenhang bringt.«[192] Kernaspekte der Universalie sind aus traditioneller philosophischer Sicht, ortlos, zeitlos, nicht kausal wirksam, ausschließlich begrifflich identifizierbar zu sein, und ›mehreren Dingen zukommen‹ zu können; eine Universalie ist danach, was: »mehreren Dingen aufgrund einer Ähnlichkeit oder Gleichheit zukommen kann, wie bei-

190 Lewis 2000, 38ff.

191 Wildgen 1987/2005, 7.

192 Hoenen 1999, 1668. Legt man die Unterscheidung von ›type‹ und ›token‹ zugrunde, siehe dazu etwa Scheffler 2001, geht es hier um die ›types‹ oder Typen.

spielsweise ›Lebewesen‹ oder ›Mensch‹ den verschiedenen Menschen.«[193] Relativ scharf unterschieden wird in der philosophischen Tradition zwischen Allgemeinem, Universalie, Abstraktum einerseits und Individuellem, Einzelding, Konkretem andererseits.

Whitehead sucht der Frage, wie es um diese Universalien bestellt sein könnte, jenseits kanonischer philosophischer Weichenstellungen nachzugehen, weshalb er eben nicht von Universalien spricht, sondern von ›eternal objects‹ – ›zeitlosen Gegenständen‹. »Ich ziehe den Ausdruck ›zeitlose Gegenstände‹ vor, um mich von Voraussetzungen zu befreien, die aufgrund seiner langen philosophischen Geschichte bei dem ersten Terminus anklingen.« (WW 186)[194]

Die Distanz zum philosophischen Kanon sucht Whitehead in erster Linie insofern, als die scharfe ontologische Grenzziehung zwischen Allgemeinem und Besonderem, Universalie und Einzelding aus seiner Sicht nicht mittragbar ist. Der Neologismus ›eternal object‹ soll signalisieren: Die beiden Sphären Allgemeines und Besonderes werden einander *nicht* apodiktisch gegenübergestellt; von einer so gelagerten Dichotomie gilt es, so Whitehead, Abstand zu nehmen:

> »Die antithetischen Termini ›Universalien‹ und ›Besonderes‹ sind die Worte, die man gewöhnlich verwendet, um die entsprechenden Einzelwesen zu bezeich-

193 Hoenen 1999, 1665.

194 Siehe dazu etwa WW 184ff.: »Abstraktion«. – Zu klassischen Positionen im ›Universalienstreit‹ siehe etwa Fischer 1996, 754: »Das *Universalien-Problem* entsteht bei der ontologischen Fragestellung nach der Seinsweise des Allgemeinen, das von Einzeldingen in Prädikaten ausgesagt wird und wie man dieses erkennen kann (Metaphysik; Ontologie). Bezüglich des ontologischen Wertes jener differenten Gegenstände (Universalien/Partikularien) gab es seit Platons Ideenlehre unterschiedliche Positionen. Die Auseinandersetzung in der mittelalterlichen Philosophie darüber, ob dem Allgemeinen und/oder dem Individuellen (den Einzeldingen) wahrhaftes Sein zukomme, hat man *U.-Streit* genannt. Seine Wurzel liegt in der Ideenlehre Platons. Dort wird ein Realismus postuliert, der nur U. (Ideen) wahrhafte Wirklichkeit bzw. Sein zubilligt. Während die zeitlos gedachten U. unabhängig von konkreten Einzeldingen existieren, existieren Einzeldinge (Partikularien) nur, indem sie an U. teilhaben. In der aristotelischen Kritik an Platons ›Verdoppelung‹ der Welt liegt der Ursprung des Streites um die U. Für Aristoteles sind U. mit Einzeldingen untrennbar verknüpft. Sokrates ist demnach ein Mensch, nicht weil er an der Idee der *Menschheit* teilhat, sondern weil die U. *menschlich* in ihm realisiert ist.«

nen, die fast vollständig den Einzelwesen korrespondieren, die hier ›zeitlose Gegenstände‹ und ›wirkliche Einzelwesen‹ genannt werden. Diese Termini – ›Universalien‹ und ›Besonderes‹ – sind sowohl durch die Vieldeutigkeit der beiden Worte als auch durch ihre geläufige Verwendung in der Philosophie etwas irreführend. Das ontologische Prinzip und die weitere Lehre von der universellen Relativität, auf denen die hier durchgeführte metaphysische Diskussion beruht, verwischen die scharfe Unterscheidung zwischen dem, was universell, und dem, was besonders ist.« (PR 196)

Das Ordnungsmuster

Den ontologischen Status der ›eternal objects‹ hält Whitehead in gewisser Hinsicht in der Schwebe. Einerseits zählen ›eternal objects‹ zum Grundinventar dieser Wirklichkeitskonzeption; sie tun dies andererseits jedoch nur bedingt: als Potentiale, die der Realisierung qua Wirklichkeit bedürfen.[195] Als wirklich gelten ›eternal objects‹ ausschließlich in der Realisierung durch Selbstorganisationsprozesse: durch Ereignissysteme. Ein für das Verständnis der ›eternal objects‹ entscheidender Punkt kommt im Grundsatz mit dem Gegenstandsmodell des Nexus ins Spiel: Es existieren makroweltliche Ordnungs- und Funktionszusammenhänge, *Systeme:* spezifische Zusammenhänge von Elementarereignissen.[196] ›Eternal object‹ ist, auf einer bestimmten Betrachtungsebene, was die Systemelemente, die Elementarereignisse, systemstiftend eint – anders betrachtet: was für das System als solches bezeichnend ist, und als solches etwa, in gängiger systemtheoretischer Diktion, der *System-Umwelt-Grenze* zugrundeliegt. Whiteheads Begriff dafür ist: *Abgrenzung*. Das ›eternal object‹ ist insofern das »abgrenzende Charakterstikum« oder auch »gemeinsame Formelement«:

---

195 Sie werden, wie die Elementarereignisse, eingeordnet in die ›Kategorie der Existenz‹.

196 Dass die Elementarereignisse Nexūs im Sinn systemischer Zusammenhänge, *selbstorganisationale Systeme* bilden, meint, so gesehen, z.B., dass sie: »relativ stabile *Gesellschaften* von Geschehnissen bilden, in denen sich bestimmte Muster wiederholen. Wenn es der Gesellschaft gelingt, die Bedingungen der Wiederholung ihrer *Muster* zu stabilisieren, kommt es zu einer relativen und bedingten, nie jedoch zu einer absoluten und unbedingten Selbständigkeit.« (Hampe 1998, 121) Siehe auch AI 367: »Das Sich-selbst-Gleichbleiben einer Gesellschaft beruht auf dem Sich-selbst-Gleichbleiben ihres definierenden Charakteristikums und auf der wechselseitigen Immanenz der zu ihr gehörenden Vorgänge.«

»Das gemeinsame Formelement ist nichts als ein komplexer zeitloser Gegenstand, der in jedem Element des Nexus beispielhaft dargestellt wird.« (PR 84)

Ein veranschaulichender Begriff ist hier möglicherweise der Begriff des Ordnungsmusters. Selbstorganisation, die selbsttätige Ausbildung von Ordnung, von Ordnungszusammenhängen, hat die ›Formdimension‹: das maßgebliche Formmoment des – in gewisser Hinsicht – Zeitlosen, Invarianten, ›Mustergültigen‹; das, worin sich raum-zeitlich distinkte Nexūs gleichen, worin sich etwa Angehörige der Gattung ›Mensch‹ gleichen, worin sich rote Rosen gleichen... – das sich insofern Wiederholende, Wiederkehrende.

Das Abstrakte

Unter einem anderen Blickwinkel betrachtet, kommen mit dieser Dimension Wahrnehmungstheore und Epistemologie ins Spiel. Aus dieser Sicht ist beispielsweise interessant, dass und wie diese Ordnungsmuster etwa menschlicherseits *erfahren* werden; insofern geht es hier um den Bereich der Abstraktion im weitesten Sinn, um die abstraktive Bezugnahme auf die Wirklichkeit – den Bereich der Erfahrungsmuster, Interpretationsmuster, Bedeutungs- und Deutungsmuster, Konzepte, Begriffe: »Universals are pulled down from the Platonic realm to become structural features of the ways in which we concretely conduct our cognitive affairs.«[197]

Spätestens an dem Punkt wird eine weitere Einbindung interessant, die Whitehead für die ›eternal objects‹ reflektiert: Sie sind nicht nur erstens *ereignisbezogen* bzw. *nexusbezogen,* sondern sie sind zweitens auch *aufeinander* bezogen. Wesentlich für das ›eternal object‹ ist erstens sein Bezug zur Wirklichkeit, sein Verwirklichtwerden, und zweitens sein Bezug zu anderen ›eternal objects‹.[198] Mit dieser Einbindung, der wechselseitigen Bezo-

---

197 Rescher 2009, 516.

198 WW 186: »Mit abstrakt meine ich, daß das, was ein ein zeitloser Gegenstand an sich ist, das heißt, in seinem Wesen, ohne Bezug auf *ein* besonderes Erfahrungsereignis verständlich ist. Abstrakt zu sein bedeutet, besondere konkrete Ereignisse des wirklichen Geschehens zu transzendieren. Aber ein wirkliches Ereignis zu transzendieren, bedeutet nicht, von ihm getrennt zu sein. Ich behaupte im Gegenteil, dass jeder zeitlose Gegenstand seine eigene Verbindung zu jedem Ereignis hat, die ich als sei-

genheit der ›eternal objects‹, kommt also ontologisch in gewisser Hinsicht ein weiterer Systembegriff ins Spiel – der Begriff des formal-abstraktiv gedachten Systems, anders gesagt, die Systematizität des Abstrakten. Paradigmatischer Bereich dieser Systematizität ist sicherlich die Mathematik; paradigmatischer Fall eines solchen Systems ist etwa ein Symbolsystem, ein Begriffssystem, ein Sprachsystem – und bezeichnend ist für Whitehead – sein erstes Opus magnum: *Principia mathematica* –, auch diese Systemsorte sehr ernst zu nehmen.[199]

Um Programmatisches noch einmal zu unterstreichen: ›Reine Abstrakta‹ schließt diese ontologische Konzeption ebenso aus wie ›reine Konkreta‹, wie das ›starre, isolierte Wirklichkeitsklötzchen‹.

»Die traditionelle Lehre von der absoluten Isolierung der Universalien ist ein genau so großer (unausgesprochener) Fehler wie die Isolierung der primären Substanzen. [...] Die *absolute* Abstraktion der ewigen Objekte voneinander ist ebenso falsch wie ihre Abstraktion von irgendeiner Verwirklichungsart und wie die Abstraktion der *res verae* voneinander.

v. Die Wurzel allen Übels liegt in der vereinfachten Weise, in der die traditionelle Philosophie – z.B. Hume, Bradleay usw. – die Universalien behandelt hat. Dies ist das große Verdienst der ›Gestaltleute‹.« (BF 16)

»Alle moderne Philosophie kreist um die Schwierigkeit, die Welt mit Hilfe von Subjekt und Prädikat, Substanz und Qualität, Besonderem und Universalien zu beschreiben.« (PR 109)

7. Immanenz

Der traditionelle Begriff ist ›Universalie‹, die kategoriale Unterscheidung ist die zwischen Universalie und Einzelnem, Abstraktum und Konkretum; größerer paradimatischer Kontext ist klassischerweise – in der einen oder anderen Form – das Substanzparadigma. Was hier im Grundsatz anders

ne Weise des Eintretens in dieses Ereignis bezeichne. Zum Verständnis eines zeitlosen Gegenstandes muss man also folgendes kennen: (1) seine besondere Individualität, (2) seine allgemeinen Beziehungen zu anderen zeitlosen Gegenständen als geeignet, in wirklichen Ereignissen realisiert zu werden, und (3) das allgemeine Prinzip, das sein Eintreten in besondere wirkliche Ereignisse zum Ausdruck bringt.«

199 Whitehead/Russell (1910-13).

läuft als bei einer selbstorganisationalen Wirklichkeitstheorie, lässt sich leitmotivisch auf den Punkt des ›per se existere‹ bringen: Eine substanzbegriffbasierte Ontologie sieht das Konkrete grundsätzlich als ›für sich‹; einzig die Universalie kann aus dieser Sicht ›in einem anderen sein‹; das ist aus dieser Sicht wesentlicher Unterschied zwischen Abstraktum und Konkretum, Universalie und Einzelding; eine Universalie ist danach, was:

»mehreren Dingen aufgrund einer Ähnlichkeit oder Gleichheit zukommen kann, wie bespielsweise ›Lebewesen‹ oder ›Mensch‹ den verschiedenen Menschen. Als solches steht es dem Einzelnen oder Individuellen gegenüber, das nicht mehreren Dingen zukommen kann.«[200]

Immanenz, das *Ineinander-Sein,* ist substanzontologisch gedacht ein Verhältnis, das allenfalls zwischen Abstrakta und Konkreta, Universalie und Einzelnem bestehen kann. Eine Selbstorganisationstheorie, wie Whitehead sie philosophisch formuliert, geht entscheidend andere Wege: Immanenz ist hier nicht nur gedacht als die Immanenz der Abstrakta in den Konkreta, sondern als die Immanenz der *Konkreta* in den Konkreta: Immanenz ist hier gewissermaßen *conditio sine qua non:* Die Verhältnisse von Elementarprozess, Subsystem und System sind, auf unterschiedlichen Ebenen, im Grundsatz Verhältnisse wechselseitiger Immanenz. *Ineinander-Sein* ist aus dieser Sicht gewissermaßen wirklichkeitskonstitutives Grundverhältnis schlechthin; die Denkfigur der Immanenz möglichenfalls *die* programmatische Denkfigur dieser Ontologie.[201]

Konkret kann man das beispielsweise ganz basal vom Elementarereignis her betrachten, das ausnahmslos als Produktions-, Verursachungs- oder auch Integrationsgeschehen fassbar ist. Man kann es mit Blick auf Fragen der Kausalität betrachten: Eine Kausalrelation ist danach stets – ganz grundsätzlich betrachtet – eine Produktions- und Immanenzrelation; das

200 Hoenen 1999, 1665.

201 »Die organistische Philosophie beschäftigt sich vornehmlich mit der Aufgabe, klarzumachen, was es bedeutet, ›in einem anderen Einzelwesen‹ zu sein.« (PR 111) »[...] ›etwas‹ zu sein bedeutet, ›die Potentialität zu besitzen, eine reale Einheit mit anderen Einzelwesen einzugehen‹.« (PR 393)

in vielen Hinsichten entscheidende Grundmoment ist die »Immanenz der Ursachen in ihren Wirkungen«.[202]

Besondere Relevanz gewinnt der Aspekt der Immanenz für ein lebendes System: Immanenz ist hier zum einen identifizierbar als systemimmanentes ›Seine-Entstehungsgeschichte-in-sich-selbst-Bewahren‹; diese Entstehungsgeschichte ist zum anderen notwendig verschränkt mit der im weitesten Sinn ökologischen Einbindung: Lebende Systeme sind per definitionem autonom *und* umweltsensibel; sie nehmen unentwegt Außersystemisches auf und transformieren es in Systemisches; sie stehen mit ihrer Umwelt im stetigen Stoff- und Energieaustausch; entscheidendes systemtheoretisches Stichwort ist: *Fließgleichgewicht.*

Diese mehrfache konstitutive Einbindung lebender Systeme – in sich selbst *und* in die Umwelt – gilt es ontologisch in den Blick zu bekommen, sowohl aus Whiteheads philosophischer Sicht wie aus der expliziter Theorien dynamischer Systeme.

»In Wirklichkeit ist der lebende Körper als Ganzes das lebendige Organ unserer Erfahrung. Jede physikalische oder chemische Instabilität, die sich in irgendeinem seiner Teile bemerkbar macht, wird vom Gesamtorganismus sofort mit einer das Gleichgewicht wiederherstellenden Aktivität beantwortet; und diese physischen Aktivitäten sind es, in denen das menschliche Erleben (und die sich in ihm ansammelnde Erfahrung) ihren Ursprung hat. Die einleuchtendste Interpretation dieses Erlebens ist, daß es sich bei ihm um eine natürliche Aktvität handelt, die mit den Lebensfunktionen hochentwickelter Organismen untrennbar verbunden ist. Die Naturwirklichkeiten müssen so interpretierbar sein, daß sich dieses Faktum erklären läßt: Das ist eines der Desiderate, die von einem philosophischen Gesamtschema der Dinge zu erfüllen wären.

Das Erleben und Sammeln von Erfahrungen scheint auf besondere Weise mit unseren Gehirntätigkeiten verbunden zu sein. Aber ob und inwieweit dieser Annahme eine exakte theoretische Gestalt gegeben werden kann, ist eine Frage, die über die Grenzen unserer Beobachtungsfähigkeit hinausreicht. Wir können nicht bestimmen, bei welchen Molekülen das Gehirn anfängt und der Körper endet. Und wir können auch nicht sagen, bei welchen Molekülen der Körper aufhört und die Außenwelt beginnt. Die Wahrheit ist vielmehr, daß zwischen

202 Hampe 1990, 130.

dem Gehirn und dem Körper ebenso wie zwischen dem Körper und der übrigen Natur ein stetiger Zusammenhang besteht.« (AI 400f.)

»Der Körper ist der Anteil der Natur, mit dem jedes Moment menschlicher Erfahrung auf intime Weise zusammenarbeitet. Es gibt ein Hinein- und Hinausfließen von Faktoren zwischen der Wirklichkeit des Körpers und der menschlichen Erfahrung, so daß jeder an der Existenz des andereren teilhat. Der Körper versieht uns mit der engsten Erfahrung des Zusammenspiels der Wirklichkeiten in der Natur.« (DW 149f.)

›Embeddedness‹ ist ein Stichwort, unter dem explizite Theorien dynamischer Systeme diesen stetigen Zusammenhang, dieses stetige ›Zusammenspiel der Wirklichkeiten in der Natur‹ fokussieren:

»If we follow common usage and use the term ›cognitive system‹ to refer primarily to the internal mechanisms that underwrite sophisticated performance, then cognitive systems are essentially embedded, both in a nervous system and, in a different sense, in a body and environment. Any adequate account of cognitive functioning must be able to describe and explain this embeddedness. Now, the behavior of the nervous system, of bodies (limbs, muscles, bone, blood), and of the immediate physical environment are all best described in dynamical terms. [...]

[...] how can two kinds of systems, which are described in fundamentally different terms, be related? [...] The dynamical approach to cognition handles the embeddedness problem by refusing to create it. The same basic mathematical and conceptual tools are used to describe cognitive processes on one hand and the nervous system and the body and environment on the other.«[203]

203 Van Gelder/Port 1995, 27-29.

Kapitel 7.
Die Wahrnehmungstheorie – ›...den Körper ins Boot holen...‹

»Die Philosophen haben die Information über das Universum, die sie über ihre inneren Empfindungen erhielten, geringgeschätzt und sich auf die visuellen Empfindungen konzentriert.« (PR 232)

»Bei der Erklärung der Erfahrung wurde das Pferd vom Schwanz heraufgezäumt.« (PR 303)

1. Wahrnehmungsbegriffliche Problemstellungen und Lösungshorizont

Die Ontologie bildet *eine* Säule des Naturalisierungsprojekts. Eine Theorie der Erfahrung, insbesondere eine Theorie menschlicher Erfahrung hat hat man damit noch nicht; dazu bedarf es, so Whitehead, der Verschränkung dieser Wirklichkeitskonzeption mit einer Wahrnehmungstheorie und daraus entwickelten Epistemologie.

Kritische und entscheidende Größe für eine Theorie der Erfahrung ist der Wahrnehmungsbegriff; Grundprobleme der Naturalisierung des Mentalen – macht Whitehead aus immer wieder neuen Blickwinkeln deutlich – gründen in wahrnehmungstheoretischen Verkürzungen. »Die geläufigen Auffassungen von der Wahrnehmung sind die Hochburg der modernen metaphysischen Schwierigkeiten.« (PR 226) Speziell in Verbindung mit substanzbegriffbasierten Wirklichkeitsvorstellungen kann ein verkürzter Wahrnehmungsbegriff einem Verständnis der ›contuinity of life and mind‹ erheblich entgegenarbeiten – hier nennt Whitehead als exemplarisch sowohl die empiristische als auch die rationationalistische Tradition. Der Sache nach konvergiert sein Befund etwa mit dem, den die Phänomenologie als »doppelte Entleiblichung« konstatiert: Einerseits wird der Körper zum bloß Materiellen, das »in der Welt der Dinge versinkt, und andererseits wird das leibliche Ich zu einem reinen Ich emporgesteigert, das sich aus der Situation zurückzieht«.[204] Das Problem ist, so Whitehead, dass wir auf diese Weise »den Körper aus der Sache herausdrängen« (PR 235), obwohl doch speziell der Wahrnehmungsbegriff im Grundsatz das Gegenteil zu leisten vermag: den Körper wieder ›ins Boot holen‹.

1.1 Philosophische Verkürzungen: Hume, Kant – und die Kausalität

»Was können wir denn überhaupt wahrnehmen?«[205] – so ist eine generelle wahrnehmungstheoretische Frage formulierbar. Und eine prominente Antwort darauf ist in kausalitätstheoretischer Hinsicht zum Klassiker avanciert und in naturalistischer Hinsicht ernüchternd: Kausalzusammenhänge nehmen wir jedenfalls *nicht* wahr; nichts in unserer direkten Erfahrung belegt die Annahme vom »kausalen Netz der Natur«.[206] ›Locus classicus‹ dieser Einschätzung ist die Analyse David Humes. Aus dieser Sicht ist für uns allenfalls das *Nacheinander* von Geschehnissen wahrnehmbar; Ursache-Wirkung-Ketten hingegen *können* wir nicht wahrnehmen.

> »In seiner Beschäftigung mit dem Kausalitätsproblem geht er von der Beobachtung aus, dass Kausalität als objektive Realität vom erkennenden Subjekt nicht wahrgenommen werden kann. [...] Denn wenn ein bestimmtes Ereignis auf ein vorhergehendes Ereignis unmittelbar folgt, erfahren die Sinne lediglich ein Nacheinander zweier Ereignisse, aber keine Kraft, die diese beiden Ereignisse als Ursache und Wirkung *notwendig* miteinander verknüpft. [...]
>
> Da sich demnach weder in der Außenwelt noch im Inneren des eigenen Körpers ein notwendiger Zusammenhang von Ursache und Wirkung zeigt, kommt Hume zu dem Schluss, dass es sich bei der Kausalität nicht um eine ontologische Verknüpfung der Dinge handeln kann. Dementsprechend sucht er die Ursache der Verknüpfung nicht mehr in den Gegenständen selbst, sondern im menschlichen Bewusstsein.«[207]

---

204 Waldenfels 2000, 264; er spricht hier über die »wichtigen Theorien der Wahrnehmung [...] des Empirismus und des Rationalismus, die das Denken der Neuzeit sehr einseitig geprägt haben« (ebd., 45). Bei Whitehead firmieren diese Kritikrichtungen unter den Stichworten ›sensualistisches Prinzip‹ und ›subjektivistisches Prinzip‹, siehe z.B. PR 294ff. sowie erläuternd Wiehl 2000a, 29ff.

205 Lachmann 2002c, 203.

206 Hampe 1990, 75.

207 Lenzig 2006, 129.

Die Kausalität kommt nach Hume lediglich dadurch ins Spiel, dass wir Menschen sie bestimmten Geschehnisabfolgen zuschreiben; erfahrbar ist sie für uns nicht. Zumindest *sehen* können wir Kausalzusammenhänge als solche nicht:

> »[...] daß wir durch bloßes Hinsehen niemals mehr sehen als das Nacheinander zweier Ereignisse. Wir sehen zunächst einen Steinwurf und danach das Zerbrechen einer Fensterscheibe. Die Behauptung, daß die Scheibe durch den Stein zerstört wurde, hat zunächst keine direkte Wahrnehmungsgrundlage. Wir können eben nicht sehen, daß die Fensterscheibe durch den Stein zerstört wurde.«[208]

In ähnliche Richtung argumentiert auch Kant: Kausalität wird nicht *erfahren*, sondern zuallererst *gedacht*.

> »Auch Kant denkt noch ganz im Rahmen der Humeschen Prämissen. Zwar teilt er gerade nicht Humes Auffassung, daß die Zuschreibung von Kausalität eine bloße Gewohnheit sei. Aber seine Position [ist], daß Kausalität ein Verstandesbegriff sei, der nicht aus der Erfahrung gewonnen werden könne, sondern sie allererst konstituiere [...].«[209]

Zusammengefasst besagt diese philosophische Debatten nachhaltig prägende Position: Kausalzusammenhänge sind uns erfahrungsmäßig nicht so ohne Weiteres zugänglich; nichts in unserer direkten Wahrnehmung belegt die Annahme vom »kausalen Netz der Natur«.[210] ›Unzutreffend‹, sagt Whitehead, der sich diesbezüglich insbesondere mit Hume auseinandersetzt. Es *gibt* die Wahrnehmung von Kausalität; es gibt sie nicht nur, sie spielt eine Schlüsselrolle in unserer Erfahrung. Wenn Philosophen das anders sehen, ist das einem problematischen wahrnehmungstheoretischen Mainstream verdankt – einem »fatalen, den Fortschritt der systematischen Metaphysik behindernden Irrtum« (AI 332): der Identifikation von *Wahrnehmung* mit *Sinneswahrnehmung* in Form der Konzentration auf die – schon von Aristoteles so beschriebenen – ›fünf Sinne‹: Visus, Gehör, Geruchs-, Geschmacks- und Tastsinn. Speziell der Sehsinn hat es erkenntnis-

208 Lachmann 2000c, 207.
209 Lachmann 2000c, 207; siehe zu Kants Kausalitätsbegriff Carrier 2009, 11ff.
210 Hampe 1990, 75.

theoretischen Zugängen stets angetan: als ›Organ der Erkenntnis‹ gilt traditionell das Auge.

1.2 Die Kritik an Introspektion, Logozentrismus, Visualprimat

Ein Grundproblem mit dem Sehsinn ist: Das visuell Wahrgenommene ist im Normalfall vergleichsweise gut attentional verfügbar und diskursiv zugänglich – die Augen kann man öffnen und schließen, den Blick willentlich steuern, das visuell Wahrgenommene ist zumeist ›bedenkbar‹, beschreibbar, benennbar. Kurz: Es handelt sich bei den visuellen Wahrnehmungen wie auch bei den anderen klassischen Sinneswahrnehmungen um potentiell mehr oder weniger attentativ verfügbare Wahrnehmungen: Wir können uns ihrer normalerweise mehr oder weniger bewusst werden. Doch ebendiese Zugänglichkeit, Kontrollierbarkeit, Klarheit kann wahrnehmungstheoretisch in gewisser Hinsicht in die Irre führen; der Trugschluss besteht dann darin, allein aus der ›bewussten Inspizierbarkeit‹ wahrnehmungstheoretische Schlüsse zu ziehen. »Der erste Grundirrtum ist die Annahme, daß es nur ganz wenige, genau festgelegte Wege gibt, auf denen man mit der Außenwelt kommunizieren kann, nämlich unsere ›fünf Sinne‹.« (AI 399) »Der zweite Grundirrtum ist die Annahme, daß wir unser Erleben nur durch Akte der bewußten introspektiven Analyse in den Blick bekommen können.« (AI 401)

Whiteheads Kritik ist an diesem Punkt Philosophiekritik mit zwei Stoßrichtungen. Sie beanstandet zum einen ganz generell die philosophische Methode, soweit sie sich etwa auf bloße Introspektion, bloße Innenschau, bloßes Gedankenexperiment verlässt – gilt also beispielsweise einer Philosophie, die auch als »armchair-philosophy« bezeichnet wird , »die sich zutraut, im Medium des bloßen Nachdenkens alle wesentlichen [...] Begriffe zu klären«.[211] Verknüpft mit dieser Kritikrichtung ist die zweite, wahrnehmungstheoretische; sie gilt der Identifikation von ›Wahrnehmung‹ mit ›bewusster Beobachtung‹. Denn im menschlichen Wahrnehmungsportfolio gibt es wesentliche Wahrnehmungsoptionen, die normalerweise eben

211 Schnädelbach 2002, 188.

nicht attentional verfügbar und diskursiv zugänglich sind – die uns erstens nicht bewusst werden und über die sich zweitens nur schwer sprechen lässt. Sich in erster Linie auf ›Logos und Visus‹ zu konzentrieren, greift zu kurz, ist hier Whiteheads Kritik am philosophischen – rationalistisch-idealistischen wie empiristischen und wie sprachanalytischen – Mainstream; andernorts wird dieser Mainstream vergleichbar kritisch als ›Logozentrismus und Visualprimat‹ pointiert werden.[212]

»Schließlich wird in dem hier umrissenen kosmologischen Schema eine stillschweigende Annahme der philosophischen Tradition zurückgewiesen. Sie besteht darin, daß die grundlegenden Elemente der Erfahrung nur mit Hilfe der drei Bestandteile Bewußtsein, Denken und Sinneswahrnehmung beschreibbar sind. [...] Auch schränkt man die Sinneswahrnehmung in der Praxis auf visuelle Wahrnehmung ein. Nach der organistischen Philosophie sind diese drei Bestandteile unwesentliche Elemente sowohl der physischen als auch der geistigen Erfahrung [...] sofern sie überhaupt in irgendeinem effektiven Sinne daran beteiligt sind.« (PR 88)

»Die Betonung höherer Sinneserfahrungen, insbesondere optischer und akustischer Art, hat der philosophischen Entwicklung der vorausgegangenen zwei Jahrhunderte schwer geschadet.« (DW 112)

»Traditionellerweise überlegte ein Philosoph – oder wer auch immer –, wie er auf der Grundlage von Beobachtungen, die er auf dem Weg über die Sinne sammelt, zu einer Theorie und einem Verständnis der Welt kommen kann. Kritik aus den letzten fünfzig Jahren hatte in überreichem Maße gezeigt, daß diese Vorgehensweise unter gar keinen Umständen zu einer unabhängigen Begründung unseres Wissens von der Welt führen kann. Es gibt keine reinen Sinneserfahrungen, keine klare Bedeutung, keinen unzweideutigen Sprachgebrauch [...].«[213]

212 Siehe Welsch 1998, 82: »[...] das Abrücken vom Primat der Logik, das Abrücken von der Monokultur des Sinns und das Abrücken von der Prävalenz des Sehens, diese vierfache Kritik an Anthropozentrismus, Logozentrismus, Monosemie und Visualprimat formuliert [...] Definitionsmarken dessen, was man inzwischen ›postmoderne Philosophie‹ nennt.«

213 Gardner 1989, 83.

Es sind in erster Linie Wahrnehmungen, die mit Sehen, Hören, Riechen, Schmecken und Tasten prima facie wenig zu tun haben, die Whitehead als wesentlich anführt: *innere* Wahrnehmungen. Seitens der Sinnesphysiologie waren diese ›inneren Wahrnehmungen‹ etwa zu Whiteheads Zeit erstmals systematisch in den Blick genommen worden:

> »Wir haben fünf Sinne, die wir leicht identifizieren können und auf die wir uns mit einem gewissen Stolz verlassen. Auf sie gründet sich unser Verständnis der sinnlich faßbaren Welt. Aber es gibt noch andere Sinne – verborgene Sinne, ›sechste Sinne‹ –, die ebenso lebenswichtig, aber praktisch unbekannt sind. Diese Sinne, die unbewußt und automatisch funktionieren, mußten erst entdeckt werden, was praktisch erst in den letzten hundert Jahren geschehen ist.«[214]

Um diesen Bereich der ›unbewusst und automatisch funktionierenden inneren Wahrnehmungen‹ geht es Whitehead in wahrnehmungskonzeptioneller Hinsicht, und sein entscheidender theoretischer Schritt ist, diesen Bereich in einem Ausmaß ernst zu nehmen, das für systematische philosophische Unternehmungen außergewöhnlich und aus heutiger Sicht adäquat ist – etwa vom naturphilosophischen, physiologischen und psychologischen ›point of view‹ aus. Wenn eine Art genereller Leitfrage lautet: ›Was nehmen wir denn überhaupt wahr?‹, ist aus dieser Sicht die Antwort: ›Wir nehmen entscheidend mehr wahr, als uns bewusst ist.‹

Ein kurzer Überblick über das Theoriesetting: Als analytischen Zugang für eine Wahrnehmungskonzeption, die *sämtliche* Wahrnehmungen berücksichtigt, wählt Whitehead eine nicht unübliche Differenzierung: die zwischen *direkten*, unmittelbaren und *indirekten*, mittelbaren Wahrnehmungen; vergleichbare gängige Differenzierung ist etwa die zwischen *Präsentat* und *Repräsentat*.[215] Bei den direkten Wahrnehmungen ist weiter differenzierbar: Modus Nr. 1 ist ein elementarer Modus, der zunächst einmal nichts mit den klassischen ›fünf Sinnen‹, sondern mit den ›inneren Wahr-

214 Sacks 1990, 104.

215 Siehe z.B. PR 227. Zu klassischen philosophischen Debatten um ›direkte Wahrnehmung‹, soweit konnotiert mit der Diskussion um ›sicheres, untrügerisches‹ – umittelbar zugängliches, voraussetzungsloses – Wissen, siehe z.B. Schumacher 1999, 1473.

nehmungen‹ zu tun hat; Nr. 2 ist ein weiterer direkter Modus; diese Wahrnehmungsoption hat nun mit den Sinnesorganen zu tun, etwa mit Sehsinn und Gehör – ist jedoch noch nicht die Sinneswahrnehmung im üblichen Wortsinn. Im Zusammenspiel schließlich ergeben diese beiden direkten Modi dann den komplexen, *indirekten* Modus: Modus Nr. 3, den Symbolbezug – interessant, insofern menschlicher ›Standardmodus‹; klassischer Fall dieses ›Standardmodus‹ ist die Sinneswahrnehmung im üblichen Wortsinn. Einer Analyse zugänglich wird dieser Standardmodus – also das menschliche Wahrnehmen in seiner gesamten Breite, das menschliche In-der-Welt-Sein – nur über die Analyse der einfachen Modi; und diese Analyse ist beispielsweise eine Bringschuld der systematischen Philosophie, so Whitehead:

»Die Entwirrung der komplexen Wechselbeziehungen zwischen den beiden Wahrnehmungsweisen [...] ist ein Hauptproblem der Wahrnehmungstheorie. Die übliche philosophische Diskussion der Wahrnehmung betrifft fast ausschließlich diese Wechselbeziehung und läßt die beiden reinen Wahrnehmungsweisen außer acht, obgleich sie für eine angemessene Erklärung wesentlich sind. Die Wechselbeziehung zwischen den beiden Weisen wird ›symbolischer Bezug‹ genannt.« (PR 233)

2. Die elementaren Wahrnehmungen

2.1 Körper- und Wahrnehmungsverständnisse im Wandel

Zu den wissenschaftlich-kulturellen Umwälzungen, die Europa in den ersten Jahrzehnten des 20. Jahrhunderts durchziehen, gehört unter anderem auch eine Art von ›Kulturrevolution‹ in Form innovativer psychophysischer Sichtweisen auf den Menschen. Whitehead entwickelt die Wahrnehmungskonzeption unter umfänglichem Bezug zu diesen Neuorientierungen, die aus heutiger Sicht großteils als ›wiederentdeckenswert‹ gelten – weshalb es aufschlussreich sein kann, sie ein Stück weit nachzuzeichnen:

Worum es der Sache nach dabei geht, zeigen Wendungen wie ›Achtsamkeit im Augenblick‹, ›Allgemeinbildung für den Körper‹, ›Körpersensitivität‹; der Körper rückt ins Blickfeld, und zwar in aus in dieser Form neuen psycho-physiologischen Perspektiven, etwa mit Fokus auf die Zusammenhänge zwischen körperlichen Verfasstheiten – beispielsweise der Tonus der Skelett- und Organmuskulatur – und psychischen. Ein weiteres Charakteristikum dieser kulturellen Strömungen ist ein emanzipatorisches Moment: die Betonung der selbstorganisational-aktiven Anteile psychophysischer Sachlagen. Diesbezüglich kommt es beispielsweise zu kulturreformatorischen Bewegungen auf relativ praxisnahen Feldern wie der Physio-/Körpertherapie oder der Sportpädagogik; eines von vielen aus dieser Strömung heraus entstandenen und heute zunehmend prominentes Verfahren ist etwa die Feldenkrais-Methode.

Geht es um die Erforschung der Wahrnehmung, ist die Revision kanonischer sinnesphysiologischer Sichtweisen ein Thema und in diesem Zusammenhang beispielsweise die Gestalttheorie ein nicht unwesentlicher Ansatz, aus dem heraus ›sinneskritische‹ Studien Position beziehen gegen die gängige wahrnehmungstheoretische Konzentration auf die ›höheren‹, die Fernsinne, Visus und Gehör; es mehren sich Untersuchungen zur Relevanz der ›niederen‹, der Nahsinne: Tast-, Geschmacks-, Geruchssinn.[216]

Weichenstellend wirkt hier insbesondere der wohl prominenteste physiologische Beitrag zu einem erweiterten Begriff der Wahrnehmung: die Entdeckung der Propriozeption. Der Physiologe Sherrington – der »Philosoph des Nervensystems«[217] – ordnet den fünf traditionellen Sinnen einen sechsten bei: ein inneres Sensorium, das dem Menschen ein *Gefühl für sich selbst* gibt:

»Das Wirken unserer anderen fünf Sinne ist deutlich zu erkennen, aber dieser – unser verborgener Sinn – mußte gewissermaßen erst entdeckt werden, und zwar von Sherrington in den neunziger Jahren des vergangenen Jahrhunderts. Er nannte ihn ›Propriozeption‹ (Eigenwahrnehmung), um ihn von der ›Extrozeption‹ (Wahrnehmung von Außenreizen) und der ›Interozeption‹ (Wahrneh-

216 Eine beispielhafte sinnestheoretische Studie mit Fokus auf das ›Primat des Tastsinns‹ legt etwa der Gestaltpsychologe David Katz vor (Katz 1925).

217 Tshisuaka 2004, 1326.

mung von Innenreizen) zu unterscheiden und um herauszuheben, daß dieser Sinn für die Wahrnehmung *unserer selbst* unterläßlich ist. Nur durch die Eigenwahrnehmung sind wir nämlich in der Lage, unseren Körper als zu uns gehörig, als unser ›Eigen-tum‹, als uns selbst zu erleben.«[218]

2.2 *›Andere Wahrnehmungen‹ aus heutiger Sicht*

Dass ›Körpersinne‹ wie etwa die Propriozeption wesentlicher Bestandteil des menschlichen Wahrnehmungsportfolios sind, ist heute ist wahrnehmungsphysiologischer Konsens:

> »Wahrnehmungen aus der Außen- und Innenwelt werden über die *Sinne* vermittelt. Neben den speziellen Sinnen, wie Sehen, Hören, Riechen, Schmecken und dem Gleichgewichtssinn, deren Sinnesorgane sich im Gesichtsbereich und Kopf befinden, werden weitere *allgemeine Körpersinne* [...] unterschieden [...] Diese Informationen kommen von der *Körperoberfläche* und aus dem *Körperinneren. Tiefensensibilität* – Propriozeption – und *Sensibilität der inneren Organe.*«[219]

> »[Es] ist der menschliche Alltag von einer unerschöpflich großen Zahl an Körpersignalen begleitet. [...] Sie stehen in enger Verbindung mit der Dynamik unserer Gefühle, Stimmungen und Gedanken. Sie liefern uns reichhaltige Informationen, uns selbst und unsere Umwelt betreffend.«[220]

Diesem Bereich an Wahrnehmungen, für den ein Begriff wie *Körpersinne* oder *Körpersignale* steht, rechnet man ganz konkret, unter anderem, folgende Informationsarten zu:

»• Information about pressure, temperature, and friction from receptors on the skin and beneath its surface
• Information about the relation of body segments from receptors in the joints, some sensitive to static position, some to dynamic information
• Information about balance and posture from the vestibular system in the inner ear and the head/trunk dispositional system and information from pressure on any parts of the body that might be in contact with a gravity-resisting surface
• Information from skin stretch about bodily disposition and volume

218 Sacks 1990, 69f.
219 Fazekas 2006, 21, Fn. 1.
220 Fazekas 2006, 6.

- Information from receptors in the internal organs about nutritional states relevant to homeostasis and well-being
- Information about effort and muscular fatigue from muscles
- Information about general fatigue from cerebral systems sensitive to blood composition«.[221]

Diese Liste kennzeichnet vor allem Zweierlei, so die Autoren: Zum einen ist sie nicht erschöpfend; zum anderen umfasst sie sehr Unterschiedliches. Manche Signale informieren den Wahrnehmenden ausschließlich über den eigenen Körper; das gilt etwa für Informationen bezüglich des generellen Erschöpfungs- und Ernährungszustands. Andere Signale – etwa das Gleichgewichtssystem im Innenohr – indizieren nicht nur Körperzustände, sondern das Verhältnis von Körper und Umgebung. Und wieder andere Rezeptoren – beispielsweise in der Hand, wo sie die Hautspannung und die Fingerposition signalisieren – informieren sowohl über den Zustand der Hand als auch über die Beschaffenheit eines Kontaktobjekts. Kurz: Unsere Körpersignale informieren uns über eigene, innere Funktionszusammenhänge *und* über Außenkontakte – »liefern uns reichhaltige Informationen, uns selbst und unsere Umwelt betreffend«.[222]

Wahrnehmungsphysiologisch und -psychologisch ist dieser Erfahrungsbereich – die Körpersignale – erst ein Stück weit erforscht; Bezeichnungen, die zurzeit für diese Informationssorte – auf zunächst einmal sehr allgemeiner Ebene und theoretisch wenig trennscharf – verwandt werden, sind beispielsweise: Körpergefühl, Vitalitätsaffekte, Hintergrundempfindungen, Gestimmtheiten, Spüren.[223]

---

221 Bermúdez et al. 1998, 13. Siehe auch Stadler 1999.

222 Fazekas 2006, 6.

223 Siehe etwa Fazekas 2006, Bermúdez et al. 1998. Prominenter Repräsentant neurophysiologischer Perspektiven ist z.B. Damasio (u.a. Damasio 1995). Einen narrativen Einstieg in die Thematik bietet z.B. Sacks 1990. Siehe zu diesem Bereich vor allem auch leibphänomenologische Arbeiten, etwa in Schulze (Hg.) 2009, und deren Bezüge auf ›Sinnes- und Körperdenker‹ wie Serres und Nancy. So z.B. Schulze 2008, 147f.: »Ein Körper kann darum gegenwärtig vernünftigerweise kaum mehr als abgeschlossenes Modell der Signalverarbeitung mit deutlich getrennten Ein- und Ausgängen – nach dem überkommenen Sprachbild getrennter ›Sinneskanäle‹ – gedacht werden. Ich sitze als ›Subjekt‹ nicht in einer unzugänglichen Körperburg

Auf das Berücksichtigen dieser Informationssorte zielt auch Whitehead, und zwar ganz konkret mit der Annahme des Modus Nr. 1.[224]

2.3 *Einfacher Wahrnehmungsmodus Nr. 1: Kausale Wirksamkeit*

Whiteheads Terminus für die Körpersignale, für Modus Nr. 1 ist: Modus der kausalen Wirksamkeit[225] – und diese Begrifflichkeit sagt schon Wesentliches aus: Die Körpersignale indizieren Ursache-Wirkung-Zusammenhänge, wie sie im Prinzip *ausnahmslos* in der Natur vorkommen.

Wahrnehmung im Modus kausaler Wirksamkeit ist, grundsätzlich betrachtet, die Erfahrung jener Kausalketten, infolge derer Wirklichkeit überhaupt erst entsteht. Von der Ontologie aus gesehen: Wirklichkeitskonstitution spielt sich ausnahmslos ab im Modus der kausalen Wirksamkeit – im »ununterbrochenen kausalen Netz der Natur«.[226] Dieses kausale Netz ist

---

und schaue Sie durch Schießscharten hindurch an. [...] Sie und ich, wir erschließen uns die Welt durch unsere Körper allein [...].«

224 Der begriffliche Umgang mit diesem ›inneren Sensorium‹ stellt vor Herausforderungen. Eugene Gendlin, der für bestimmte Spielarten dieser Informationssorte der Körpersignale den Terminus ›felt sense‹ geprägt hat – für das ›Spüren, wie man selbst in Interaktionen in Situationen lebt‹ – über die begrifflich-terminologische Seite, über »die Anstrengungen, die nötig sind, um es zu beschreiben«: »Bis vor kurzem gab es keinen gebräuchlichen Terminus oder Ausdruck für dieses leiblich gespürte Implizieren. Oft hat man es ›kinästhetisch‹ genannt, aber *kinein* bedeutet ›bewegen‹, und ich brauche Ihnen nicht zu erzählen, daß man es auch haben kann, wenn man still sitzt. Es wurde auch ›propriozeptiv‹ genannt. Etymologisch bedeutet das ›sich selbst spüren‹. Es ist keine gute Bezeichnung für ›spüren, wie man selbst in Interaktionen in Situationen lebt‹. Außerdem wird ›propriozeptiv‹ meistens gebraucht, wenn es um das Spüren der eigenen Muskeln geht.« (Gendlin 1993, 703) – Zum Verhältnis Gendlin/Whitehead siehe z.B. Schöller 2008, 388: »Gendlins Philosophie geht es um die Rückgewinnung eines Näheverhältnisses, das nicht durch naives Zurückdrehen skeptischer Distanzierung gelingen kann, sondern durch die Nutzung anderer Ressourcen unseres Weltzugangs als jenen, die traditionell auf die Sinneswahrnehmungen und ordnende Kategorien festgelegt worden sind. Hier scheint Gendlin ein Grundmotiv des Pragmatismus zu beerben und weiterzuentwickeln, dessen Spuren zu Whitehead führen. In Whiteheads Epistemologie-Kritik etwa macht dieser einen ›intimate sense‹ stark, der ›leibhaftig‹ mit unserer Erfahrung verbunden ist [...].«

225 Engl. Original: ›causal efficacy‹.

226 Hampe 1990, 75.

beispielsweise fassbar als physiko-chemisches oder, für Lebewesen, als physiologisches Geschehen.

Wahrnehmung im Modus Nr. 1 ist also die Wahrnehmung von Kausalzusammenhängen, wie sie auf elementarer Ebene im Grundsatz jeder Wirklichkeit zugrundeliegen. Man kann in Bezug auf diese Wahrnehmungskonzeption insofern durchaus erst einmal von der menschlichen Erfahrung absehen, als Modus Nr. 1 gewissermaßen einen ubiquitären Modus meint. Auf ganz allgemeiner Ebene handelt es sich bei der hier in Rede stehenden Informationsart um Energiefluss, Energieumsatz, Energieübertrag, in Whiteheads Terminologie: Energie-Erbfolgen. »Der primitive, ursprüngliche Charakter der direkten Wahrnehmung ist Vererbung.« (PR 229)[227]

Wahrnehmungstheoretisch entscheidend ist nun: Dass die Wirklichkeit ein Netz von Kausalketten ist, ist auch dem Menschen *erfahrbar*. Auch der Mensch ist Teil des Geschehens; er ›hängt mit drin‹, und zwar für ihn selbst wahrnehmbar – dieses Involviertsein bleibt ihm nicht etwa verborgen: Die Körpersinne lassen ihn seine Einbindung spüren; »in bestimmten Körperempfindungen [ist] eine empirische Evidenz für den Begriff der kausalen Wirksamkeit«.[228] Die Körpersinne indizieren dem Menschen sowohl die Funktionszusammenhänge im Inneren als auch die kausal wirksamen Außenkontakte – dank physikalisch-physiologischem Informationsfluss.

Das Eingebundensein in diesen Informationsfluss bezeichnet Whitehead generalisierend als ›Wahrnehmung im Modus der kausalen Wirksamkeit‹. Es ist, zusammengefasst, ein ubiquitärer Modus der Wirkwahrnehmungen, der im menschlichen Wahrnehmungsportfolio eine fundamentale Rolle spielt und entscheidende Dimensionen annimmt:[229] als beispielsweise sogenannte *Körpersinne*. Es ist der Modus, der kausales Involviertsein

227 AI 346: »Darüber hinaus aber sind sich Physiologen und Physiker einig, daß die physische Umwelt dem Körper in Übereinstimmung mit den Gesetzen der Physik physische Einflüsse vermittelt bzw. – um bei unserer Sprechweise zu bleiben – vererbt.«

228 Hampe 1990, 123.

229 Lachmann (2002c, 205) spricht hier auch von ›Wirkerfahrung‹ oder ›Wirkerleben‹.

indiziert, und zwar Involviertsein sowohl ›in sich selbst‹ als auch ›in die Welt‹. Es ist in einem ganz konkreten Sinn der Modus der Selbst- und Welterfahrung – anders gesagt, der *Erlebenssinn:*

> »In diesem Erfahrungsbereich gibt es einen Sinn dafür, was von außen hergeleitet wird, einen Sinn für das unmittelbare, innere Selbsterleben, sowie einen Sinn für die Übertragung über das Innere hinaus. Dieser komplexe Erlebenssinn [...] ist gleichermaßen vielschichtig, vage und bedingend. Durch ihn realisieren wir unsere wesentliche Verbundenheit mit der Welt draußen und realisieren zugleich unsere eigene, jetzige individuelle Existenz. Er verortet unsere unmittelbare Selbsterfahrung als Faktum in einer Geschichte, hergeleitet, gegenwärtig und wirksam. Er birgt einen Sinn für die Unmittelbarkeit der Erfahrung in sich. [...] Mein Gehirn, mein Herz, meine Eingeweide, meine Lungen gehören mit einer Intimität gegenseitiger Abstammung zu mir. [...] Aus diesem Grund sind Psychologie und Physiologie nur schwer voneinander zu lösen, weder in bezug auf die Zwecksetzungen der abstrakten Wissenschaft noch in bezug auf die des medizinischen Praktikers.« (DW 110f.)

Ein prominenter phänomenologischer Begriff für diese stete, elementare Wahrnehmung von Selbst und Welt im leiblich-körperlichen Sinn ist der Begriff *Spüren*. In Whiteheads Worten: *feeling body*. »Denn wir empfinden mit dem Körper [...] jedenfalls ist das ›Dabeisein‹ des Körpers ein immer gegenwärtiges, wenn auch schwer zu fassendes Element in unseren Wahrnehmungen.« (PR 561)

Im menschlichen Wahrnehmungsportfolio kommt dieser elementare Modus normalerweise nicht isoliert vor, sondern verbunden – verschmolzen – mit weiteren Informationsarten.

2.4 Einfacher Modus Nr. 2: Die Sinnesdaten

Höherentwickelte lebende Systeme verfügen zusätzlich zur direkten über indirekte, zusätzlich zur unmittelbaren über mittelbare Wahrnehmungsoptionen: Wahrnehmung ist hier nicht nur die Erfahrung kausalen Involviertseins, sondern es kommt außerdem eine zweite, anders gelagerte elementare Wahrnehmungsoption ins Spiel: Ab einer gewissen Systemkomplexität in der Natur der Fall, beispielsweise beim ›System Mensch‹, ermöglicht sie, was klassischerweise mit ›Sinneswahrnehmung‹ gemeint ist: Sehen, Hören...

> »Der zweite Bereich menschlicher Erfahrung hat gänzlich anderen Charakter als derjenige der leiblichen Gefühle. Es mangelt ihm an Intimität, Intensität und Vagheit. Er konstituiert sich aus der Unterscheidung von Formen, so wie sie die äußeren natürlichen Tatsachen im Verhältnis zu unserem Körper ausdrücken. Lassen Sie uns diesen Bereich ›Sinneswahrnehmung nennen.« (DW 111)

Whitehead nimmt also zwei einfache Modi an: Modus Nr. 1, die kausale Wirksamkeit, indiziert Wirksamkeiten; und Modus Nr. 2 hat zu tun mit dem, was normalerweise unter Sinneswahrnehmung verstanden wird: Sehen, Hören etc.; bezeichnet wird dieser Modus als ›präsentative Unmittelbarkeit‹.[230]

> »Unsere Wahrnehmung der äußeren Welt ist in zwei inhaltlich verschiedene Typen unterschieden. Ein Typ ist die uns vertraute direkte Präsentation der gegenwärtigen Welt [...]. Dieser Typ ist die Erfahrung der unmittelbaren Welt um uns herum, einer Welt, die durch die direkten Zustände wichtiger Teile unseres Körpers mit bestimmten Sinnesdaten ausgestattet wird. Dieser Sachverhalt wird durch die Physiologie schlüssig belegt. [...] Für den Menschen ist dieser Erfahrungstyp sehr lebendig und besonders genau in seiner Zurschaustellung der räumlichen Regionen und Beziehungen innerhalb der gegenwärtigen Welt.« (Sy 73)

Dass es bei Modus Nr. 2 um die Sinneswahrnehmung geht, »unsere Wahrnehmung der gleichzeitigen Welt über die Sinne« (PR 560), bedeutet jedoch nicht, dass die Begriffe ›präsentative Unmittelbarkeit‹ und ›Sinneswahrnehmung‹ Synonyme wären. Insofern der Modus der präsentativen Unmittelbarkeit konzipiert ist als *einfacher* Modus, also konzipiert ist als direkt, unververmittelt, voraussetzungslos, ›rein‹ – und als solcher ist er streng genommen konzipiert –, ist er nicht zu verwechseln mit dem, was wir normalerweise unter ›Sinneswahrnehmung‹ verstehen. Was wir üblicherweise meinen, wenn wir von ›Sinneswahrnehmung‹ sprechen, ist faktisch in keinster Weise einfach, direkt, unvermittelt, voraussetzungslos – kein ›reines, pures, autonomes Erlebnis‹, als das es etwa philosophische

230 Engl. Original: ›presentative immediacy‹.

Debatten nicht selten diskutieren. Tatsächlich kommt, so Whitehead übereinstimmend mit Wahrnehmungspsychologie und -physiologie,

> »die Sinneswahrnehmung in der ihr unterstellen idealen Reinheit und Isoliertheit im menschlichen Erleben überhaupt nicht vor. Sie wird immer schon von dem begleitet, was man als ›Interpretation‹ zu bezeichnen pflegt, und diese Interpretation braucht nicht unbedingt das Ergebnis ausführlicher Gedankenarbeit zu sein. [...] Unsere Gewohnheiten, Bewußtseinszustände und Verhaltensweisen setzen diese ›Interpretation‹ einfach voraus.« (AI 387f.)

Direkte Wahrnehmungen – der ›ecological approach‹

Auf eine wahrnehmungstheoretische Konvergenz ist hinsichtlich des direkten Modus Nr. 2 hinzuweisen: die mit sogenannten ›ökologischen Wahrnehmungskonzeptionen‹ im Sinne des Wahrnehmungstheoretikers Gibson – Ansätze, die den Anteil der direkten Wahrnehmung auch über die Sinnesorgane, im Gesamtkontext der vielfältigen Interaktionen von Lebewesen und Umwelt, als sehr hoch einschätzen.

> »Anders als die Gestaltpsychologie machte Gibson nicht vorrangig interne Organisationsweisen des Organismus für die komplexen Wahrnehmungsleistungen verantwortlich, sondern die komplexe dynamische Struktur der Reize selbst. Gibson zufolge liegen alle für die zur Orientierung des Organismus in seinem Umfeld benötigten Invarianzen im proximalen Reiz selbst; sie sind keine Zutat des Organismus.«[231]

> »Gibson asserted that it was a mistake to devote too much attention to models of internal mechanisms when the structure of stimulus information remained so poorly understood. Since both the world and our bodies move about, it seemed likely to Gibson that the structuring of stimulus energy (such as light) by dynamic environmental events would play a crucial role in the achievement of successful real-time interaction with the environment.«[232]

---

231 Mausfeld 2005, 103; siehe beispielsweise Gibson 1982.

232 Van Gelder/Port 1995, 38. – Zum heutigen wahrnehmungstheoretischen Stand der Dinge insbesondere auch in Bezug auf den Ansatz Gibsons siehe unten, *Kapitel 10*, »Wahrnehmungstheorien – ›...der mittlere Weg‹«.

Was üblicherweise als ›Sinneswahrnehmung‹ diskutiert wird, ist faktisch im Normalfall etwas Komplexes, Zusammengesetztes – ein Gemenge –, ist sich Whitehead im Grundsatz mit der Mehrheit wahrnehmungsphysiologischer, wahrnehmungspsychologischer und etwa gestaltpsychologischer Einschätzungen einig.[233] Aufschlüsseln lässt sich dieses Gemenge beispielsweise anhand der Leitunterscheidung ›direkt/indirekt‹: Die Sinneswahrnehmung ist, so gesehen, ein Amalgat aus direkter und indirekter Wahrnehmung.

Eine dieses Gemenge erhellende Unterscheidung macht die Sinnesphysiologie, indem sie hinsichtlich der Raumwahrnehmung zwischen ›perceptual space‹ und ›representational space‹ unterscheidet. Für die *direkte* Wahrnehmungsdimension werden dann Spielweisen visueller Perzeption angenommen: Der ›perceptual space‹ ist der »sich vor allem auf die direkten sensorischen Inputs stützende Aspekt des Wahrnehmungsraumes«.[234] Darüber hinausgehende, eben *indirekte* Wahrnehmungsleistungen werden in dieser Sichtweise mit dem Konzept des ›representational space‹ in Verbindung gebracht; hier kommt, grob gesagt, die Kognition ins Spiel – die interpretatorischen, konstruktiven Wahrnehmungsanteile. Ein Beispiel ist etwa:

> »die Tatsache, daß der Wahrnehmungsraum immer schon ein Raum ist, in dem wir Gegenstände wahrnehmen, also Objekte, die für uns in irgendeiner Weise schon Bedeutungsfunktionen haben. Beispielsweise ›sehen‹ wir nicht nur die Vorderseite eines Hauses, sondern nehmen ein vollständiges, im Raum stehen-

---

233 Selbstverständlich gibt es Ausnahmen – darauf weist sowohl Whitehead wie die Wahrnehmungspsychologie hin; als solche Ausnahmeerscheinungen werden in erster Linie krankheits- oder drogenbedingte Ausfälle, Störungen oder Grenzerfahrungen genannt: Fälle des Auseinanderbrechens der ›einen gleichzeitigen Welt‹. Als Beispiel nennt Whitehead etwa das Doppeltsehen (PR 234). Zu Whiteheads Zeit wurde von Cassirer ein anderes Phänomen untersucht: die sogenannte Seelenblindheit, siehe dazu Harrington 2002. – Betrachtet man exemplarisch den Sehsinn, dann ist die heute diagnostizierte Vielfalt an Möglichkeiten der ›Blindheit‹ – z.B. Seelenblindheit, Blindsicht, Aufmerksamkeitsblindheit, Bewegungsblindheit, Gesichtsblindheit – ggf. ein Indikator für die Komplexität der visuellen Wahrnehmung.

234 Dück 2001, 146.

des Gebäude wahr, das auch eine Rückseite besitzt. Diese Rückseite denken oder assoziieren wir nicht in einem zusätzlichen, *bewußten* Akt zu den visuellen Inputs der Vorderseite hinzu und konstituieren somit ein ausgedehntes, den phänomenalen Raum besetzendes Objekt, sondern das Produkt unserer Wahrnehmung ist schon der Wahrnehmungsgegenstand selbst in seiner Bedeutung für uns. Diese kann sich wiederum je nach Erfahrung und Situation, in der sich das Subjekt befindet, ändern.

Damit aber solch ein ›vollständiger‹ phänomenaler Wahrnehmungsraum entstehen kann, müssen die sensorischen Inputs in irgendeiner Weise eine *mentale Repräsentation* besitzen, müssen abgebildet und vorgestellt werden können, um zu der Gesamtheit des räumlichen Erlebens ergänzt werden zu können. Die direkten, perzipierten Informationen werden mental ›weiterverarbeitet‹, bilden längst nicht das Endresultat der Wahrnehmung [...].«[235]

Hier klingt eine begriffliche Differenzierung an, die das Amalgat der Sinneswahrnehmung weiter erklärt: die Unterscheidung zwischen *Präsentieren* und *Repräsentieren*. Was präsentiert wird, ist »unmittelbar gegenwärtig«; Repräsentation hingegen ist »Präsenz zweiter Stufe«.[236] Und Sinneswahrnehmung im üblichen Wortsinn ist beides: Es gibt die *direkte* Wahrnehmung; sie versorgt mit einem Präsentat; der Informationskanal verläuft unmittelbar. Und in entscheidendem Ausmaß ist Sinneswahrnehmung darüberhinaus auch *indirekte* Wahrnehmung, Repräsentation, und das gilt insbesondere die visuelle Wahrnehmung – »Wahrnehmung in ihrer höchsten, verfeinertsten Form« (PR 226).

Anders zusammengefasst: Die Sinneswahrnehmung ist ein Amalgat aus stets beteiligem Modus Nr. 1, Körpersignale;[237] beteiligt ist außerdem Modus Nr. 2, direkte Präsentation qua Sinnesorgane. Und wesentlich sind insbesondere – und hier ist man genaugenommen schon beim komplexen Modus Nr. 3 – indirekte, repräsentationale, kognitive Anteile. Diese Legierung aus direkten und indirekten Wahrnehmungen ist der entscheidende

---

235 Dück 2001, 146f.

236 Schnädelbach 2002, 40f.

237 (PR 163): »[...] daß die Sinneswahrnehmung der gleichzeitigen Welt von der Wahrnehmung des ›Dabeiseins‹ des Körpers begleitet ist. Genau dieses Dabeisein macht den Körper zum Ausgangspunkt für unsere Erkenntnis der umgebenden Welt. Hier finden wir unsere direkte Erkenntnis der ›kausalen Verusachung‹.«

Aspekt:[238] Eine Sinneswahrnehmung ist aus dieser Sicht im Grundsatz ein innersystemisches *und* System-Umwelt-Geschehen.

»Die Schlußfolgerung [...] ist, daß die Intervention irgendeines Sinnesdatums in der aktualen Welt auf keine einfache Weise zum Ausdruck gebracht werden kann – etwa als ausschließliche Qualifikation einer räumlichen Region, oder alternativ, als die ausschließliche Qualifikation eines Geisteszustands.« (Sy 112)

Wichtig ist: Auch die indirekten, kognitiven Anteile sind unbewusste, unwillkürliche, automatische Leistungen. »Bei der Wahrnehmung wird ein Gegenstand *als* etwas wahrgenommen [...] Dabei laufen die hier relevanten Prozesse unbewußt ab, d.h., die bewußte Wahrnehmung steht am Ende eines solchen Kategorisierungsprozesses.«[239] Das zu unterstreichen hält Whitehead mit Blick auf philosophische Debatten für wesentlich: Der interpretatorische Anteil, der die Sinneswahrnehmung ausmacht, ist weder bewusster, willkürlicher Akt, noch eine Art ›Zugabe‹ zur durch die Sinne aufgespannten Welt. »Die sogenannte ›Interpretation‹ ist ein Fazit der wirklichen Geschichte, und nicht bloß der dekorative Zuckerguß auf einer zur Schau gestellten Vermutung.« (AI 459)

Für den Hör- und besonders den Sehsinn sind kognitive Anteile heute gut untersucht, prominent etwa unter dem Stichwort *Gestaltwahrnehmung.* Damit ist gemeint die automatische Konstitution visueller oder auditiver Muster, Figuren, ›Gestalten‹; für den Sehsinn wird dieses Phänomen gern veranschaulicht anhand der bekannten Kippbilder wie etwa Necker'schem Würfel oder ›Hase/Ente‹-Bild‹. Was Kippbild-Experimente diesbezüglich deutlich machen können, ist, ganz allgemein: Eine Sinneswahrnehmung wie das Sehen ist ein komplexes Geschehen, das nicht nur eine historische, eine Entwicklungsdimension hat, sondern insbesondere auch eine *antizipatorische* Dimension – beispielsweise geprägt ist durch Wahrnehmungser-

238 Speziell auch beim Sehsinn ist das Amalgat aus *direkt* und *indirekt* evident: Reizkonstellationen werden sowohl direkt weitergeleitet als auch gedeutet, interpretiert – ›ergänzt und verstärkt‹ (PR 225ff.). »Darin wird die einfache Wahrnehmung am umfassendsten durch die schöpferischen Phasen in der Erfahrung angereichert, Phasen, die in der menschlichen Erfahrung besonders herausragen. [...] Jede direkte Beziehung zwischen Auge und Gehirn wird durch diese Intensität der indirekten Übertragung überschattet.« (PR 226f.)

239 Carrier/Mittelstraß 1989, 202.

wartungen. »There is a sense, then, in which seeing is a ›theory-laden‹ undertaking. Observation of *x* is shaped by prior knowledge of *x*«, hat es der Wissenschaftstheoretiker Hanson formuliert – und: »As Wisdom would say, every perception involves an aetiology and a prognosis.«[240]

2.6 Die systemtheoretische Sicht: Selbstreferenz

Sinneswahrnehmung ist also ein komplexes Geschehen, bei dem heterogene, außer- und innersystemische Faktoren zusammenspielen... »Wir befinden uns in einer doppelten Rolle als Wirkende und Leidende in einer gemeinsamen Welt, und das bewußte Erkennen von Eindrücken der Sinneswahrnehmung ist das Werk einer sehr komplizierten Entwicklung.« (PR 568) Grundsätzlich rätselhaft ist die Sinneswahrnehmung aus dieser Sicht nicht.

Das sehen Philosophen gelegentlich anders; dann gilt die Sinneswahrnehmung als rätselhaft und die Rätselfrage, die insbesondere an naturalistische Konzeptionen regelmäßig herangetragen wird, geht etwa so:

> »Natürlich kann die Wahrnehmungsforschung herausfinden, welche durch entsprechende Vorgänge in der Außenwelt ausgelösten neurophysiologischen Prozesse regelmäßig mit welchen sinnlichen Wahrnehmungserlebnissen korrelieren. Viele Philosophen glauben jedoch nicht, dass damit der Zusammenhang zwischen den objektiven Eigenschaften der Welt und unserem sinnlichen Erleben verstanden ist. Beharrlich fragen sie abermals: Warum sieht der Wahrnehmungsforscher, wenn er untersucht, was sich in den Sinnesorganen und im Gehirn einer Testperson abspielt, nichts, was auch nur entfernt ähnlich ist zu dem, was diese Person selber gerade sinnlich erlebt? Warum zum Beispiel, so fragen einige unter den Anhängern der Rätselthese, trifft der Forscher bei der Untersuchung des Gehirns einer Person, die gerade sich am Anblick einer roten Rose erfreut oder die gerade eine Schokolade isst und deshalb den Geschmack einer Schokolade auf der Zunge schmeckt, nicht im Gehirn oder anderswo im Orga-

240 Hanson 1972, 19 und 21. Hansons »Patterns of discovery« hat dieser Diagnose – dass es keine ›reine Sinneswahrnehmung‹ gibt, sondern diese notwendig einen konstruktiv-interpretatorischen Anteil hat – insbesondere auch zu wissenschaftstheoretischer Prominenz verholfen, namentlich im Kontext der Debatten um den Status wissenschaftlicher Beobachtung; siehe dazu z.B. Adam 2002.

nismus der Versuchsperson auf das Rot der Rose oder den Geschmack der Schokolade für ebendiese Person?«[241]

Aus systemtheoretischer Perspektive und mit Whitehead stellt sich des Rätsels Lösung auf erst einmal sehr allgemeiner Ebene so dar: Die Sinneswahrnehmung ist ein systemisches Geschehen, bedingt durch den Gesamtzusammenhang eines Organismus, eines ›entirely living nexus‹, in gängiger Diktion: eines dynamischen Systems. Und hier gilt, was im Grunde trivial ist: Innerhalb des Systems ist der Zugang zu Systemgeschehnissen grundsätzlich ein anderer als von außerhalb. Wahrnehmungsphysiologisch liegt diese Differenz genau genommen auf der Hand:

> »Es sind zwei verschiedene Vorgänge, ein und denselben Gegenstand einmal mit dem einen sensorisch-neuronalen Apparat, das andere mal mit einem anderen wahrzunehmen. Beide sensorisch-neuronale Maschinerien funktionieren ja völlig unabhängig voneinander [...] Eigentlich ist das alles ziemlich trivial: Niemand kann mit den eigenen Sinnesorganen die Wahrnehmung eines Objekts durch die Sinnesorgane und das Gehirn einer anderen Person wahrnehmen. Jeder nimmt für sich mit seinen Sinnesorganen und seinem Gehirn wahr.«[242]

Sinneswahrnehmung ist, so gesehen, exemplarischer Fall eines Systemgeschehens, das sich aus Außenperspektive anders darstellt als aus Innenperspektive – was es, analytisch betrachtet, in wesentlichen Dimensionen nicht-einsehbar, in keiner Weise jedoch grundsätzlich rätselhaft macht. »Das private psychologische Feld ist lediglich das Geschehnis, von seinem eigenen Standpunkt aus gesehen.« (WW 175f.) Diese Sicht, die komplexe systemische Verhältnisse, Bezogenheiten und Entwicklungen anstelle von ›Rätseln‹ fokussiert, ist entscheidend für Whiteheads Theoriesetting: »Der Unterschied zwischen privat und öffentlich ist ja bei Whitehead keiner zwischen verschiedenen Gegenständen, sondern *verschiedenen Zugängen* [...].«[243] Ein Unterschied, der bei selbstorganisationalen Systemen in ge-

241 Tetens 2003, 60.

242 Tetens 2003, 61.

243 Hampe 1998, 270f.

wisser Hinsicht ausschlaggebend sein kann: »The child, who breaks open a toy, would be very disappointed if that toy was self-organized.«[244]

Ein systemtheoretischer Kernbegriff ist hier etwa der Begriff der *Selbstreferenz*. Er meint, »daß die Systeme in der Konstitution ihrer Elemente und ihrer elementaren Operationen auf sich selbst (sei es auf Elemente desselben Systems, sei es auf Operationen desselben Systems, sei es auf die Einheit desselben Systems) Bezug nehmen«.[245] Die Sinneswahrnehmung ist in ihren indirekten, repräsentationalen Dimensionen zu fassen als solches Rekurrieren, als Re-Analyse, Bezugnehmen ›des Systems auf sich selbst‹ – Selbstreferenz.

> »Im Gegensatz zur ›klassischen‹ Beschreibung, bei der das System als komplexe Reaktionsmaschine für Umweltreize konzipiert wurde, spielen in der neuen Systemtheorie rekursive Funktionen eine entscheidende Rolle: die Reaktion wird zum neuen Reiz – die Wirkung zur Ursache.«[246]

Theoriegeschichtlich steht die Denkfigur der Selbstreferenz unter anderem für mit der Wendung zum Selbstorganisationsparadigma einhergehende *Entmystifizierungen:*

> »In der allgemeinen Systemtheorie provoziert dieser zweite Wechsel des Paradigmas bemerkenswerte Umlagerungen – so von Interesse an Design und Kontrolle zu Interesse an Autonomie und Umweltsensibilität, von Planung zu Evolution, von struktureller Stabilität zu dynamischer Stabilität. Im Paradigma vom Ganzen und seinen Teilen mußte man irgendwo unerklärbare Eigenschaften unterbringen – sei es als Eigenschaften des Ganzen (das mehr ist als die Summe seiner Teile), sei es als Eigenschaften einer hierarchischen Spitze, die das Ganze repräsentiert. In der Theorie selbstreferentieller Systeme wird dagegen alles, was zum System gehört (einschließlich etwaiger Spitzen, Grenzen, Mehrwerte usw.), in die Selbstherstellung einbezogen und damit für den Beobachter entmystifiziert.«[247]

---

244 Kelso 1995, 9.

245 Luhmann 1987, 25.

246 Krohn et al. 1987, 446.

247 Luhmann 1987, 27.

3. Der menschliche Standardmodus: Symbolbezug

3.1 Die bedeutsame Erfahrung

Bei der Sinneswahrnehmung im üblichen Wortsinn liegt der Standardmodus menschlicher Wahrnehmung schon vor: die Synthese der beiden einfachen Wahrnehmungsmodi, die Fusionierung der in beiden Modi erfassten Informationen »zu einer Einheit des Empfindens« – die symbolische Referenz, der Symbolbezug: »Wenn es um die menschliche Erfahrung geht, bedeutet ›Wahrnehmung‹ fast immer ›Wahrnehmung in der gemischten Weise des symbolischen Bezugs‹.« (PR, 314f.) »Das Ergebnis der symbolischen Referenz ist, was die aktuale Welt für uns ist [...].« (AI 78)

Diese Synthese zweier Informationssorten zu *einer* Erfahrung ist obligat: im Normalfall ist die Einheit des Erlebens subjektiv, phänomenologisch unauflösbar. Und diese Einheit, die Synthese zweier Modi zu einer Erfahrung ist an eine gemeinsame Grundlage geknüpft; ›common ground‹ ist, sehr allgemein gesagt, das jeweilige ›Hier und Jetzt‹, der jeweilige Zusammenhang von – zusammenhängender – Umwelt und lebendem System. Dabei ist Letzteres entscheidend; *die* Grundlage, *das* Fundament des Symbolbezugs schlechthin ist der lebende Körper: »Genau dieses Dabeisein macht den Körper zum Ausgangspunkt für unsere Erkenntnis der umgebenden Welt.« (PRd 163) »Auf diese Weise ist der tierische Körper die große zentrale Grundlage, die allem symbolischen Bezug unterliegt.« (PR 318)[248]

3.2 ›Meaningful information‹

Zu beschreiben ist die Symbolisierung zunächst einmal als eine Relation der Aufladung mit dem Resultat zunehmender Bedeutungsgeladenheit; aufgeladen wird die in bestimmter Hinsicht belanglosere Wahrnehmungsvariante mit der belangreicheren; entscheidend für die Frage des Belangs ist, grob gesagt, die jeweilige Systemrelevanz. Auf einer sehr grundsätzli-

248 Siehe dazu etwa PR 314-323.

chen, metaphysischen Betrachtungsebene kann man das Aufladungsgeschehen nun insofern richtungsoffen sehen, als die Frage der Relevanz im Einzelfall vom aktuellen systemischen Setting abhängt; faktisch verläuft Symbolisierung gemeinhin »von der weniger primitiven Komponente als dem Symbol zu der primitiveren Komponente als der Bedeutung« (Sy 69f.). Aufgeladen, semantisiert – so die ›Default‹-Annahme – werden im Normalfall die Wahrnehmungen im Modus Nr. 2, mit den Wirkerfahrungen im weitesten Sinn, Modus Nr. 1 verdankt.

> »Daher ist der symbolische Bezug, auch wenn er in der komplexen menschlichen Erfahrung beide Richtungen nimmt, hauptsächlich als die Erhellung von Wahrnehmungsgegenständen in der Weise der kausalen Wirksamkeit durch die fluktuierende Einwirkung von solchen in der Weise der vergegenwärtigenden Unmittelbarkeit zu denken.« (PR 333)

Als ›prototypische Ladung‹ benennt Whitehead, was aus psychologischer Sicht in etwa die sogenannten Primäraffekte sind: »Zorn, Haß, Furcht, panische Angst, Attraktion, Liebe, Hunger, Eifer, intensiver Genuß« (Sy 104).

Dass die Erfahrung von Wirkursachen, die Erfahrung im Modus Nr. 1, grundsätzlich bedeutungsrelevant ist, ist programmatische Grundannahme dieses philosophischen Theorieangebots – eine Grundannahme, die dadurch beispielsweise erhellt und plausibilisiert wird, wie seitens expliziter Theorien dynamischer Systeme *Bedeutsamkeit* und *fundamentale Systemdynamik* ausdrücklich in Zusammenhängen gedacht werden, wie Whitehead sie philosophisch konzeptionell zu fassen sucht:

> »What could be more meaningful to an organism than information that specifies the coordinative relations among its parts or between itself and the environment? This view turns the mind-matter, information-dynamics interaction on its head. Instead of treating dynamics as ordinary physics and information as a symbolic code acting in the way that a program relates to a computer, dynamics is cast in terms that are semantically meaningful.«[249]

> »Such meaningful informational coupling (what could be more meaningful to an organism than information that communicates the relation between its parts)

249 Kelso 1995, 145; siehe zu diesem Aspekt insbesondere auch den ›Enactivism‹-Ansatz, etwa Thompson 2007 (siehe dazu auch unten, *Kapitel 10*, Fußnote 333).

constitutes an essential difference between self-organization in the living and the non-living.«[250]

3.3 *Die naturalistische Priorisierung*

Eine Kernthese der Konzeption des Symbolbezugs ist: Die beiden miteinander verschmelzenden Informationssorten unterscheiden sich in wesentlichen Hinsichten, und wenn sie zu *einer* Erfahrung verschmelzen, kommt dem Modus Nr. 1 Priorität zu. »Es gibt daher zwei zwar eng miteinander verbundene, aber dennoch distinkte Quellen der Information über die äußere Welt. Diese Modi wiederholen sich nicht, sondern beinhalten eine reale Verschiedenheit der Information. Während die eine vage ist, ist die andere präzise. Während die eine wichtig ist, ist die andere trivial.« (Sy 89)

Diese Priorisierung – das Primat der kausalen Wirksamkeit – ist programmatisch für Whiteheads Naturalisierungsunternehmen. Konkret im Einzelnen fassbar wird diese Priorisierung im Kontext zweier Fragen, die im Grunde standardmäßig an Wahrnehmungstheorien herangestragen werden: der Frage nach der Wahrnehmungsqualität und der Wahrnehmungsverlässlichkeit.

Die Wahrnehmungsqualität

Ein klassisches Kriterium für wahrnehmungstheoretische Überlegungen ist die Wahrnehmungsgüte oder -qualität; diesbezüglich zeichnen sich die Sinneswahrnehmungen und speziell die ›höheren Sinne‹, etwa die Fernsinne, Visus und Gehör, insofern aus, als die ihnen verdankten Informationen normalerweise klar, abgegrenzt und insbesondere attentional verfügbar sind – kurz, potentiell bewusst werden.

> »Die Gegebenheiten der Sinneswahrnehmung können dermaßen klar, distinkt und bewusst sein, dass demgegenüber alles andere – alles, was anders erfasst wird – völlig ins Hintertreffen gerät. So wurde dann maßgeblich für unsere Theorien über die Beschaffenheit der Welt unsere Sinneswahrnehmung von ihr. Und als einziger Kandidat für unmittelbare Beobachtung – für direktes Wissen – gilt die Sinneswahrnehmung.« (AI 387)

250 Kelso 2000, 77.

Whiteheads Konzeption sieht hier in puncto Wahrnehmungsgüte ein komplementäres Verhältnis: Modus Nr. 1 informiert nicht im Geringsten klar, präzise, distinkt, attentional verfügbar, sondern im Gegenteil vage, unscharf, kontinuierlich und großteils unbewusst, »nicht kontrollierbar und voller Emotion« (PR 333). Charakterstika seines Anteil an der Wahrnehmung sind »Intimität, Intensität und Vagheit«; erst die Sinneswahrnehmung bereichert die Erfahrung – via Farben, Klänge, Geschmäcker, Gerüche, Temperatur- und Berührungsempfindungen – um Klarheit und Präzision, »Genauigkeit, qualitative Zuweisung und essentielle Auslassung« (DW 111f.).

Anschaulich macht Whitehead das komplementäre Verhältnis mittels der gestalttheoretischen Denkform der Figur-Grund-Organisation. Modus Nr. 1 stellt den Hintergrund: vage, undeutlich, gleichsam zurückweichend, ›unbewusst‹ – doch massiv, gewichtig, dicht, bedingend, »undeutlich, von kompakter Massivität und von schwerwiegender Bedeutung«; aus diesem Hintergrund hervor tritt das Klare, Abgegrenzte, Bewusstseinsfähige, das die Sinneswahrnehmung mit sich bringt: die Figur – »klar und deutlich« (AI 471). Die hier vorgenommene Priorisierung ist die des – affektiven – Hintergrundes: Der »tiefen Signifikanz, die durch die kausale Wirksamkeit enthüllt wird«, entspricht die »vergleichsweise Leere der präsentativen Unmittelbarkeit« (Sy 106).

Primär ist Modus Nr. 1 aus dieser Sicht in jedem Sinn des Wortes. Ganz konkret ist er beispielsweise, naheliegenderweise, primär im Sinne von: zeitlich vorgeordnet, zugrundeliegend, ursprünglich.[251] Allerdings können Abläufe ja generell sehr wohl zeitlich-funktional vorgeordnet sein und von untergeordneter Wichtigkeit; entscheidend ist für die hier vorgenommene Priorisierung, ist, allgemein gesagt, der Aspekt der Systemrelevanz: Der

251 Einer der Bereiche, auf die diese Studie nicht eingehen kann, ist der der Temporalität, wahrnehmungstheoretisch etwa als Zeitversatz, Antedatierung, Synchronisierung anschaulich zu machen im Kontext chronobiologischer und -physiologischer Befunde und Überlegungen (z.B. Eagleman/Sejnowski 2001), und der insbesondere auch philosophisch weiterzudenken wäre im Hinblick auf die beiden Grundkategorien *Zeit* und *Raum*; der Modus der kausalen Wirksamkeit bindet ein in die *Zeit*, die präsentative Unmittelbarkeit bezieht auf den *Raum*.

Modus der kausalen Wirksamkeit, der den Menschen das Kausalgefüge seiner selbst und die kausal wirksamen Außenkontakte spüren lässt, ist nicht nur der zeitlich-funktional vorgeordnete, sondern der *wesentliche* Erfahrungsmodus, so Whitehead: Er ist »als die ursprünglichere Form der Wahrnehmung anzusehen; sie reicht an Vorgänge heran, die für ein Wesen im eigentlichen Sinn konstitutiv sind«.[252] Anders gesagt: Die Körpersinne sind ›Sensorium für das Elementare‹.

Wahrheit und Irrtum, Faktum und Fiktion

Wie verhält es sich mit der Frage der Veridität? Was an unseren Wahrnehmungen ist wahr, sicher, verlässlich? Auch in dieser Hinsicht ist die intermodale Synthese komplementär und gewissermaßen zweigleisig konzipiert: Sofern die einfachen Modi die physiko-chemischen und physiologischen Ursache-Wirkung-Ketten präsentieren, sind sie nicht irrtumsfähig, sondern wahrheitskonservierend. Der Irrtum kommt mit der Interpretation ins Spiel, mit der Re-Präsentation – und somit mit der Sinneswahrnehmung, die eben in praxi nicht reiner Modus ist, sondern im Normalfall schon Melange. »Während also die beiden reinen Wahrnehmungsweisen nicht des Irrtums fähig sind, führt der symbolische Bezug diese Möglichkeit ein.« (PR 314f.) Die Sinneswahrnehmung ist in dieser wahrnehmungstheoretischen Konzeption insofern uneindeutig positioniert: In ihren direkten Anteilen – ›pure Sinnesrezeption‹ – ist sie wahrheitskonservierend; irrtumsfähig ist sie infolge ihrer indirekten, konstruktiv-interpretatorischen Anteile.

> »In der Sinneswahrnehmung haben wir den Rubikon überschritten, der die direkte Wahrnehmung von den höheren Formen der Geistestätigkeit scheidet, die mit dem Irrtum spielen und so intellektuelle Reiche gründen.« (PR 219)

Die Fallibilität der Sinneswahrnehmung erläutert Whitehead am Beispiel der Äsop'schen Fabel vom Hund und seinem Spiegelbild: Der Hund steht am Wasser, im Maul ein Stück Fleisch, das er ins Wasser fallen lässt, als er sein Spiegelbild auf der Wasseroberfläche sieht und als vermeintlichen

252 Fetz 1981, 104.

Gegner anbellt – was nicht etwa daraus resultiert, dass der Hund ein Problem mit den Augen hätte, sondern aus einer *symbolischen* Fehlreferenz:

> »Überhaupt ist die symbolische Referenz nicht primär ein Ergebnis der begrifflichen Analyse, obwohl sie dadurch stark befördert wird. Denn symbolische Referenz ist auch dann noch in der Erfahrung dominant, wenn eine solche geistige Analyse auf einem Tiefstand ist. Wir alle kennen Äsops Fabel vom Hund, der ein Stück Fleisch fallen ließ, um nach seinem Spiegelbild im Wasser zu greifen. Allerdings sollten wir Irrtümer nicht zu kritisch beurteilen. In den Anfangsstadien der geistigen Entwicklung sind Irrtümer der symbolischen Referenz diejenige Disziplin, die die imaginative Freiheit befördert. Äsops Hund verlor sein Fleisch, aber er machte einen Schritt auf dem Weg in Richtung freier Imagination.« (Sy 78f.)

Auch bei der Frage der Wahrnehmungsverlässlichkeit gilt also das Primat der kausalen Wirksamkeit: Authentizität wird hier in erster Linie nicht den höheren Sinnen zugeschrieben, sondern der direkten Wahrnehmung. Nicht beispielsweise den *Fernsinnen*, Visus und Gehör, sondern dem *Nahen* – den ›Körpersinnen‹, Körpersignalen. In diesen Wirkwahrnehmungen hat die Wahrnehmung ihr verbindlich authentisches, wirklichkeits*ent*haltendes und wirklichkeits*er*haltendes Moment; über diesen Informationsfluss ist sie direkte Wahrnehmung von *Fakten*. Als intermodale Synthese ist sie darüber hinaus stets auch – irrtumsanfällige – Interpretation, Gestaltung, Figuration. Pointiert gesagt: Unser Standardmodus des Selbst- und In-der-Welt-Seins ist, weil intermodale Synthese, beides: Bindung ans Faktische und Kompetenz zur Fiktion, zur Kontrafaktizität. Und dieser Standardmodus interessiert Whitehead – im Unterschied zum philosophischen Mainstream – im Grunde genommen weniger unter Aspekten wie Fehlreferenz und Sinnestäuschung, sondern in erster Linie als aktives Eingebundensein in und Bezogensein auf die Welt und uns selbst, beispielsweise, nüchtern formuliert, im Sinne von »intermodalen Wahrnehmungs- und Handlungssystemen, die sich für eine bestimmte Welt entwickelt haben«.[253]

253 Guski 1996, V.

4. Wahrnehmung als Datentransformation: Die Theorie der Prehensionen

4.1 *Ein neutrales begriffliches Instrumen*

Für Whiteheads Theorieangebot ist bezeichnend, dass es Selbstorganisation perspektivenpluralistisch angeht; deutlich wird das unter anderem an der Wahrnehmungskonzeption, die in diesem Theoriedesign von erheblicher Tragweite ist. Sie fungiert eine Art von Scharnier zwischen Ontologie und Epistemologie; anders betrachtet stellt sie eine Art gemeinsamer Bezugsgröße dar. Die Schlüssel- oder auch Vermittlerrolle des Wahrnehmungsbegriffs wird explizit gemacht durch eine Theorieperspektive, die terminologisch als ›Theorie der Prehensionen‹ firmiert. Diese Perspektive ist beispielsweise insofern interessant, als hier entscheidende wahrnehmungstheoretische Aspekte zusätzlich in einer neutralen Sprache formuliert werden, die Selbstorganisation als *Datentransformation* fasst – wie das etwa für eine universelle, nicht-anthropozentrische Theorie der Erfahrung folgerichtig ist.

4.2 *Ein universeller Begriff für Datenerfassung: ›Prehension‹*

Generell steht der Begriff der Prehension für *die* konstitutive Elementarrelation schlechthin: den konkreten Zugriff auf ein Datum. Hergeleitet ist der Terminus vom lateinischen ›apprehendere‹, mit einer entscheidenden Abgrenzung: Zu unterstreichen sei, so Whitehead, das Ausschließen jeglicher ›bewusstseinstheoretischer Assoziation‹; der Begriff der Prehension soll ein sehr allgemeiner, psycho-physisch *neutraler* Begriff sein. Zur Erläuterung zieht er die Leibniz'sche Differenzierung zwischen ›Perzeption‹ und ›Apperzeption‹ heran:[254]

> »Er [Leibniz] hat die Ausdrücke ›Perzeption‹ und ›Apperzeption‹ für die niedere und höhere Form des Kenntnisnehmens einer Monade von der anderen gewählt. Aber diese Ausdrücke sind allzu eng mit der Vorstellung von Bewußt-

254 Hampe (1990, 113) erläutert als weiteren begrifflichen Hintergrund: die Appropriation.

seinsvorgängen verknüpft, zu denen es meiner Auffassung nach bei den fraglichen Prozessen nicht notwendigerweise kommen muß. Außerdem hängen sie auch noch mit der Vorstellung vom Abbildcharakter der Wahrnehmung, von der Wiedergabe der wahrgenommenen Gegenstände im Wahrnehmungsbild zusammen, die ich aufs entschiedenste verwerfe. Aber nun gibt es glücklicherweise den Terminus ›Apprehension‹ (Auffassen) in der Bedeutung ›etwas klar begreifen‹. Dementsprechend verwende ich – nach dem Vorbild von Leibniz – ›Prehension‹ (Erfassen) für die allgemeine Weise, in der ein Erlebensvorgang andere Dinge – entweder andere Erlebensvorgänge oder auch Dinge eines anderen Typs – in seinem eigenen Wesen enthalten kann. Dieser Terminus vermeidet jede Assoziation mit dem Bewußtsein oder der abbildenden Wahrnehmung.« (AI 414f.)

Die Theorie der Prehensionen ist ein begriffliches Instrument der Rekonstruktion der Wirklichkeitsentstehung unter dem Aspekt der Datenverarbeitung – Datensynthetisierung, -transformation – mit Fokus auf den einzelnen, konkreten Datenzugriff. Das kann man zunächst von der Ontologie her denken; Ansatzpunkt ist dann das basale ontologische Gegenstandsmodell, das Elementarereignis: Ausnahmslos jedes Elementarereignis ist auch als Datentransformationsereignis fassbar, verlaufend über: Input, Integration, ›übersummative Verrechnung‹, Output, und die Theorie der Prehensionen ist ein begriffliches Instrumentarium, das diesen Aspekt der Datentransformation fokussiert. Aus dieser Sicht ist, generell gesagt, jeder einzelne Dateninput, betrachtet als Datenzugriff, eine Prehension, ein Erfassen. Und so gesehen ist ein Nexus – ein Netzwerk, etwa ein komplexes System – »ein kausales System von Elementarereignissen, die [...] als Erfassungsprozesse, *prehensions,* zwischen Elementarerfahrungen, *actual entities,* konstruiert werden müssen«.[255]

»*Erfassen (Prehensions).* Eine etwas formalere Erklärungsweise wäre die folgende: Ein Erlebensvorgang *(occasion of experience)* ist eine Aktivität, die sich analytisch in verschiedene Modi des Funktionierens zerlegen läßt. Die Gesamtheit dieser Funktionsmodi konstitutiert den Werdensprozeß eben dieses Vorgangs. Jeder Modus ist analysierbar in das Gesamterlebnis als aktives Subjekt und in das Ding bzw. Objekt, um das es bei dieser speziellen Aktivität gerade geht. [...] ›Subjekt‹ und ›Objekt‹ sind also Ausdrücke, deren Bedeutung relativ ist. Ein Er-

255 Hampe 1990, 90f.

lebensvorgang ist Subjekt im Hinblick auf die Aktivitität, in der es um ein bestimmtes Objekt geht; und alles ist Objekt, was eine bestimmte Aktivität in einem Subjekt hervorruft. Ein solcher Modus der Aktivität ist ein ›Erfassen‹.« (AI 327)

Der Begriff der Prehension ist ein Oberbegriff; methodisch differenziert Whitehead dann noch weiter – eine Differenzierung, die für spezifische Fragestellungen zweckmäßig werden kann: Unterschieden wird die negative Prehension, die aus dem Ausschluss, der Exklusion der Daten besteht, von positiver Prehension, die aus der Integration, der Inklusion besteht. Terminus für die positive Prehension, die tatsächliche Integration zur Synthese, ist: ›feeling‹; die konstitutiven Datenzugriffe sind ›feelings‹, ins Deutsche meist übersetzt mit: ›Empfindungen‹ oder ›Fühlungen‹.[256] »Akte des Fühlens *(feelings)* bilden den positiven Typ des Erfassens *(prehensions)*.« (AI 414) Mit ›feeling‹ bzw. ›Empfinden‹ gemeint ist also *die* konstitutive Basisoperation der Datenintegration und -synthese:

»›Empfinden‹ steht hier für die grundlegende, allgemeine Operation des Übergehens von der Objektivität der Daten zu der Subjektivität des jeweiligen wirklichen Einzelwesens. Empfindungen sind verschiedenartig spezialisierte Vorgänge, die ein Übergehen in Subjektvität bewirken. Sie verdrängen den ›neutralen Stoff‹ gewisser realistischer Philosophen. Ein wirkliches Einzelwesen ist ein Prozeß und nicht im Sinne der Morphologie eines Stoffs beschreibbar.« (PR 94)

An dieser Stelle – wieder einmal – eine Anmerkung zur Begrifflichkeit: Der Wahrnehmungsbegriff, der Begriff der Empfindung etc. – damit können im Grundsatz sehr unterschiedliche Sachverhalte und Relationen ge-

256 Zum negativen Erfassen siehe PR 94f. – Zum Begriff ›Empfinden‹ – etwa im Kontext ›Spüren‹, ›Wahrnehmen‹, ›direktes Wahrnehmen‹ – vgl. aus Sicht der Wahrnehmungsphysiologie z.B. Guski 1996, 8. »In älteren Lehrbüchern der Psychologie (sowie auch modernen der Physiologie) wird im Zusammenhang mit Wahrnehmen oft der Begriff ›Empfinden‹ oder ›Empfindung‹ gebraucht [...] Aus [...] [mehreren] Gründen vermeidet es die moderne Psychologie, Empfinden und Wahrnehmen zu trennen; sie betrachtet beide Begriffe synonym, spricht aber eher vom Wahrnehmen.« Zu philosophischen Lesarten, etwa phänomenologisch, als ›Spüren‹, oder mit Blick auf die Anthropologie Plessners, oder als ›direkte Wahrnehmung‹, z.B. im Sinne der Wahrnehmungstheorie Gibsons, siehe Mahr 1999. Whitehead äußert sich zu terminologischen Aspekten diesbezüglich z.B. in AI 415; siehe auch die Überlegungen aus Übersetzersicht in Holl 1992.

meint sein. Erstens denkt man bei ›Wahrnehmung‹ oder ›Empfindung‹ an eine makroweltliche Relation: zwischen dem wahrnehmenden kognitiven Subjekt und dem wahrgenommenen Wirklichkeitsausschnitt: Man bzw. frau nimmt eben etwas wahr oder empfindet etwas. Zu dieser Lesart kommt hier zusätzlich eine weitere: Zweitens beschreiben Begriffe wie ›Wahrnehmung‹ oder ›Empfindung‹ bei ihm mikroweltliche Relationen: zwischen den Elementarereignissen und den von ihnen integrierten und synthetisierten Daten. Analog zur Bezeichnung der Elementarereignisse als ›Subjekte‹ – beispielsweise im Bemühen um Anschaulichkeit –, sind die Datenzugriffe ›Wahrnehmungen‹, ›Empfindungen‹, ›Fühlungen‹. Das zielt allerdings nicht etwa auf ein Unterlaufen der grundsätzlichen Unterscheidung der beiden Gegenstandsmodelle ›Netzwerk‹ und ›Elementarereignis‹, beispielsweise der Unterscheidung zwischen a) dem denkenden, fühlenden, wahrnehmenden, empfindenden Menschen und b) Informationsverarbeitungsereignissen auf subpersonalen Ebenen. »Die ontologische Trennung von personalem Wissen oder Bewußtsein auf der einen und elementarer Erfahrung auf der anderen Seite muß man sich bei Whitehead relativ scharf denken [...]«.[257]

4.3 *›Thinking in levels‹*

Für die Fragestellungen einer Theorie der Erfahrung ist die Theorie der Prehensionen als eine Art genereller, neutraler, universeller Stufentheorie interessant:[258] Wirklichkeitskonstitution wird hier als Entwicklungsgeschehen gedacht, das sich über Transformationsniveaus, über Gradienten erstreckt. In Whiteheads Diktion ist das Prehensionsmodell »eine Hierarchie an Kategorien des Empfindens«;[259] nüchterner klingt es beispielsweise in kognitionswissenschaftlicher Diktion, wo in vergleichbarer Hinsicht im Rahmen selbstorganisational-systemtheoretischer Zugänge von ›thinking

257 Hampe 1990, 115.

258 Als Stufentheorie thematisiert Lotter (1996, 74) die Theorie der Prehensionen.

259 PR 310 – eine der wenigen Stellen mit Hegel-Bezug: »Anstelle der Hegelschen Hierarchie von Kategorien des Denkens entdeckt die organistische Philosophie eine Hierarchie von Kategorien des Empfindens.«

in levels‹ gesprochen wird. Zur Erinnerung: Bei Whitehead ist diese Strategie des ›thinking in levels‹ angelegt in der Ontologie; auf subsystemischen Ebenen hat man es einerseits, auf Ebenen erster Ordnung, zu tun mit der konstitutiven Entität ›Elementarereignis‹. Eingebunden ist es, anders gesagt, zugrunde liegt es Netzwerken: Gegenstandsmodell für Subsysteme auf verschiedenen Niveaus und schließlich für Systeme auf Makroebene ist das Netz. Diese ontologische Grundkonzeption eines systemischen Relationengefüges wird nun mit der Theorie der Prehensionen informationstheoretisch weiter differenzierbar, in entscheidenden Hinsichten präzisierbar; systematisch in den Blick nehmen lassen sich die wirklichkeitskonstitutiven Relationen nun nach ›Informationssorte‹; konkret: danach, welche Art von Datum integriert, synthetisiert, transformiert wird; in der Sprache der Operations Research: über das jeweilige Datenformat.

Die elementare wirklichkeitskonstitutive Prehension ist das sogenannte ›physical feeling‹ oder ›causal feeling‹. Eine Theorie, die Kausalzusammenhänge beschreibt, ist – formuliert in der Theorie der Prehensionen – eine Theorie der ›physical feelings‹, ›causal feelings‹, der Wahrnehmungen im Modus der kausalen Wirksamkeit; sie konstituieren ausnahmslos jeden Wirklichkeitsaspekt. In menschlichen Wahrnehmungsportfolio ist diese elementare Ebene die Ebene der Körpersignale; sie liefern:

> »die empirische Evidenz für kausale Relationen, ja in Whiteheads Augen handelt es sich bei ihnen um nichts anderes als um die Wahrnehmung von kausaler Wirksamkeit. Zwischen diesen *physical feelings* und Kausalrelationen besteht tatsächlich in Whiteheads Theorie kein Unterschied.«[260]

Das ›causal‹ oder ›physical feeling‹, der Energie- oder Signalübertrag, ist *die* elementare Transaktion; sie eröffnet gleichsam den Katalog an Gradienten. Weiteres ist systemabhängig. Für Lebewesen ist eine Palette an Optionen bezeichnend, die zusätzlich höherstufige Transformationen umfasst; für das System ›Mensch‹ reicht die Spanne vom durchgängig beteiligten ›causal‹ oder ›physical feeling‹ bis zum – im Rahmen der Epistemologie zu besprechenden – ›propositional feeling‹.

---

260 Hampe 1990, 122.

Aus wahrnehmungstheoretischem Blickwinkel zusammengefasst: Die Theorie der Prehensionen identifiziert das konkrete Informationsverarbeitungsereignis über das jeweilige Datenformat oder, anders betrachtet, den Informationsmodus. Für das ›System Mensch‹ wird dabei ein grundsätzlich breites Spektrum an Informationsmodi bzw. -formaten in Anschlag gebracht; entsprechende wahrnehmungs- und kognitionstheoretische Stichworte sind beispielsweise *Multimodalität* und *Intermodalität*. Durchgängig, ausnahmslos beteiligt ist der konstante, direkte, physiologische Informationsfluss, der Kausal- und Funktionszusammenhänge indiziert – die Körpersignale, etwa die Propriozeption. Des Weiteren kann es sich – zusätzlich – um Informationen handeln, die mit der Sinneswahrnehmung, dem Sehen, Hören etc. zu tun haben, wobei diese Informationen teils von außen ins System gelangen und teils systemischer Abkunft sind, teils direkt, unmittelbar informieren und teils indirekt, mittelbar, selbstreferentiell generiert; mit Letzterem kommen sukzessiv höherstufige Informationsformate ins Spiel – beispielsweise die charakteristischen Formate der gedanklichen Abstraktion, beispielsweise die Sprache.

Kapitel 8.
Episteme: Bedeutung, Wissen

»Embodied cognition offers a radical shift in explanations of the human mind – a Copernican revolution in cognitive science, you might say – which emphasizes the way cognition is shaped by the body and its sensorimotor interaction with the world.«[261]

»[...] daß alle menschlichen Symbolisierungen, unabhängig davon, wie oberflächlich sie erscheinen mögen, letztlich auf Verkettungen der fundamentalen symbolischen Referenz zurückgeführt werden müssen [...]« (Sy 67)

1. Der Symbolbegriff

1.1 Symbolbegriff und Zeichenbegriff

Geht es um die Erklärung des epistemischen Gehalts des Mentalen – um Wissen und Bedeutung, um den ›Welt‹-Gehalt –, hat der Symbolbegriff eine herausragende Position. »Zu den bemerkenswertesten Entwicklungen der Philosophie des 20. Jahrhunderts gehört, daß ganz unterschiedliche Konzeptionen darin konvergieren, dem Symbolbegriff eine systematisch zentrale Stellung einzuräumen.«[262] Beispielsweise ist er Schlüsselbegriff unterschiedlichster aktueller kognitionswissenschaftlicher Debatten, Kernbegriff in Whiteheads philosophischem Theorieangebot, im Rahmen der aus der Wahrnehmungskonzeption heraus entwickelten Symbolisierungskonzeption: Standardmodus unseres In-der-Welt-Seins ist die symbolische Referenz, die Symbolisierung.

»Das Ergebnis der symbolischen Referenz ist, was die aktuale Welt für uns ist: dasjenige Gegebene in unserer Erfahrung, das Gefühle, Emotionen, Befriedi-

261 Lindblom/Ziemke 2007, 129f.

262 Lachmann 2000c, 196 – oder Rolf 2006, 5: »Mit Hilfe der Bezeichnung ›Symbol‹ wird in unterschiedlichen Theoriezusammenhängen versucht, die verschiedensten Konstellationen des Bedeutungs-Problems auf den Begriff zu bringen.«

gungen und Aktionen produziert und das, wenn unser Denken in Form der begrifflichen Analyse hinzukommt, schließlich das Thema des bewussten Wissens ist.« (AI 78)

Neben seiner Prominenz ist für den Symbolbegriff eine erhebliche Bedeutungsweite bezeichnend; Cassirers Befund von 1927 gilt heute noch um einiges mehr:

> »In der Tat gibt es wohl keinen anderen Begriff [...], der sich so reich, so fruchtbar und so vielgestaltig wie dieser erwiesen hat – aber auch kaum einen zweiten, der sich so schwer in die Grenzen einer ersten definitorischen Bestimmung einschließen und sich in seinem Gebrauch und seiner Bedeutung eindeutig festlegen läßt.«[263]

Auf einer ersten, ganz allgemeinen Ebene lassen sich als zwei maßgebliche symboltheoretische Traditionslinien unterscheiden:[264] 1) die erkenntnistheoretische Auffassung des Symbols als Konstitutivum und Grundform des Mentalen – prominent geworden beispielsweise in der Cassirer'schen Lesart; 2) die Auffassung des Symbols als Zeichen – im Sinne der Orientierungen des Pragmatismus und der Zeichentheorien der Semiotik.

Im Verhältnis zu diesen beiden generellen Perspektiven ist Whiteheads Begriff des Symbols zunächst einmal bestimmbar als einer, der grundsätzlich beide Lesarten in sich vereint – was man als eine der programmatischen Grundlinien dieses Theorieangebots begreifen kann: 1) Das Symbol ist in diesem Theoriesetting *erkenntnistheoretische* Größe, ist Konstitutivum und Grundform des Mentalen, Motor und Medium »der erkenntnismäßigen Aneignung von Wirklichkeit«.[265] Und 2) ist Symbolisierung ein *zeichenhaftes* Geschehen – es geht um ›etwas, das für etwas steht‹.[266] Insofern

263 Cassirer 1927, 295.

264 Siehe zu diesen Grundlinien z.B. aus philosophischer Perspektive Plümacher 1999, aus kognitionswissenschaftlicher Leidlmair 1996, aus semiotischer Nöth 2000.

265 Rolf 2006, 39, der hier Cassirer, Whitehead, Piaget unter die erkenntnistheoretische Auffassung des Symbolbegriffs subsumiert. Prominent ist diese Richtung etwa von der Whitehead-Schülerin Susanne Langer weitergedacht: »Symbolisierung ist die wesentliche Tätigkeit des Geistes; und Geist beinhaltet mehr, als was gemeinhin Denken heißt.« (Langer 1984, 49)

266 Eine der allgemeinsten Definitionen eines Zeichens: die auf die Scholastik, auf Augustinus zurückgehende Formel: ›aliquid stat pro aliquo‹; siehe Nöth 2000, 9.

ist die Symbolisierung, wie Whitehead sie ganz allgemein philosophisch denkt, sowohl als *Symbolgenese* fassbar als auch als *Semiosis*, als Ausbildung von Zeichen, als Prozess, »in dem etwas als Zeichen fungiert«.[267]

1.2 *Index, Ikon, Symbol? Die Frage der Arbitrarität*

Bei der semiotischen Lesart, der Identifikation von *Symbol* und *Zeichen*, ist weiter zu differenzieren. Insbesondere gibt es eine grundsätzliche Unterscheidung, in Bezug auf die Whiteheads allgemeine Fassung einer Symbolkonzeption näher bestimmbar ist und die außerdem in aktuellen kognitionswissenschaftlich-bedeutungstheoretischen Debatten eine zentrale Rolle spielt.

Zunächst einmal ist eine einschlägige die sehr weite Lesart des Symbolbegriffs, wonach der Begriff des Symbols ein Synonym für den Begriff des Zeichens ist: »In seiner weitesten Definition ist der Begriff des Symbols ein Synonym dessen, was in der Semiotik ›Zeichen‹ heißt.«[268] Diese weite Auffassung ist auch Whiteheads. »Nach Whitehead sind wir bei jeder nicht unmittelbaren Wahrnehmung eines Objekts mit einem Symbol konfrontiert. [...] In dieser Allgemeinheit ist ›Symbol‹ zweifelsohne ein Synonym dessen, was in der Semiotik ein Zeichen ist.«[269]

Neben dieser weiten ist außerdem eine wesentlich engere Lesart des Symbolbegriffs einschlägig, wonach ›Symbol‹ und ›Zeichen‹ keineswegs Synonyme sind, sondern das Symbol lediglich eine Unterklasse der Zeichen darstellt.[270] Diese Sichtweise geht zurück auf Sanders Peirce und ist in sprach- und kognitionswissenschaftlichen Kontexten von erheblicher Bedeutung; sie differenziert das Zeichen dreifach, in: *Index, Ikon, Symbol.* Es gibt danach den *Index* als kausal bewirktes Zeichen; ein Index referiert auf sein Objekt durch eine faktische – kausale – Verbindung. Es gibt das *Ikon* als ähnlichkeitsbasiertes Zeichen. Und es gibt das *Symbol* als ›frei ver-

267 Born 1996, 619.
268 Nöth 2000, 178.
269 Nöth 2000, 178.
270 Zu dieser auch kognitionswissenschaftlich wesentlichen Differenzierung: Rickheit/Strohner 1993, 13f.

handelbares‹, arbiträres Zeichen. Der Eindeutigkeit halber sei dieser arbiträre Symbolbegriff hier als ›Symbol$_a$‹ gekennzeichnet. Die diesem Symbol$_a$ zugeschriebene Arbitrarität meint: »Die semiotische Ordnung muß gesetzt werden. Es gibt keinen präsemiotischen Bereich, der ihr das natürliche Fundament liefern könnte; insofern ist sie ›arbiträr‹.«[271]

Wichtig ist nun: Die philosophische Fassung einer Symboltkonzeption, wie Whitehead sie entwickelt, meint *nicht* das Symbol$_a$; das Symbol ist aus dieser Sicht auf grundsätzlicher Ebene *nicht* arbiträr; vielmehr hat die semiotische Ordnung ausnahmslos einen präsemiotischen Bereich, der sie begründet, ihr ›das natürliche Fundament liefert‹. Das ist die entscheidende, naturalistische Präzisierung des – ansonsten allgemein gehaltenen – Symbolbegriffs: Im Grundsatz ist das Symbol nicht-arbiträr, weil aus seiner Entwicklung heraus kodiert, motiviert. Diese Bestimmung im Rahmen der Abgrenzung zweier Lesarten des Symbolbegriffs ist wesentlich, nicht nur in Bezug auf Whitehead, sondern im gesamten kognitionswissenschaftlichen Diskurs und teils auch weit darüber hinaus: ›Symbol‹ steht hier im Grundsatz für zwei antagonistische Positionen. Wenn etwa vom Symbolverarbeitungsparadigma die Rede ist – und in repräsentationstheoretischen Debatten ist regelmäßig davon die Rede –, ist das *Symbol$_a$* gemeint; wenn von *Symbolisierung* etwa im Sinne der Embodiment-Ausrichtungen die Rede ist, ist im Gegenteil Nicht-Arbitrarität gemeint: ein kognitiv-semiotisches Entwicklungsgeschehen, wie Whitehead es in generellen Grundzügen philosophisch konzipiert. Vor Begriffskonfusion wird gewarnt: »Crucially, this sense [Symbol] must not be confused with that [Symbol$_a$]«.[272]

Ein Symbol in dem Sinn, wie es beispielsweise kognitiv-semiotische ›Embodiment‹-Ansätze und Whiteheads philosophische Sicht interessiert, hat stets einen Entstehungskontext: die Symbolisierung – etwa begreifbar als semiotisch wirksame und stets auch kausale Kette. Anders gesagt: Ein Symbol in diesem grundsätzlichen kognitiv-semiotischen Sinn hat eine

271 Schönrich 1999, 1463; siehe auch Nöth 2000, 338 und passim, zu Bestimmungen von Arbitrarität.

272 Langacker 1990, 12, Fn. 2.

Entstehungsgeschichte – »Entstehungsspur« (PR 561); die ist möglicherweise nicht immer evident, doch auf grundsätzlicher Ebene *gibt* es sie.

1.3 Die Symbolgenese bzw. Semiose

Für ein systematisches Verständnis dieser generellen Symbolisierungskonzeption ist hilfreich, sie als wirklichkeits- und wahrnehmungstheoretisch angebunden zu begreifen. Im Prinzip ist die Symbolgenese oder Semiosis insofern als ubiquitär gedacht, als Wirklichkeit grundsätzlich als Zeichen erfahren werden kann, *bedeutsam* werden kann; Limitierungen kommen mit der Wahrnehmung ins Spiel: Gebunden ist die Fähigkeit zur Symbolisierung an das entsprechende physiologische Instrumentarium – also an spezifische Spielweisen von Systemkomplexität, die in praxi den entwickelteren Lebensformen vorbehalten, auf »die komplexeren Organisationsformen des Lebens beschränkt« sind.[273] Symbolisierung gibt es bei höherentwickelten lebenden Organismen; sie ist kein spezifisch menschlicher Erfahrungsmodus, wenngleich beim Menschen – so der Kenntnisstand – gewissermaßen zu einer ›Höchstform‹ auflaufend.

Symbolgenese ist grundsätzlich zunächst einmal plausibel zu denken als ein lebenden Systemen eigentümliches, innersystemisches Geschehen; mit einer modelltheoretischen Vorstellung wie ›thinking in levels…‹ wird das Geschehen etwa gedacht als über distinkte systemische Ebenen – Verarbeitungsstufen, Level, Gradienten – verlaufendes Transformationsgeschehen. »Sie ist die Herleitung von Zustand aus Zustand, wobei der spätere Zustand eine Konformität mit dem vorausgehenden Zustand aufweist« (Sy 94) – ›Herleitung von Zustand aus Zustand‹ meint: Bedeutsame Erfahrungen entstehen nicht aus dem Nichts, sondern aus *Vorerfahrungen*. Entsprechende Grundrelation ist, ontologisch gesehen, die Verkettung von Elementarereignissen – Verkettung hier insbesondere unter dem Aspekt des Signal- bzw. Informationsübertrags oder auch, anders betrachtet: des Erfahrungsübertrags. Informationsverarbeitung resultiert aus Informationsverarbeitung, Transformationsgeschehen aus Transformationsgeschehen,

273 Jetzkowitz 2003, 150.

Erfahrungsbegebenheit aus Erfahrungsbegebenheit. In der Semiotik gibt es die Vorstellung ›semiotischer Ketten‹; analog könnte man hier sprechen von präsemiotischen und semiotischen Ketten: fortschreitenden, durch Systembedingungen – im Grundsatz: die *conditio corporea* – sowohl *ermöglichten* als auch *limitierten* Ketten.[274] Identifizierbar ist der Signal- bzw. Informationsübertrag bzw. Erfahrungsübertrag dann beispielsweise als *projektive* Vernetzung.[275]

2. ›Mechanismen der Erkenntnis‹

2.1 Gesetzmäßige Aspekte der Selbstorganisation

Nicht erst an diesem Punkt stellt sich die Frage nach den *Prinzipien* oder *Gesetzen der Selbstorganisation:* Wie kommt es zur semiotisch wirksamen Transformation, Verkettung, Verschmelzung – projektiven Vernetzung? Welche Konstitutiva oder Regulativa greifen hier? Grundsätzlich formuliert Whitehead den Bereich der gesetzmäßigen Aspekte gemäß dem Anspruch, *allgemeine* Grundzüge offenzulegen; schwerpunktmäßig und explizit gruppiert er sie etwa zu den sogenannten ›kategorialen Bedingungen‹: ein Katalog von Aussagen zu Prinzipien, Gesetzen, Regeln, Grundsätzen der Selbstorganisation. Teils sind es leitmotivische Aussagen – sich sprachlich-rhetorisch tendenziell eher durch Emphase als durch Fasslichkeit auszeichend –, lesbar als Aussagen zu generellen Systemgesetzen, basalen Selbstorganisationsprinzipien, -regularien, -bedingungen; beispielsweise im Sinn von Aussagen zu koordinierenden Entwicklungsfaktoren, wie sie aus geläufiger Sicht etwa die Äquilibration darstellt, oder als Aussagen, die – in üblicher systemtheoretischer Diktion – Systemspezi-

274 Insofern wäre möglicherweise eine interessante Frage, wie es sich mit der in der Semiotik diskutierten Problematik der ›endlosen semiotischen Kette‹ aus dieser naturalistischen Sicht verhält. – Zum begrifflichen Brückenschlag von kognitiv-semiotischen zu klassischen semiotischen Beständen, namentlich zu Peirce, siehe etwa Nöth 2000, 234.

275 Anschaulich wird eine solche bedeutungsrelevante Projektion kognitionswissenschaftlich etwa bezeichnet als ›mapping‹, siehe Ziem 2009, 175.

fika benennen wie System-Umwelt-Differenz, ›zyklische Kausalität‹, Selbstreferenz, oder als Aussagen etwa im Sinne der Gestaltgesetze. Und ausdrücklich sind es auch Aussagen zu Entwicklungsfaktoren, die der Symbolisierung, der Entstehung von Bedeutung zugrundeliegen – zu *Mechanismen der Erkenntnis*.

2.2 Der Basismechanismus der Transmutation

Auch die *Mechanismen der Erkenntnis* sind hochgradig verallgemeinert gefasst; exemplarisch sei hier einer von ihnen betrachtet und konkretisiert: *der* basale Mechanismus, der jeder bedeutsamen Erfahrung, jeder komplexen Wahrnehmung und mithin jedem Symbolbezug zugrundeliegt, gleichsam Grundbedingung par excellence. In dieser Philosophie ist der Terminus ›Transmutation‹;[276] aus unterschiedlichsten kognitionswissenschaftlichen, erkenntnistheoretischen, anthropologischen Perspektiven wird, was damit gemeint ist, überwiegend als abstraktive Basisoperation schlechthin eingeschätzt: der basale Mechanismus oder auch Automatismus der ›Umwelt-Vereinfachung‹ beim Wahrnehmen, der Simplifizierung, Kategorisierung oder auch Schematisierung. Grundbedingung dafür, dass überhaupt – ganz allgemein gesagt – Strukturen, Ordnungen, Muster, Formen, Gestalten erfahren, wahrgenommen werden.

> »Es ist das Kennzeichen eines hochgradigen Organismus, die irrelevanten Zufälligkeiten seiner Umgebung durch negativ erfaßte Informationen zu eliminieren und jeder Abweichung von der systematischen Ordnung massive Aufmerksamkeit zuzuwenden. Für diesen Zweck ist die Kategorie der Umwandlung das oberste Prinzip. Aufgrund ihres Eingreifens kann jeder Nexus mit Hilfe der

---

276 Englischer Terminus: ›transmutation‹; ins Deutsche übersetzt auch als ›Umwandlung‹. – Die kategorialen Verbindlichkeiten (siehe PR 71ff.): 1) subjektive Einheit; 2) objektive Identität; 3) objektive Verschiedenheit; 4) konzeptuelle Wertung – Valuation; 5) konzeptuelle Umkehrung – Reversion; 6) konzeptuelle Umwandlung – Transmutation; 7) subjektive Harmonie; 8) subjektive Intensität; 9) Freiheit und Determination – äußere Freiheit, innere Determination. Hölling (1971, 221) bezeichnet sie als »Kompatibilitätsbedingungen, die erfüllt sein müssen, damit die Entstehung einer Einheit aus der Mannigfaltigkeit ihrer primären Daten begreiflich wird«. Kategoriale Verbindlichkeit Nr. 6 ist die Transmutation, die konzeptuelle Umwandlung; siehe dazu auch Lotter 1996, 54.

Analogien unter seinen eigenen Elementen oder mit Hilfe der Analogien unter den Elementen anderer Nexūs, die aber dennoch für ihn relevant sind, erfaßt werden.« (PR 571f.)

Sowohl aus Whiteheads philosophischer Sicht als auch auf im weitesten Sinn erkenntnistheoretischem Terrain gilt diese Umwelt-Vereinfachung, Kategorisierung, Schematisierung – »die Übertragung von Eigenschaften von der Vielzahl der Individuen auf den Nexus als einheitliches Ganzes« (AI 381) – als die bedeutungskonstitutive Basisoperation schlechthin. »Zentral für alle Formen der ›Informationsverarbeitung‹ (unabhängig von der Art der perzeptuellen Daten) sind Kategorisierungs- und Schematisierungsprozesse.«[277]

Mit dieser basalen Operation wird, so Whitehead, ›der Rubikon überschritten‹, kommt die Abstraktion, oder, anders betrachtet, die ›eternal objects‹ ins Spiel: »Die irrelevante Vielheit von Details wird eliminiert und das Schwergewicht auf die Elemente der wirklichen Welt gelegt, die eine systematische Ordnung aufweisen.« (PR 464) Nicht die bewusste gedankliche Subsumption ist hier gemeint, sondern die unbewusste, automatische Simplifizierung, Kategorisierung und Schematisierung – unter anderem gelegentlich auch bezeichnet als ›natural categorization‹.[278] Paradebeispiel für diesen Automatismus ist – aus Whiteheads philosophischer wie aus überwiegender wahrnehmungsphysiologischer und -psychologischer Sicht – die Sinneswahrnehmung. »Für die auf der Erdoberfläche lebenden Wesen ist die Sinneswahrnehmung das bei weitem wichtigste Beispiel ei-

---

277 Ziem 2009, 175.

278 »Every living being categorizes. [...] Categorization is therefore a consequence of how we are embodied. We have evolved to categorize; if we hadn't, we would not have survived. Categorization is, for the most part, not a product of conscious reasoning. We categorize as we do because we have the brains and bodies we have and because we interact in the world the way we do.« (Lakoff/Johnson 1999, 17) Zum Gegenstandsbereich ›Kognition und Kategorisierung‹ siehe z.B. Rosch/Lloyd (Hg.) 1978. – ›Abstraktion‹ kann man in diesem Kontext zunächst ganz generell verstehen als »das Verfahren der Hervorhebung gemeinsamer Merkmale von Gegenständen, Sachverhalten oder Ereignissen und deren Verbindung zu seiner Einheit« (Oeser 1996, 58).

ner Transmutation.« (AI 382)[279] Die sogenannte Gestaltwahrnehmung, wie sie etwa beim Sehen und Hören offenbar standardmäßig im Spiel ist, ist sicherlich ›klassischer Fall‹ von Transmutation.

»Das beste Beispiel für diesen Simplifizierungsprozeß ist die Wahrnehmung, in der ein Gesellschaftsnexus als eine Einheit erscheint, mit charakteristischen Eigenschaften, die in Wirklichkeit auf seine einzelnen Mitglieder und deren wechselseitigen Zusammenhang zurückzuführen sind. Nach einigen Eliminationen nimmt man das definierende Charakteristikum des Nexus als eine Eigenschaft wahr, die unmittelbar dem Nexus als einheitlichem Ganzen zukommt.« (AI 380)

Kurz: Die als universeller bedeutungskonstitutiver Basismechanismus angenommene Transmutation ist im Grundsatz kognitions- und humanwissenschaftlicher Konsens, gelegentlich eingeordnet als ›Mechanismus der Erkenntnis‹: basale Vereinfachung, Kategorisierung und Schematisierung, durch die Menschen beispielsweise »der unübersichtlichen Vielfalt der Einzelstücke zu entkommen und eine für den Menschen handhabbare Umwelt herzustellen versuchen«.[280]

2.3 *Exemplarisch: Verdichtung und Verschiebung*

Whitehead diskutiert, wie gesagt, den gesetzmäßigen Aspekt der Transmutation im Kontext einer umfassenden ›Gesetzessammlung‹. In bedeutungstheoretischer Hinsicht, etwa als ›Mechanismus der Erkenntnis‹, ist elementar neben der *Transmutation* beispielsweise die *Reversion*. Mit ihr

279 Erwähnenswert, wie Whitehead in diesem Zusammenhang den Begriff ›Erscheinung‹ in Anschlag bringt: »Ich habe diese ganze Frage – die Übertragung von Eigenschaften von der Vielzahl der Individuen auf den Nexus als einheitliches Ganzes – im dritten Teil von Process and Reality (Kapitel III, Abschnit III) ausführlich diskutiert, wobei ich diesen Übertragungsprozeß als ›Transmutation‹ bezeichnet habe. Das transmutierte Perzept – also das, was nach dieser Übertragung wahrgenommen wird – gehört offensichtlich dem Bereich der ›Erscheinung‹ an. Aber weil es ja im tierischen und menschlichen Erleben auftritt, gehört es der mit der Wirklichkeit verschmolzenen Erscheinung an: weil es sich aus der Vergangenheit vererbt. Es ist also eine Naturtatsache, der fundamentale strukturelle Verhältnisse innerhalb der belebten Natur auf der Erdoberfläche zugrundeliegen. In allem, was Erscheinung ist, gibt es ein Element der Transmutation.« (AI 382)

280 Carrier 2000, 6.

kommt das Kontrafaktische in die Welt, die Verkehrung ins Gegenteil, der differentielle Anschluss, das ›Es geht auch anders‹ – der ›Innovationsschub‹: »Es ist die Kategorie, nach der Neues in die Welt kommt, so daß es selbst unter den Bedingungen der Stabilität niemals bei undifferenzierter Dauer bleibt.« (PR 455)

Das Prinzip der Transmutation und das Prinzip der Reversion sind zwei gesetzmäßige Aspekte, an denen sich relativ anschaulich nachzeichnen lässt, wie sich Whiteheads philosophisches Projekt bedeutungstheoretisch im human- und kulturwissenschaftlichen Kontext und Konsens bewegt; welche impliziten Bezüge etwa seiner sehr allgemeinen Fassung einer Theorie der Erfahrung zugrundeliegen. Interessant ist hier beispielsweise ein geisteswissenschaftlich gut eingespieltes Begriffspaar: die Konstellation ›Verdichtung und Verschiebung‹; interessant ist sie als Gegenstück der Konstellation ›Transmutation und Reversion‹. Die Konstellation ›Verdichtung und Verschiebung‹ gilt weithin auf kultur- und humanwissenschaftlichem Terrain als *die* Urkonstellation bedeutungskonstitutiver psychischer Mechanismen – ›Mechanismen der Erkenntnis‹ – schlechthin. ›Verdichtung‹ ist der auf Freud zurückverfolgbare Terminus für die abstraktive, bedeutungskonstitutive Vereinfachung/Kategorisierung/Schematisierung – oder auch Kondensierung; beigeordnet wird diesem ›Mechanismus der Erkenntnis‹ gemeinhin ein zweiter, die Verschiebung – zuständig für die Innovation, die Erschütterung im Sinne der Versetzung in »ein anderes Verhältnis zur Welt«.[281]

> »Durch den Prozeß der Verschiebung kann eine Vorstellung den ganzen Betrag ihrer Besetzung an eine andere abgeben, durch den der Verdichtung die ganze Besetzung mehrerer anderer an sich nehmen. Ich habe vorgeschlagen, diese beiden Prozesse als Anzeichen des sogenannten psychischen Primärvorganges anzusehen.«[282]

Kurz: Verdichtung und Verschiebung – aussagekräftig auch die englische Übersetzung: ›condensation and displacement‹ – gelten hinsichtlich der

---

281 Musil 1978, 1138; hier befasst sich Musil aus kunsttheoretischer Sicht mit den »untereinander eng verwandten Vorgängen [...], welche die Psychologie *Verdichtung und Verschiebung* nennt«.

282 Freud 1915, 285f.

Symbolgenese als Entwicklungsfaktoren par excellence; nicht selten wird diese Konstellation in Verwandtschaft gesehen mit der bedeutungstheoretisch prominenten Figurenkonstellation ›Metapher und Metonymie‹.[283]

Jean Piaget, dessen Entwicklungspsychologie im generellen Selbstorganisations- wie im kognitionswissenschaftlichen ›Embodiment‹-Paradigma eine wesentliche Bezugsgröße ist, zu Verdichtung und Verschiebung:

»Die elementarsten Symbole sind die Ergebnisse einer ›Verdichtung‹ [...] Außerdem gibt es die ›Verschiebung‹ der affektiven Akzente von einem Vorstellungsbild auf ein anderes [...] Der Symbolismus arbeitet mit Identifikation, Projektion, Verkehrung ins Gegenteil, Verdoppelung usw., und er ist das Gegenteil von Logik, denn er gehorcht nur dem ›Lustprinzip‹ [...].«[284]

3. Ein Musterfall: Die Proposition

3.1 Philosophisch zentral: Der Begriff der Proposition

Wenn es ganz generell aus philosophischer Sicht um das Epistemische, den ›Welt‹-Gehalt des Mentalen geht, spielt eine zentrale Rolle der Begriff der Proposition. Was den Wissensbegriff betrifft, ist beispielsweise propositionales Wissen namentlich »für Philosophen der primäre Gegenstand des Interesses«[285] – interessant ist die Proposition aus kanonischer philosophisch-erkenntnistheoretischer Sicht vorrangig als Wissensbehauptung, etwa als Urteil im Sinne der Aussagenlogik. Danach gilt: Eine Proposition ist eine Aussage über einen Sachverhalt, und spannend an einer Proposition ist insbesondere ihr Wahrheitswert.[286]

283 ›Metapher‹ im engeren Sinne meint danach ›Verdichtung‹; ›Metonymie‹ meint danach ›Verschiebung‹; siehe etwa Bogdal 2005, 63, unter Bezug auf die psychoanalytische Sichtweise Lacans: »Im Unbewussten ist das Feld der Metapher die ›Verdichtung‹, das der Metonymie die ›Verschiebung‹ [...]«. Arbeiten zur Metapher/Metonymie-Konstellation aus kognitionswissenschaftlichen Perspektiven finden sich in Barcelona (Hg.) 2003, speziell zur Metonymie siehe Panther/Radden (Hg.) 1996.

284 Piaget 1975, 235f.; zur Whitehead-Piaget-Relation siehe z.B. Riffert 1995.

285 Engel 1999, 1759.

286 »Sprache ist nach alter philosophischer Tradition ein Mittel, über die Welt zu reden; und über die Welt redet man, indem man Aussagen über sie macht. Aussagen sind

Das sieht Whitehead anders, und an seinem Umgang mit dem Begriff der Proposition ist auf einer allgemeinen Ebene bezeichnend, wie einerseits ein grundlegender Brückenschlag zur philosophischen Tradition vollzogen, andererseits – in naturalistischer Hinsicht entscheidend – darüber hinaus gegangen wird. Der Brückenschlag besteht zunächst darin, dem Begriff der Proposition grundsätzlich einen signifikanten Stellenwert innerhalb einer Theorie der Erfahrung einzuräumen: Die Proposition hat einen relativ prominenten Ort im Kategoriengebäude;[287] im sogenannten ›propositional feeling‹ hat die Bedeutungsgenese bzw. die Abstraktion einen signifikanten Grad erreicht. »Die Proposition ist ein Begriff, den man sich von den Wirklichkeiten macht, eine Vermutung, eine Theorie, eine Annahme über die Beschaffenheit der Dinge.« (AI 428) Allerdings hat die Relevanz des ›propositional feeling‹ nicht in erster Linie mit jenen Aspekten zu tun, die die philosophische Tradition vornehmlich betrachtet:

»Die Propositionen fielen bisher als Aussagen in den Zuständigkeitsbereich der Logik, und die Diskussion drehte sich zur Hauptsache um die Frage, wann eine Aussage ›wahr‹ beziehungsweise ›falsch‹ sei, wobei dann die ›falschen‹ Aussagen als bedeutungslos beiseite geschoben wurden. Diese vornehmlich logische Behandlung der Propositionen beruht aber nach der Organismusphilosophie auf einer Fehleinschätzung, die darin ihren Grund hat, daß man Propositionen mit *bewußten Urteilen* gleichsetzte. Das bewußte Urteilen ist jedoch nach der Organismusphilosophie eine bloß zusätzliche, zudem seltene Komponente der Propositionen, wie für sie überhaupt das Bewußtsein nur eine Komponente der Erfahrung ist und nicht deren konstitutives Moment.«[288]

»Das Interesse an der Logik, das die übertrieben intellektualistischen Philosophen beherrscht, hat die Hauptfunktion von Aussagen in der Natur der Dinge verschleiert. Sie dienen nicht primär der Überzeugung, sondern dem Empfinden auf der physischen Ebene des Unbewußten.« (PR 347)

---

wahr oder falsch: wahre Aussagen entsprechen den Tatsachen, falsche entsprechen ihnen nicht.« (v. Savigny 1980, 148) Revision hat diese Verengung von Aussagen auf logische Urteile u.a. erfahren im ›Ordinary-language‹-Diskurs, siehe z.B. ebd., 148f.

287 Ein prominenter Ort im Theoriegebäude, und zwar in der Kategorie der *Existenz:* »(vi) *Aussagen, oder* Sachverhalte in potentieller Bestimmung, oder unreine Potentiale für die spezifische Bestimmung von Sachverhalten, *oder* Theorien.« (PR 63f.)

288 Fetz 1981, 177. Siehe zum ›propositional feeling‹ auch Lotter 1996, 242ff.: »Die höheren Stufen der Erfahrung«.

Was Whitehead hier macht, ist für sein Unternehmen in gewisser Hinsicht charakteristisch: einerseits diskursiver Anschluss an die philosophische Tradition, andererseits Weiterdenken in gänzlich neue Richtungen.

> »Die Tatsache, daß Aussagen zuerst im Zusammenhang mit der Logik untersucht wurden, sowie die moralische Voreingenommenheit für wahre Aussagen haben die Rolle von Aussagen in der wirklichen Welt verschleiert. Die Logiker untersuchen nur das Urteil über Aussagen. In der Tat gelingt es einigen Philosophen nicht, Aussagen von Urteilen zu unterscheiden; und die meisten Logiker betrachten Aussagen lediglich als Anhängsel an Urteil. Die Folge ist, daß falsche Aussagen ein böses Schicksal hatten, auf den Misthaufen geworfen und mißachtet wurden. Aber in der realen Welt ist der Reiz einer Aussage wichtiger als ihre Wahrheit. Die Bedeutung der Wahrheit besteht darin, daß sie noch zur Interessantheit hinzukommt. Der hier aufgestellte Grundsatz lautet, daß Urteils-Empfindungen nur eine Untergruppe aussageartiger Empfindungen bilden und aus der speziellen Art der Integration aussageartiger Empfindungen mit anderen Empfindungen hervorgehen. Aussageartige Empfindungen sind ihren einfachsten Beispiel nach keine bewußten Empfindungen.« (PR 472f.)

Faktisch wird die Proposition in diesem Theoriegebäude in erster Linie systematisch in den Blick unter Aspekten, die im philosophischen Kanon so kaum eine Rolle spielen und man im weitesten Sinn als kognitiv-semiotische bezeichnen kann; aus dieser Sicht geht es bei der Proposition vorrangig, allgemein gesagt, um das Vergegenwärtigen eines Sachverhalts. Anders gesagt: diese philosophische Sicht fokussiert einen *erfahrungsbezogenen* Propositionsbegriff. Die Proposition interessiert hier in erster Linie als Objekt einer propositionalen Erfahrung, eines ›propositional feeling‹, als »Datum für das Empfinden, das auf ein empfindendes Subjekt angewiesen ist« (PR 472).

3.2 Die propositionale Erfahrung

Das ›propositional feeling‹, die propositionale Erfahrung, ist systematisch begreifbar als Entwicklungsgeschehen, resultierend aus spezifischen Vorerfahrungen. Wie das im Einzelnen analytisch zu fassen sein dürfte, geht Whitehead durch im Rahmen der Theorie der Prehensionen, entlang einer Vielzahl an Spielweisen, an Gradienten, Subklassen der Kategorie ›propositional feeling‹. Eine für eine Theorie der Erfahrung elementare und in gewisser Hinsicht exemplarische Differenzierung ist beispielsweise die zwischen *wahrnehmender* und *vorstellender* propositionaler Erfahrung. Unterscheidungskriterium ist hier das Verhältnis der jeweils beteiligten ›physical feelings‹: Stimmen sie in entscheidenden Hinsichten überein, kommt es zur wahrnehmenden propositionalen Erfahrung: ›Diese Rose ist rot...‹ Unterscheiden sie sich, handelt es sich um eine imaginative, eine vorstellende propositionale Erfahrung. Anders gesagt: Ist das Verhältnis zwischen sinnlich wahrgenommener Welt und propositionaler Erfahrung ein kontrafaktisches, eröffnet das den Spielraum für Imagination, Phantasie, Fiktion: ›Es war einmal eine Prinzessin, die sich stach an einer roten Rose...‹ – Auch die für die philosophische Tradition zentrale Frage des Wahrheitswerts einer Proposition wird erörtert: Als Kriterium, über die das ›propositional feeling‹ diesbezüglich genauer zu bestimmen ist, macht Whitehead beispielsweise aus: dessen Abkunft als ›wahrnehmend, authentisch, direkt‹,[289] wobei er, wie gesagt, dieser Frage für eine Theorie der Erfahrung keinen dermaßen zentralen Stellenwert einräumt.

»Daß eine Proposition interessant ist, ist wichtiger als daß sie wahr ist. Diese Feststellung ist beinahe schon eine Tautologie. Denn das Ausmaß, in dem eine Proposition in einem bestimmten Erlebnisvorgang zur Wirkung kommt, wird ja gerade durch das Ausmaß, in dem sie interessant und bedeutsam ist, bestimmt. Natürlich sind wahre Propositionen eher interessant als falsch. Und wenn das Handeln dem emotionalen Anreiz wahrer Propositionen folgt, wird es öfter erfolgreich sein als bei falschen. Aber selbst wenn man vom Handeln völlig absieht, hat die rein kontemplative Betrachtung der Wahrheit noch immer ein ganz besonderes Interesse. Alles in allem aber bleibt es unbeschadet dieser klä-

289 Exemplarisch an dieser Stelle einmal einige Detailinformationen (siehe PR 467-484): Durchläuft ein ›propositional feeling‹ nur die drei Entwicklungsstufen a), b) und c), entsteht ein *authentisches wahrnehmendes* Empfinden. Authentisches wahrnehmendes Empfinden hat zwei mögliche Genealogien: Es kann eine Umwandlung nach der kat. Bedingung VI implizieren; dann handelt es sich um *indirektes* authentisches wahrnehmendes Empfinden. Es kann ohne jegliche Umwandlung zustande kommen und ist dann *direktes* authentisches wahrnehmendes Empfinden. Um *unauthentische* wahrnehmende Empfindungen handelt es sich dann, wenn das aussageartige Empfinden über Option d) entsteht. D.h., wenn das begriffliche Empfinden aus c) im erfassenden Subjekt eine Umkehrung nach kat. Bedingung V zu einem weiteren begrifflichen Empfinden erfährt.

renden Zusätze wahr, daß eine Proposition in dem Maße wichtig ist, in dem sie interessant ist. Nichts illustriert besser die Gefahren der wissenschaftlichen Spezialisierung als die Konfusion, die dadurch entstanden ist, daß man die theoretische Behandlung von Propositionen ausschließlich den Logikern überlassen hat.« (AI 428f.)

3.3 *Eine Grundform der Erfahrung*

Zusammengefasst: Hinsichtlich des Epistemischen, des ›Welt‹-Gehalts der Erfahrung weist der Begriff der Proposition hin auf *die* prototypische Erfahrungssorte, die hier in den Blick zu nehmen ist – soweit geht diese philosophische Sicht mit der Tradition konform. Die Wende wird vollzogen, indem der Aspekt der *Erfahrung* in den Mittelpunkt der Betrachtung rückt – was die Grenzen des sprachanalytischen und aussagenlogischen Diskurshorizonts überschreitet, ihn etwa um im weitesten Sinn kognitionswissenschaftliche Sichtweisen erweitert. Und aus diesen Perspektiven steht der Begriff der Proposition beispielsweise für die kleinste bedeutungstragende Einheit, »deren Wahrheitswert man überprüfen kann«[290] – wobei der Wahrheitswert eben nicht unbedingt als das Wesentliche daran gilt. Als wesentlich gelten vielmehr etwa Fragen nach der Entstehung dieser Bedeutungseinheit, ihres Bedeutungsgehalts, deren notwendigen und hinreichenden Bedingungen, nach ihrem funktionalen Profil, nach ihrer Rolle im Gesamtkontext der Kognitionen und auch der Emotionen, kurz: beispielsweise nach ihrem Erfahren-Werden.

Diesen Aspekten und weiteren begegnet Whitehead mit der Konzeption des ›propositional feeling‹: einer neutral formulierten, anwendungsoffenen Konzeption, mit der im Grundsatz der Breite an möglichen Vergegenwärtigungen von Sachverhalten – Bezugnahmen auf Sachverhalte oder auch Erfahrungen von Sachverhalten – Rechnung getragen wird: Dieses Vergegenwärtigen – das Erfassen eines imaginierten oder faktischen Sach-

---

290 Pollmann 2008, 142. Sprachstrukturalistisch werden außerdem bedeutungstragende Einheiten *unterhalb* der Proposition unterschieden (siehe ebd.): das Lexem, das Lemma, als bedeutungstragende Einheit, die nicht auf ihren Wahrheitswert hin überprüfbar ist.

verhalts, eines ›Sich-Verhaltens von Zusammenhängen‹ – kann sich erstrecken vom flüchtigen Wahrnehmen einer räumlichen Gegebenheit über die Imagination, etwa den das kindlichen Albtraum vom ›Monster im Schrank‹, bis zu den expliziten Narrationen: Benjamin Blümchen, den Witzen und der Werbung, den Mythen und Märchen, den Hypothesen und Theorien. Wesentlich ist, *Gradienten,* eine Vielzahl an möglichen Bezugnahmen, unbewusste wie bewusst werdende, anzunehmen:

> »Das Auffassen von Propositionen im Erleben ist einer Vielzahl von Zwecken dienlich. [...] Das unbewußte Auffassen von Propositionen bildet eines der Stadien im Übergang von der ›Wirklichkeit‹ der Anfangsphase des Erlebens zur ›Erscheinung‹ der Abschlußphase.« (AI 428)

Interessant für das Verständnis des Mentalen ist diese prototypische Erfahrungssorte aus Sicht dieses philosophischen Theorieangebots nicht vorzugsweise unter formal-logischen Fragestellungen; interessant ist vielmehr, wie diese Erfahrungen entstehen und auf welche Art und Weise sie was bewirken – in systemtheoretischer Diktion könnte man etwa sprechen vom Transformations- bzw. Anschlusspotential. Hier geht es wesentlich um Faktoren wie beispielsweise: Relevanz, Interesse, Erfahrungsintensität. Vergleichsweise prominent geworden ist die Formulierung vom ›lure for feeling‹, vom »Anreiz für das Empfinden«: »Eine ganz wesentliche These der organistischen Philosophie besagt, daß die wichtigste Funktion einer Aussage darin besteht, als Anreiz für das Empfinden relevant zu werden.« (PR 69) Mit anderen Worten: Wesentlich ist das Interesse, das sie weckt; der Widerhall, den sie provoziert; die Wirkungen, die sie zeitigt.

4. Sprache und Bedeutung

4.1 Welche Sprache?

Wenn man den sprachlichen als für eine Theorie der Erfahrung nicht unwesentlichen Bereich anführt, ist zunächst einmal zu klären, welche ›Sorte‹ man eigentlich meint. Wesentliche Unterscheidung ist etwa die zwischen formalen, künstlichen Sprachen oder Zeichensystemen – Sprachen der Mathematik, der Logik, Programmiersprachen – und natürlichen Sprachen. Bezeichnend für natürliche Sprachen ist: Sie sind als Zeichensysteme instabil, unscharf, notorisch mehrdeutig; das ist nicht etwa ein Mangel – im Gegenteil:

> »Die semantische Instabilität und Unschärfe von n.S. [natürlichen Sprachen] führen zu Problemen, wo vollständige Präzision erforderlich ist (zum Beispiel in den ›exakten Wissenschaften‹, die sich deshalb weitgehend formaler Sprachen bedienen). In natürlichen Sprachverwendungssituationen sind Kontext-Abhängigkeit, Mehrdeutigkeit und Vagheit hingegen kein Mangel, sondern eine wesentliche Voraussetzung [...].«[291]

Klassische sprachphilosophische Bedeutungstheorien gelten zu einem erheblichen Anteil *künstlichen* Sprachen: Es sind Semantikkonzeptionen, die aus der Arbeit mit formalen Sprachen rühren – etwa mit autonomen Symbolsystemen in der Tradition der mathematischen Logik –, und die Zeichensysteme vornehmlich in logischen Hinsichten betrachten: Sprachliche Bedeutung wird dieser Sicht in erster Linie betrachtet im Kontext wahrheits- und referenztheoretischer Überlegungen. Mit dieser formalsprachlichen Ausrichtung ist Whitehead nicht einverstanden: Für grundsätzliche semantische Fragen ist der formalsprachliche Ansatz unzureichend, greift er zu kurz, so sein philosophiekritischer Impetus.

Zumindest auf den ersten Blick steht Whitehead seinerzeit mit dieser Kritik nicht allein; im sprachphilosophischen Diskurs beginnen sich gerade Positionen zu entwickeln, die eine pragmatische Wende in diese Richtung markieren: die Abkehr von der schwerpunktmäßig formalsprachlich-logischen Sicht auf Sprache und Bedeutung, die Hinwendung zu einem Sprachverständnis, aus dem heraus nicht die *formale* Sprache, sondern die *normale* Sprache in den Blick genommen wird, vornehmlich unter pragmatischen Gesichtspunkten, indem nach dem *Gebrauch* der Sprache gefragt wird.[292] In diese Richtung zielt auch Whitehead – und darüber hinaus: auf

---

291 Pinkal 1996, 640.

292 In der Tradition der Analyse formaler Sprachen werden gesehen die Arbeiten von Carnap, Frege, Russell, dem frühen Wittgenstein, d.h. vor 1929 (»Tractatus logico philosophicus«, 1922); in der Tradition der Analyse normaler Sprachen die Arbeiten von Austin, Grice, Strawson, von Savigny und dem späten Wittgenstein, Letzterem

bedeutungstheoretische Problemstellungen, die zwar nicht seinerzeit, heute jedoch forschungsleitend sind, etwa überschreibbar mit: *kognitive Semantik.* Einen entscheidenden Unterschied zur formalen Semantik kann man möglicherweise so zusammenfassen: Formale Semantik interessiert sich für Wahrheits- und Referenzbedingungen, kognitive Semantik für Konzepte.[293] Weiter ist in diesem Zusammenhang die Differenzierung zwischen ›Referenz‹ und ›Inferenz‹ nicht uninteressant: Interessieren formale Semantiken sich insbesondere für Referenzbeziehungen – ›Bedeutung‹ wird unter diesen Vorzeichen mehrheitlich in statischen und arbiträren Referenzbeziehungen zwischen Begriff oder Symbol und externem Denotat gesehen –, fokussieren Inferenzsemantiken, grob gesagt, das innersystemische bedeutungsrelevante Gefüge auf Seiten des kognitiven Subjekts.

> »In inferenzsemantischer Sicht werden die semantischen Eigenschaften eines kognitiven Zustandes durch das Geflecht von Beziehungen gestiftet, das dieser Zustand zu anderen kognitiven Zuständen, zu Sinnesreizen oder zu Verhaltensweisen aufweist. So erhält z.B. der Begriff der Rose seine Bedeutung durch Verknüpfungen mit anderen Begriffen wie Stacheln, Rendezvous oder Valentinstag. Zwar sind viele dieser Begriffe letztlich an Weltzustände angebunden, aber ihr Einfluß auf das Verhalten stammt im wesentlichen aus ihren wechselseitigen Verknüpfungen. […] Es ist die Rolle, die ein Begriff in der kognitiven Architektur einer Person spielt, oder die Funktion, die er erfüllt, die seine semantischen Eigenschaften bestimmen. Bedeutungen sind durch das funktionale Profil kognitiver Zustände fixiert.«[294]

als entscheidendem Wegbereiter der sog. ›Gebrauchstheorie der Bedeutung‹ (»Philosophische Untersuchungen«, 1953).

293 Siehe Löbner 2003, V: »Die Formale Semantik wiederum betrachtet Sprache ausschließlich unter dem Blickwinkel der Logik [...] Für die Formale Semantik sind Bedeutungen Zuordnungen zwischen sprachlichen Ausdrücken und Dingen in der ›Welt‹, nämlich im Wesentlichen Wahrheits- und Referenzbedingungen. Für die Kognitive Semantik sind Bedeutungen Konzepte [...].«

294 Carrier 2000, 10; zur Differenz zwischen Referenz- und Inferenzsematik siehe auch Kralemann 2006, 153.

Whitehead verfolgt Fragen der sprachlichen Semantik nicht im Detail; sein Anliegen ist ja die *generelle* Theorie der Erfahrung, nicht die kognitive Sprachtheorie. Wesentliche sprachliche Belange spricht er vornehmlich dadurch an, dass er im Rahmen der symboltheoretischen Überlegungen das Beispiel der Sprache heranzieht, etwa als signifikantes Beispiel für die potentielle Elaboriertheit, Habitualisierung, Stabilisierung, Konventionalisierung und möglicherweise auch ›Fossilisierung‹ des Symbolischen.[295] Die Menschheit hat »elaborierte[n] Systeme der symbolischen Transferenz« (Sy 145); und herausragend ist hier die Sprache. »Unter den verschiedenen Arten von Symbolismen [...] müssen wir die Sprache an die erste Stelle setzen.« (Sy 125)

> »Der Mensch verwendet einen künstlicheren Symbolismus, der hauptsächlich durch die Konzentration auf eine bestimmte Auswahl von Sinnes-Wahrnehmungen, zum Beispiel Wörter, erarbeitet wird. In diesem Fall gibt es eine Kette von Herleitungen von Symbolen aus Symbolen, durch die die räumlichen Beziehungen zwischen dem letzten Symbol und der grundlegenden Bedeutung schließlich völlig verlorengehen. [...]
>
> Diese abgeleitete Symbolisierung, die von der Menschheit benutzt wird, ist im allgemeinen nicht lediglich eine Bedeutungsanzeige, bei der jedes Merkmal, das Symbol und Bedeutung gemeinsam haben, verlorengegangen ist.« (Sy 141f.)

Man kann diese philosophische Sicht auf Sprache teils mit Bezug auf den einen oder anderen seinerzeitigen – sprachwissenschaftlichen oder anthropologischen – Bestand beleuchten und vertiefen.[296] Ganz erheblich ergiebiger ist es, sie von heute aus, mit aktuellen Bezügen zu veranschaulichen.[297] Dann lässt sich eine bedeutungstheoretische Grundannahme, die

295 Siehe Sy 119ff. und passim. – Sprache als Sonderfall der ›Fossilierung‹ von Bedeutung diskutiert aus linguistischer Sicht etwa Finke 1997.

296 Beispielsweise mit Bezügen zur ›General Semantics‹ (z.B. Korzybski 1933).

297 Eine sprachwissenschaftliche, vergleichsweise hermetische Tour de Force in diese Richtung – Konvergenzen zwischen kognitiver Sprachwissenschaft und Whiteheads philosophischen Theorieangebot – ist Fortescue 2001; Tenor: »In fact, there is a common thread running right through the varied phases of his career, from his earliest work as a mathematician to his later writings on culture and history, namely his concern with the nature of symbolism. As I shall attempt to show, his

Philosophie und explizite kognitive Semantik teilen, beispielsweise so formulieren:

»*Bedeutung* wird nicht länger als besondere Eigenschaft von Zeichen und Zeichenfolgen gedeutet, die diesen vermittels einer (Übersetzungs)-Semantik wie Entitäten besonderer Art unmittelbar zuordenbar wäre, sondern Bedeutung wird allgemein als ein (mögliches) Resultat komplexer – in Zeichen nicht notwendig schon repräsentierter – kognitiver Prozesse verstanden, in deren Verlauf es über (mehr oder weniger streng determinierende) Regularitäten zur Ausbildung von (mehr oder weniger deutlich) erkennbaren Zuordnungsbeziehungen (Relationen) kommt, die ihrerseits Strukturzusammenhänge (mehr oder weniger scharf) konstituieren.«[298]

Natürliche Sprache als konstitutiv in der menschlichen Kognition und Kommunikation verankert zu begreifen, heißt etwa, systembegrifflich auseinandergelegt: Erstens wird betrachtet wird das kognitive Subjekt, der Sprecher, Hörer, ein hochentwickeltes lebendes System – Whitehead: ›entirely living nexus‹ –, systemisch eingebunden in Umwelten, physikalische, soziale, kulturelle; entscheidend etwa: in sprachliche – Sprach- und Sprechergemeinschaften. Und zweitens wird betrachtet das Sprachsystem, in seiner – relativen – Abstraktivität, Kohärenz, Konsistenz, Invarianz und Zeitlosigkeit. Das ist in gewisser Hinsicht das gegenstandskonstitutive Spannungsfeld kognitiver Sprachwissenschaft: das Interdependenzgefüge von abstraktem Sprachsystem und spatio-temporaler Wirklichkeit; hier liegt der maßgebliche Unterschied zur Betrachtung formaler Sprachen – und hier wird die Blickrichtung der Symbolisierungskonzeption, wie Whitehead sie ganz allgemein entwickelt, mit heutigen Forschungs- und Theorieperspektiven fassbar: Natürliche Sprache gilt hier als Zeichensystem, das erst in voller Gänze systematisch zugänglich wird, wenn man es

---

thinking casts new light on the notions of ›meaning‹, ›intention‹, ›representation‹, and the general nature of the relationship between the linguistic sign and its ›content‹ within a framework of unceasing cognitive and social process. This will take us far from the safe shallows of the static structuralist universe. Connectionism, optimality theory, emergent grammar, prototype theory, fuzzy logic and embodied meaning, are all notions in the air today that Whitehead would have relished.« (Fortescue 2001, 4)

298 Rieger 1989, 20.

nicht etwa als autonom, arbiträr und ›gegeben‹ betrachtet, sondern als entstanden – das heißt beispielsweise konkret unter einer Headline wie ›Embodiment‹: als im Grundsatz durch die ›conditio corporea‹ bedingte bedeutungskonstitutive Leistung des Lebewesens ›Mensch‹.

Exemplarische Forschungsrichtungen von hier aus sind etwa:[299] a) das Betrachten der menschheitsgeschichtlichen Entstehung und Veränderung von Sprachen unter Gesichtspunkten wie Sprachwandel und Grammatikalisierung;[300] b) das Betrachten der individuellen Sprachentwicklung, des frühkindlichen und normalerweise mit schlafwandlerischer Selbstverständlichkeit verlaufenden Spracherwerbs, ein Forschungsfeld mit für das Selbstorganisations- und das Embodimentparadigma entscheidenden Entwicklungen in so unterschiedlichen Bereichen wie Entwicklungtheorie und Sprachtheorie;[301] c) das Betrachten der Aktualsprache: der konkreten Sprachproduktion und – gleichermaßen bedeutungsrelevanten – Sprachrezeption. Kurz: Betrachtet wird die Phylogenese, Ontogenese und Aktualgenese sprachlicher Erfahrung.

Sprache als herausragendes, elaboriertes Beispiel für die umfassende symbolische Verfasstheit menschlicher Erfahrung zu begreifen, ist ja zumindest mit Blick auf einen Bereich wie etwa die Grammatik nicht unbedingt intuitiv naheliegend; ein wesentlicher und weichenstellender Beitrag zur kognitiven Linguistik ist indes beispielsweise die *Cognitive Grammar:*

»*Basic Features of Cognitive Grammar*
While I can offer here only the briefest of characterizations, I maintain that the theory of *cognitive grammar* is intrinsically desirable on grounds of naturalness, conceptual unification, and theoretical austerity. One aspect of its naturalness resides in the fact that it posits only *semantic structures, phonological structures,* and *symbolic links* between the two. This basic organizational feature correlates directly with the primary function of language, that of permitting meanings to

299 Übersichten zu diesen sprachwissenschaftlichen Perspektiven generell: Croft/Cruse (Hg.) 2004, Janssen/Redeker (Hg.) 1999, Kertész (Hg.) 1997, Ziemke et al. (Hg.) 2007, Wildgen 2008. Zu zentralen Topoi wie Analogie und Kausalität s. etwa die Arbeiten von Itkonen, z.B. Itkonen 1997; zur Grammatik die Arbeiten von Langacker: 1987, 1991, 2008; zur Bedeutungskonstitution s. etwa Hampe, B. (Hg.) 2005.

300 Als thematischen Zugang siehe Keller 1994.

301 Als Überblick siehe z.B. Gerdes 2008.

be symbolized by phonological sequences. The theory achieves conceptual unification by claiming that grammar is fully reducible to symbolic relationships: lexicon, morphology, and syntax form a continuum exhaustively describable in terms of *symbolic structures*, each comprising both a semantic and a phonological structure together with the symbolic relationship that links them. Grammar is therefore said to be *symbolic* in the specific sense that it reduces to *form-meaning pairings.*«[302]

Kapitel 9.
Subjektivität: Der ›Selbst‹-Gehalt des Mentalen

»Der Empfindende ist die Einheit,
die aus seinen eigenen Empfindungen auftaucht [...].« (PRd 176)

1. Der Problemhorizont

1.1 Die ontologischen und wahrnehmungstheoretischen Grundlinien

Wie steht es um die zweite große Problemstellung einer Theorie der Erfahrung: den ›Selbst‹-Gehalt des Mentalen, die Subjektivität? Whitehead behandelt die Frage der Subjektivität mit einer gewissen Lässigkeit; er formuliert kein explizites ›Problembild‹ und keine explizite ›Theorie der Subjektivität‹. Aus seiner Sicht werden, allgemein gesagt, die Weichen in subjektivitätstheoretischer Hinsicht zu wesentlichen Anteilen auf ontologischem und wahrnehmungstheoretischem Terrain gestellt: ›Schwierigkeiten rund um den Subjektbegriff‹ kann man insofern als ontologisch bedingt begreifen, als sie speziell den substanztheoretischen Weichenstellungen verdankt sind. Probleme des Subjektbegriffs stellen sich aus dieser Sicht dar als Fortführung der Probleme des Substanzbegriffs: Der Subjektbegriff setzt die ›bifurcation of nature‹ fort; er verschärft und pointiert die

302 Langacker 1990, 4.

dem Substanzbegriff inhärenten Dichotomien und Disjunktionen.[303] Begriffshistorisch rückverfolgen lässt sich, so die Argumentation, eine solche Ausbildung des modernen philosophischen Subjektbegriffes aus dem Substanzbegriff über Kant bis Descartes; danach bereitet die cartesianische Bestimmung der ›denkenden Substanz‹, der ›res cogitans‹, »noch ohne ihn selbst zu verwenden, die Ausbildung des modernen philosophischen Subjektbegriffes vor, wie ihn dann Kant als das sich selbst denkende Subjekt all seiner Vorstellungen zum Terminus macht«.[304]

Kommen zu diesen substanzbegrifflich induzierten Schwierigkeiten die wahrnehmungstheoretischen Verkürzungen hinzu, erfährt das ›Problemprofil Subjektivität‹ seine Zuspitzung; so gesehen, sind es Legierungen aus substanzbegriffbasierter Ontologie und verkürztem Wahrnehmungsbegriff, die die Fragestellungen und Suchräume bestimmen und, pointiert gesagt, hinauslaufen auf Konzeptionen entweder von ›erfahrungsunabhängiger Subjektivität‹ oder von ›subjektloser Erfahrung‹.

1.2 Ein Gesprächspartner: Kant

Als Gesprächspartner zu Fragen der Subjektivität zieht Whitehead namentlich Kant heran. Interessant ist aus Whiteheads Sicht insbesondere Kants sogenannte kopernikanische Wende; was Whitehead daran unterstreicht und für richtungweisend hält, ist das Abheben auf das Grundmotiv der Konstruktivität und der Aktivität – auf das aktive Subjekt, auf die »Konzeption eines Erfahrungsakts als ein konstruktives Wirken« (PR 292).

303 Siehe Wiehl 1996, 346ff., und Wiehl 2000a, 57f.

304 Stegmaier 1974, 131. Bei Kant stellt Stegmaier die erste entscheidende Verschärfung, Pointierung und Akzentverlagerung vom Substanz- auf den Subjektbegriff fest: »Bei Kant, der die Erörterung des Substanzbegriffs in dieser Richtung nicht mehr weiter treiben kann, tritt stattdessen die kritische Wendung ein: seine Kritik des Unbedingten in der Metaphysik schränkt den Gebrauch des Substanzbegriffes auf die Erfahrung und darin auf das eine Moment der Beharrung ein; sie setzt ihn als Grundkategorie hinter den Subjektsbegriff als der ursprünglich-synthetischen Einheit der transzendentalen Apperzeption oder der Funktion aller Synthesis in Urteilen zurück, deren eine Möglichkeit die Kategorie der Substanz nun bedeutet: sie ist das Beharrliche, dessen das Subjekt zur Bestimmung von Zeitverhältnissen in der Natur bedarf.« (Stegmaier 1974, 16)

Doch als Grundproblem sieht Whitehead, dass dieser Kantianische Konstruktivismus Aktivität vornehmlich als eine Angelegenheit apriorischer Verstandestätigkeit auffasst, die letztlich gründet im *unbedingten* Subjekt. Insofern richtet sich Whiteheads Kritik an Kant als prominenten Protagonisten eines gewissermaßen *erfahrungsunabhängigen* Subjektivismus. Der springende Punkt ist, Kant denkt das Subjekt im Grundsatz als Instanz, die keiner Konstitutionstheorie, keiner Entwicklungstheorie bedarf, sondern diese ihrerseits substituiert: Das unbedingte, ordnende Subjekt wird – im wörtlichen Sinn – voraus-gesetzt; angenommen wird »eine ewige unveränderbare Struktur transzendentaler Subjektivität jenseits der Natur«.[305]

Aus Whiteheads Sicht gilt es, den Kantianischen Konstruktivismus gleichsam vom Kopf auf die Füße zu kehren, gewissermaßen zu ›erden‹ – im Rahmen einer ›zweiten kopernikanischen Wende‹.[306] Was diese Wende beibehält, ist das Grundmoment prinzipieller Aktivität; sie behält es nicht nur bei, sie universalisiert es. Was sie aufgibt, ist das ›Apriori des transzendentalen Subjekts‹ – die Konzeption unbedingter Subjektivität. Aufgegeben wird sie zugunsten der Annahme subjektkonstitutiver Erfahrungen: »Für Kant taucht die Welt aus dem Subjekt auf; für die organistische Philosophie taucht das Subjekt aus der Welt auf [...].« (PR 175)

2. Lösungshorizonte: ›...the body as subject‹

Whitehead mag die Frage der personalen Subjektivität mit einer gewissen Lässigkeit handhaben – doch sein philosophisches Theorieangebot ist keine Negation des Subjektbegriffs, des ›Selbst‹-Gehalts der Erfahrung: etwa

---

305 Hampe 1991, 24; zur ›Voraus-Setzung‹ des Subjekts siehe Hampe 1990, 223. – Als markante Positionen und Traditionslinien nennt Whitehead exemplarisch Kantianismus und Hegelianismus. »In jedem metaphysischen Schema, das sich auf die Kantsche oder Hegelsche Tradition stützt, ist Erfahrung das Produkt von Operationen, die zu den höheren unter den menschlichen Wirkungsweisen gehören.« (PR 218) – Schematisch, kursorisch geht auf Aspekte des Whitehead-Kant-Verhältnisses etwa ein Hölling 1971, 80f.; aus philosophiehistorischer Sicht siehe z.B. Kann 2001.

306 Zur ›zweiten kopernikanischen Wende‹ siehe Wiehl 1996, 354.

der Erfahrung von ›Meinigkeit‹, Perspektivität und transtemporaler Einheit. Im Gegenteil: Whitehead widmet Überlegungen zum Gegenstandsmodell des Nexus/Netzwerks durchaus der Frage, wie menschlichem Erleben in seiner synchronen und diachronen Einheitlichkeit und Kontinuität modelltheoretisch Rechnung zu tragen ist – ohne auf Vergegenständlichungen zurückzufallen, ohne »Subjektivität von den Begriffen der Substanz und der substantiellen Form her, und damit Subjekte als Substanzen im besonderen oder im eminenten Sinne zu begreifen«.[307]

Wenn Whitehead keine explizite Theorie der Subjektivität formuliert, dann deshalb, weil er den ›Selbst‹-Gehalt – eines Menschen »relative personale Kontinuität«[308] – im Grundsatz eben nicht als Ausnahmeerscheinung betrachtet, sondern als Element der ›contuinity of life and mind‹ – gewissermaßen im Vertrauen auf die Kontinuität der Natur, darauf,

> »daß das Bewußtsein der persönlichen Identität, des Sichgleichbleibens, das wie ein roter Faden die Folge unserer Erlebensvorgänge durchzieht, nichts weiter ist als die Kenntnis eines einzelnen Strangs von Einheitlichkeit innerhalb der allgemeinen Einheit der Natur. Sie bildet einen bestimmten Ort innerhalb des Ganzen, der durch seine besonderen Eigentümlichkeiten gekennzeichnet ist, im übrigen aber dem allgemeinen Prinzip gehorcht, das für die Konstitution des Ganzen grundlegend ist. Dieses allgemeine Prinzip ist […] die Auffassung, daß die Vergangenheit der Gegenwart immanent und in ihr wirksam ist.« (AI 343f.)

Der ›Selbst‹-Gehalt menschlichen Erlebens ist identifizierbar als die Selbsterfahrung – im wörtlichen Sinn – eines ›entirely living nexus‹, eines hochentwickelten lebenden Systems. Eines lebenden Systems, das sich durch etwas dann doch auszeichnet: durch das *Ausmaß* an ihm zugrundeliegender Systemkomplexität, an fundamentaler Systemdynamik oder auch dynamischer Stabilität oder, mit Whitehead: *Plastizität*.[309]

> »Die relative personale Kontinuität eines Subjektes, die in der kausalen Kette der in der Erinnerung miteinander verbundenen Erfahrungen offensichtlich

307 Wiehl 2000a, 58.

308 Hampe 1990, 90.

309 »Die Menschheit ist derjenige Faktor *innerhalb* der Natur, der ihre Plastizität in intensivster Form erkennen läßt.« (AI 190)

wird, ist für Whitehead identisch mit der relativen strukturellen Konstanz im Prozess eines Organismus.«[310]

Zu erklären hat ein subjektivitätstheoretisches Unternehmen im Prinzip Entstehen, Erhalt und Erfahren des ›Systemeigenen‹, synchron und diachron. Der ›subjektivitätstheoretische Lösungshorizont‹ ist im Grunde insofern schon skizziert; markante Orientierungspunkte dieses Horizonts: die Wirklichkeitstheorie als Theorie dynamischer Systeme und die Wahrnehmungstheorie; markanter leitmotivischer Fluchtpunkt dieses Horizonts beispielsweise: die Denkfigur der Immanenz.

Wahrnehmungstheoretisch kommt in subjektkonstitutiver Hinsicht zunächst einmal vorrangig die Konzeption des Modus Nr. 1 zum Tragen: die Wahrnehmung im Modus der kausalen Wirksamkeit, das Sensorium für das körperliche Kausal- bzw. Funktionsgefüge, der Bereich der Körpersignale. Whiteheads programmatische Annahme ist, dass dieser weite Bereich für die Erklärung des ›Selbst‹-Gehalts der Erfahrung in Anschlag zu bringen ist. »Wir haben also allen Grund zu der Annahme, daß unser Gefühl der Identität mit unserem Körper den gleichen Ursprung hat wie unser Gefühl der Identität mit der unmittelbaren Vergangenheit unseres persönlichen Erlebens […] eine nicht-sinnliche Wahrnehmung […].« (AI 346)

Konkret greifbar wird der ›Aktionsradius‹ dieser programmatischen Annahme im Kontext heutiger Debatten, Forschungs- und Theorieperspektiven: Wenn es um den ›Selbst‹-Gehalt des Mentalen geht, wird zunehmend größerer Stellenwert der Ebene der Körpersignale beigemessen, wobei diese Ebene mehr und mehr differenziert und in engen, intermodalen Zusammenhängen gesehen wird mit anderen Ebenen, etwa den klassischen Sinneswahrnehmungen – beispielsweise in Form dichter Verknüpfung von Propriozeption und Visus. Eine wesentliche und klärende Differenzierung ist an diesem Punkt, auf einer allgemeinen programmatischen Ebene, die Unterscheidung zwischen Subjekt- und Objektbeziehung: Bei den hier als elementar diskutierten Wahrnehmungen geht es um das Erleben, das Erfahren des Systemeigenen als aktives Kausalgefüge, als aktiven Funktionszusammenhang. Als entscheidende Differenzierung ist zu un-

310 Hampe 1990, 90.

terstreichen: Es geht um das Erleben des Körpers als *Subjekt* – wie etwa in der phänomenologischen Rede vom *Leib* –, nicht etwa den Körper als *Objekt.* »Der Leib definiert sich dadurch, dass er die Welt erlebt (›erleibt‹). Er wird als Wahrnehmungs- und Handlungspotential erfahren.«[311] Nicht etwa Selbstwahrnehmungen wie beispielsweise das – möglicherweise gar partiell bewusste – Körperbild sind hier gemeint, sondern dezidiert die Wahrnehmungen, die *funktional-kausale Eigenaktivität* indizieren: »the body as subject«.[312]

> »The body schema, understood in this way, is not the perception of ›my‹ body; it is not the image, the representation, or even the marginal consciousness of the body. Rather, it is precisely the style that organizes the body as it functions in communion with its environment [...].«[313]

Whitehead sagt es treffend: »In Wirklichkeit ist der lebende Körper als Ganzes das lebendige Organ unserer Erfahrung.« (AI 400)

3. Resüme: Die Autopoiese des Subjekts

Menschliches Erleben in seiner Vielfältigkeit, Einheitlichkeit und Kontinuität ist, so Whiteheads allgemeine philosophische Konzeption, ein Entwicklungsgeschehen: die systemseitige Verflechtung systemeigener Erfahrungsbegebenheiten zum ›persönlichen roten Faden‹. Hinsichtlich der Ressourcen dieses Entwicklungsgeschehens wartet dieses Theorieangebot auf mit entscheidenden Erweiterungen gegenüber dem philosophischen Kanon; für den ›Selbst‹-Gehalt des Mentalen ist danach ein hochkomplexer Informationsfluss konstitutiv, der nicht eine a-priori gesetzte, sondern eine vielfältig, und insbesondere auch durch diesen Fluss – durch die Erfahrung des ›body as subject‹ – bedingte Subjektivität speist.

311 Platz 2006, 10.

312 Gallagher/Zahavi 2008, 136. Siehe zu diesen Debatten z.B. die Texte in Bermúdez et al. (Hg.) 1998, Legrand 2006, Legrand et al. 2009. Zur begrifflichen Unterscheidung zwischen ›Körperbild‹ und ›Körperschema‹, im Sinne der entscheidenden Differenzierung zwischen ›body as object‹ und ›body as subject‹, siehe Gallagher 1986.

313 Gallagher 1986, 549.

Es ist ein subjektivitätstheoretisches Setting, dessen Leitmotiv im Grundsatz über eine klassische Denkfigur selbstorganisationaler Theoriebestände deutlich wird: die Denkfigur der Autopoiesis.

»Der Begriff bezeichnet in der Systemtheorie eine Organisation der Operationen eines Systems, durch welche alle Elemente eines Systems durch die selektive Verknüpfung der Elemente dieses Systems erzeugt werden. Der Begriff impliziert, dass nur das System selbst seine Elemente erzeugen kann und in der Tiefenstruktur seiner Selbststeuerung von seiner Umwelt unabhängig ist [...]«.[314]

Mit Whitehead: »Der Empfindende ist die Einheit, die aus seinen eigenen Empfindungen auftaucht« (PR 176).

Mit erneutem Blick auf Kant lässt sich dieser subjektivitätstheoretische Lösungshorizont kursorisch als entscheidende Verlagerung der Perspektive beschreiben. Diese Verlagerung liegt in der ›Entlastung‹ des personalen Subjekts: Denn nicht auf dessen ›Vorleistung‹, sondern auf dessen Ressourcen gründet aus dieser Sicht der ›Selbst‹-Gehalt der Erfahrung. Und um diese Ressourcen ist es entscheidend besser bestellt, als beispielsweise Kant es annimmt. Was Kant als Ressource signifikant unterschätzt, ist das Wahrnehmungsportfolio; was er nicht einbezieht, ist, kurz gesagt, der Modus Nr. 1. So gesehen, hat:

»Kant eine wichtige Quelle von Informationen über die wahrgenommene (die phänomenale) Welt übersehen: *unseren eigenen Körper!* Körper sind materielle Objekte. Sie existieren in Zeit und Raum. Und wir alle besitzen ein außerordentlich reiches Wissen über unsere Körper – ein Wissen, das [...] direkt aus unserem Inneren stammt [...].«[315]

314 Willke 2006, 247.
315 Yalom 2006, 292.

III. Embodiment? Theorien im Kontext

Kapitel 10.
Das Epistemische – ›embodied cognition‹

> »Worth mentioning again is that the embodied cognition research programme remains at this point a research *programme.*«[316]

1. Wie kommt die Welt in den Kopf?

1.1 ›Informationsverarbeitung‹ revisited

Das Forschungsprogramm ›Embodiment‹ ist global, vielgestaltig, in Entwicklung begriffen. Auf kognitionswissenschaftlichem Terrain meint es im Großen und Ganzen die grundsätzliche, ›paradigmatische‹ Ausrichtung darauf, *Wissen* – die elementaren Einheiten des Wissens: Konzepte, Begriffe, Schemata, oder auch: Zeichen, Symbole, Repräsentationen – als »grounded in bodily experience« zu begreifen.[317]

> »Full embodiment explicitly develops a paradigm to explain the objects created by the human mind themselves (i.e. concepts, ideas, explanations, forms of logic, theories) in terms of the non-arbitrary bodily experiences sustained by the peculiarities of brains and bodys.«[318]

Zu dieser generellen Ausrichtung tragen Wissenschaftsentwicklungen in ganz unterschiedlichen Bereichen bei; der sogenannte ›embodiment turn‹ ist Bestandteil einer Art globaler Wende – eines ›Paradigmenwechsels‹ –,

316 Shapiro 2007, 343.

317 Núñez 1999, 41. Zur begrifflichen Reichweite des Begriffs ›Embodiment‹ siehe etwa Gallagher 2012.

318 Núñez 1999, 56.

deren einzelne Facetten auf bestimmten Forschungsfeldern auch subsumiert werden unter die Überschrift ›konstruktivistische Wende‹, auf anderen unter die Überschrift ›phänomenologische Wende‹ oder ›semiotische Wende‹ oder ›dynamical turn‹. Wesentliches geschieht beispielsweise auf dem Gebiet der kognitiven Linguistik, in dieser Studie etwa angesprochen im Zusammenhang mit Whiteheads philosophischer Symbolisierungskonzeption, *Kapitel 7,* und im Zusammenhang mit dem Repräsentationsbegriff: Hinsichtlich dieses zentralen kognitionswissenschaftlichen Gegenstandsmodells ist der globale Wandel mit tiefgreifenden Veränderungen einhergegangen – Veränderungen, denen die begriffsgeschichtliche Skizze in *Kapitel 3* im Detail nachgeht. Wesentliches dieses globalen Wandels wird insbesondere auch fassbar am Begriff der Informationsverarbeitung, was genuin zu tun hat mit der Tatsache, dass die hier interessierenden ›informationsverarbeitenden Systeme‹ Lebewesen sind – Informationsverarbeitung insofern gewissermaßen ›organismisch‹ gedacht wird.

»Das inzwischen klassische Beispiel für ein informationsverarbeitendes System ist der *Computer*. Der Computer mit seinen enormen Fähigkeiten der Speicherung und Verarbeitung von Informationen erschien vielen sogar auch für die menschliche Informationsverarbeitung paradigmatisch, so daß er nicht nur als Arbeitsinstrument, sondern vor allem als konzeptuelle Grundlage der Kognitiven Wissenschaft galt. Immer deutlicher wird heute jedoch gesehen, daß der Computer kein forschungsleitendes Modell der menschlichen Informationsverarbeitung sein kann [...]

Lebewesen sind in einer qualitativ anderen Weise als Computer mit ihrer Umwelt verbunden [...].«[319]

Wie das alles begann? Grundmomente der Programmatik ›Embodiment‹ lassen sich exemplarisch aufzeigen anhand einer Bedeutungstheorie, die gewissermaßen als ›Mutter aller kognitionswissenschaftlichen Embodiment-Theorien‹ gilt – der Conceptual-Metaphor-Theorie –, und einer maßgeblichen Weiterentwicklung.

319 Rickheit/Strohner 1993, 16.

3.2 *Eine Initialtheorie: Conceptual Metaphor*

Die Theorie, die das Leitmotiv ›Embodiment‹ mit außerordentlicher Breitenwirkung in den 1980er Jahren thematisiert, ist die Theorie der *Conceptual-Metaphor*; sie versteht sich im Grundsatz als eine Bedeutungstheorie, erweist sich im Endeffekt als weit über bedeutungstheoretisches Terrain hinaus als außerordentlich anschlussfähig, erfährt aus einer unüberschaubaren Vielzahl geistes- und kulturwissenschaftlicher Perspektiven Rezeption, Anwendung und Weiterentwicklung; »Lakoff and Johnson are two of the foremost proponents of ›embodied cognition‹ not only in (cognitive) linguistics, but in general [...]«.[320] Zu ihren philosophischen Vordenkern zählt sie unter anderem Merleau-Ponty, Dewey, Whitehead.[321] ›Embodiment‹ meint hier zunächst einmal, ganz allgemein, die Bestimmung der bedeutungsvollen Formen der Erfahrung als gründend in und sich konstituierend aus körperlichen Erfahrungen. »Aus unserer Erfahrung als Wesen mit einer bestimmten *conditio corporea*, die in Interaktion zur Umwelt agieren, emergieren Strukturen, die (kraft metaphorischer Projektion) Bedeutung und Rationalität bestimmen.«[322] Eine ganz generelle Headline für diese Art von Sicht- und Herangehensweise ist auch: *experientalism*. »Experientalism claims that conceptual structure is meaningful because it is embodied, that is arises from, and is tied to, our preconceptual bodily experiences.«[323] Einige exemplarische Grundmomente dieser Ausrichtung macht die Conceptual-Metaphor-Theorie relativ plastisch.

Wesentlich ist zunächst einmal das Abzielen auf eine *generelle* Bedeutungstheorie: Es wird das Explanandum, die Bedeutungskonstitution, weit gefasst, es geht dieser Theorie also nicht nur um das Zustandekommen sprachlicher Bedeutung, um das Terrain der sprachlichen Semantik, sondern um jegliche Form ›bedeutungshaltiger‹ Erfahrung. Und entsprechend ist auch der namengebende Begriff der Metapher weit gefasst; es geht hier

320 Zlatev 2007, 299.

321 Siehe etwa Lakoff/Johnson 1999, 97.

322 Unternbäumen 2001, 74.

323 Lakoff 1987, 267. Standardtexte der ›Urversion‹ der Conceptual-Metaphor-Theorie: Lakoff 1987, Lakoff/Johnson 1980, Lakoff/Johnson 1998, Lakoff/Johnson 1999.

nicht primär um die Metapher als sprachliche Figur, der Begriff der Metapher steht in erster Linie nicht für ein sprachliches Phänomen, sondern für einen universellen und ubiquitären epistemischen ›Mechanismus‹; lexikalisierte Metaphern stellen aus dieser Sicht nur eines von vielen Stadien der Semiose dar.

Die Theorie handelt im Grundsatz in erster Linie von der als fundamental angenommenen Operation der metaphorischen Projektion; aus Sicht dieser Theorie *die* bedeutungskonstitutive Operation schlechtin. Die Entstehung von Bedeutung wird rekonstruiert als graduelles Übertragungs- und Verdichtungsgeschehen: als projektive, kondensatorisch wirkende Vernetzung distinkter Erfahrungsaspekte mit dem sukzessiven Ertrag zunehmend bedeutungsgeladenerer Erfahrung. Kernthese: Metaphorische Projektion ist *ubiquitär*, epistemisch *notwendig*, im Ergebnis *figurativ*.

Vergleichsweise wenig beleuchtet dieser breitenwirksame Entwurf einer naturalistischen Epistemologie Gesetze oder Prinzipien des bedeutungskonstitutiven Geschehens, etwa ›Mechanismen der Erkenntnis‹. Benannt wird als solcher Mechanismus vornehmlich die ›natural categorization‹;[324] relativ unbestimmt bleibt die Theorie auch auf der Ebene der Gegenstandsmodelle. In diese Richtungen weitergetrieben ist der Ansatz von der – auf dem Gebiet der kognitiven Linguistik prominenten und diskursprägenden – Conceptual-Blending-Theorie.[325]

3.3 ›*Living in the blend*‹

Der Conceptual-Blending- ist eine weichenstellende Weiterentwicklung des Conceptual-Metaphor-Ansatzes.

> »Blending theory has had an enormous impact on the cognitive linguistic community. It is generally seen as a complementary to the standard cognitive model

324 Diese kritische Diskussion führt detailliert z.B. Unternbäumen 2001, 71f. und passim, siehe als Kritik auch Löbach 2000.

325 Terminologisch wird diese emblematische Denkfigur des Blending – je nach Blickwinkel – präzisiert als z.B. als ›analogical mapping‹, ›mental mapping‹, ›projective mapping‹. Standardtexte zur Blending-Theorie sind z.B. Fauconnier 1997 (spez. Kap. 7: »Blends«); Fauconnier/Turner 1998; Fauconnier/Turner 2003.

theory propounded by Lakoff (1987) and his associates (see Lakoff and Johnson 1999) to the extent that it basically explores the same phenomena [...].«[326]

Der Begriff des Blending steht für die Leithypothese dieser Theorie: für die als kognitiv-semiotisch basal – *ubiquitär* und *notwendig* – angenommene Basisoperation der Verschmelzung, Fusionierung zweier unterschiedlicher Erfahrungsbereiche zu einer jeweils bedeutungsgeladeneren Erfahrung.

»There is no other way for us to apprehend the world. Blending is not something we do in addition to living in the world; it is in our means of living in the world. Living in the human world is ›living in the blend‹, or, rather, living in many coordinated blends.«[327]

Ein Schwerpunkt der Theorie liegt in elaborierten Netzwerk-Konzeptionen, ein weiterer in der Beschäftigung mit gesetzmäßigen Aspekten der selbstorganisationalen Bedeutungsentstehung: Formuliert wird eine Vielzahl an Hypothesen zu konstitutiven und regulativen Prinzipien, beispielsweise:[328] Prinzip der Integration – konstitutive Grundoperation schlechthin; Prinzip der Figuration; Prinzip der Vernetzung, Netz-Konstitution und -Erhaltung, maximalen Relationierung und Intensivierung ›vitaler‹ Relationen; Prinzip des maximalen Systemnutzens.

2. Die Einheit der Erfahrung: Systemdynamik in dynamischer Welt

Metaphernkonzeption und Blendingtheorie sind zwei wirkmächtige bedeutungstheoretische Angebote, die konkretisieren, was durchgängig, in verschiedensten Theoriekontexten als wesentlich gilt und Whitehead auf grundsätzlicher Ebene philosophisch durchdenkt als Symbolisierung. Bedeutungsentstehung ist aus dieser Sicht fassbar als Informationsverarbeitung; verarbeitet werden distinkte Informationen: via Verschmelzung, Fusionierung, Bindung zu einer jeweils neuen, bedeutungsgeladeneren Information, der weiteren Verarbeitung zur Verfügung gestellt als inte-

326 Peña Cervel/Ruiz de Mendoza Ibáñez 2005, 249.

327 Fauconnier/Turner 2003, 390.

328 Zu diesen und anderen Prinzipien siehe Fauconnier/Turner 2003, 327ff. und passim.

griertes Ganzes – Sub-Ganzes, ›kognitives Holon‹ –, für das beispielsweise charakteristisch ist, dass es zum einen seine Vorläufer *bewahrt*, zum anderen ›übersummativ‹ ist und in diesem Sinne genuin *neu*;[329] angenommen werden entsprechende elementare – subpersonale – Prozesse der Integration und Synthese.

Wird ontologisch in Modellen dynamischer Systeme gedacht, ist diese elementare Fusionierung, Verschmelzung, Bindung theoretisch fassbar als in gewisser Hinsicht ›in der Natur der Sache‹, räumlich und zeitlich, kausal begründet: Das Zusammenfinden distinkter Informationen zu einer jeweils neuen Einheit der Erfahrung resultiert, so gesehen, aus der kontinuierlichen Einbindung des informationsverarbeitenden lebenden Systems ›in sich selbst‹ und Umwelt. Entsprechend stellen Theorien dynamischer Systeme, die diese Einbindungen fassbar machen, eine wesentliche Säule der Forschungsprogrammatik ›Embodiment‹ dar – und zwar Theorien unterschiedlicher Provenienz.

»Dynamic systems is a recent theoretical approach to the study of development. In its contemporary formulation, the theory grows directly from advances in understanding complex and nonlinear systems in physics and mathematics, but it also follows a long and rich tradition of systems thinking in biology and psychology.«[330]

Theorien dynamischer Systeme spielen eine zentrale Rolle, indem sie entscheidend beitragen zum Beschreiben, Analysieren und Deuten, beim *Begreifen* der Einbindung des informationsverarbeitenden Systems ›in sich

329 Aus Perspektiven außerhalb des Selbstorganisationsparadigmas kann sich an diesem Punkt ein unter Umständen erhebliches theoretisches Problem stellen: »Die Operationen, die von Langacker construal, von Lakoff mapping, von Goldberg fusion, von Fauconnier blending genannt wurden, enthalten im Kern das Problem einer Verbindung zweier Inhalte [...] Gegeben zwei simultan verfügbare Inhalte (in der Wahrnehmung oder im Gedächtnis), wie können sie so zusammengeführt werden, dass ein neues sinnvolles Ganzes entsteht [...]?« (Wildgen 2008, 200) Zur an diesem Punkt anschließbaren Diskussion des kognitionswissenschaftlichen Bindungsproblems im Kontext und aus Perspektiven der Theorien dynamischer Systeme: Thompson 2007, 52ff., Kelso 1995, 250f.

330 Thelen/Smith 2006, 258. zur Einführung in den ›Dynamical-Systems-Approach‹ siehe z.B. Thelen/Smith 2006, Smith/Thelen 2003, Port/van Gelder (Hg.) 1995. Einen Überblick aus etwas anderer Sicht, der ›Enactivism‹-Perspektive, gibt auch Thompson 2007 (siehe dazu auch unten, Fußnote 333).

selbst‹ und Umwelt; das gründet auf den modelltheoretischen Stärken dieser Zugänge etwa hinsichtlich komplexer temporaler und kausaler Verhältnisse, und es liegt, auf ganz grundsätzlicher Ebene, an der hiermit gebotenen Breite an Möglichkeiten, das Kontinuum von ›mind and life‹ effektiv als *Kontinuum* anzugehen – als dynamisches Phänomen in dynamischer Welt.

»Natural cognition is always environmentally embedded, corporeally embodied, and neurally ›embrained‹. Classicists typically set such considerations aside. Dynamicists, by contrast, tend to see cognitive processes as collective achievements of brains in bodies in contexts. Their language – dynamics – can be used to describe change in the environment, bodily movements, and neurobiological processes. This enables them to offer integrated accounts of cognition as a dynamical phenomenon in a dynamical world.«[331]

Dabei gilt als die entscheidende Größe innerhalb dieses dynamischen Kontinuums: der lebende Organismus – Whitehead: der »Körper mit seiner wunderbaren Ordnung« (PR 607) –, das komplexe Biosystem mit ›Wesensmerkmalen‹ wie Autonomie, Umweltsensibilität, Zeitlichkeit.

»Where there is life there is mind, and mind in its most articulated forms belongs to life. Life and mind share a core set of formal or organizational properties, and the formal or organizational properties distinctive of mind are an enriched version of the self-organizing features of life. The self-producing or ›autopoietic‹ organization of biological life already implies cognition, and this incipient mind finds sentient expression in the self-organizing dynamics of action, perception, and emotion, as well as in the selfmoving flow of time-consciousness.

From this perspective, mental life is also bodily life and is situated in the world.«[332]

»There has been a recent resurgence of interest in the body both within philosophical as well as cognitive scientific approaches to consciousness and cognition. An abundance of body-centric alliterative characterizations now abound throughout the literature. It is widely argued, for instance, that mind is only to be understood once we take seriously its fundamentally *ecological*, or situated, character. From this general orientation, we then encounter further claims: mind

331 Van Gelder 1999, 244.
332 Thompson 2007, IX.

is *embodied, embedded, enacted* [...]. However, at the heart of these approaches lies the embodiment thesis.«[333]

Embodied, embedded, enacted... – resümiert aus philosophischer Sicht:

»Nichts ist erstaunlicher in der Geschichte philosophischen Denkens als die naive Art, in der man sich unser Verhältnis zu unseren menschlichen Körpern vorgestellt hat. Die Einheit des Menschen mit seinem Körper wird als selbstverständlich angenommen. Aber wo endet mein Körper, und wo beginnt die äußere Welt? Mein Füller ist beispielsweise äußerlich, meine Hand ist Teil meines Körpers, meine Fingernägel sind Teil meines Körpers. Auch der Atem, so wie er durch meinen Mund, meinen Hals und meine Lungen fließt, schwankt im Verhältnis zu meinem Körper. Ohne Frage ist der Körper nur sehr vage von der äußerlichen Welt zu unterscheiden. Er ist tatächlich eines unter anderen Naturobjekten.

Und doch ist die Einheit von ›Körper und Geist‹ der offensichtliche Komplex, der das eine menschliche Wesen konstituiert. Unsere körperliche Erfahrung ist die Basis unserer Existenz. Wie muß sie charakterisiert werden? In erster Linie ist sie nicht primär eine Erfahrung von Sinnesdaten im klaren und distinkten Sinn des Begriffes. Das innere Funktionieren des gesunden Körpers stellt vereinzelte und wenige Sinnesdaten zur Verfügung, die vor allem mit sich selber in Beziehung stehen. Wenn solche Sinnesdaten auftreten, holen wir den Arzt. Es handelt sich bei ihnen meistens um Schmerzen. Und doch ist unsere Erfahrung von körperlicher Einheit eine grundlegende Erfahrung. Sie ist eine so gewohnheitsmäßige und selbstverständliche Erfahrung, daß wir sie kaum jemals erwähnen. Niemand würde jemals sagen: ›Hier bin ich, und ich habe meinen Körper mitgebracht.‹

Worin besteht diese intime Beziehung? Der Körper ist die Basis unserer emotionalen und zielgerichteten Erfahrung. [...]

Der Körper ist der Anteil der Natur, mit dem jedes Moment menschlicher Erfahrung auf intime Weise zusammenarbeitet. Es gibt ein Hinein- und Hinausfließen von Faktoren zwischen der Wirklichkeit des Körpers und der menschlichen Erfahrung, so daß jeder ander Existenz des anderen teilhat. Der menschliche Körper versieht uns mit der engsten Erfahrung des Zusammenspiels der Wirklichkeiten in der Natur.

---

333 Legrand et al. 2009, 279. – *Enactivism* ist der Begriff, der interdiziplinär für konsequent vorangetriebene prozessorientiert-systemische Sichtweisen auf das Kontinuum von ›mind and life‹ steht; ausformuliert beispielsweise in Thompson 2007; der Begriff ist ein – von Varela et al. (1991) geprägter – Neologismus, der sinngemäß etwa meint: ›Making the road by walking‹ – ›Der Weg entsteht beim Gehen‹.

Die Alltagssprache sowie die Physiologie und Psychologie unterstreichen dies in all seiner Evidenz. Es handelt sich um eine dreifache Evidenz: der Körper ist Teil der Natur; der Körper stellt die Basis emotionaler und sensorischer Aktivitäten bereit; und die Erregungen in menschlicher Erfahrung gehen über in nachfolgende körperliche Funktionsweisen.

Der Körper ist der Teil der Natur, dessen Funktionsweisen so koordiniert sind, daß sie auf reziproke Weise mit den korrespondierenden Funktionsweisen menschlicher Erfahrung koordiniert sind. Es gibt eine Übertragung von Erregungstypen.

Solange die Natur im Sinne einer passiven, augenblicklichen Existenz von Materieteilchen betrachtet wird – wie bei Newton und Demokrit –, kommt eine Schwierigkeit auf. Denn es gibt einen grundlegenden Unterschied zwischen der Materie in einem Moment und einem Erregungszustand der Erfahrung. Doch diese Konzeption der Materie ist nun vom Tisch. Analoge Begriffe der Aktivität und der Formen des Übergangs treffen auf die menschliche Erfahrung und den menschlichen Körper zu. So können körperliche Aktivitäten und Erfahrungsformen in ihrer Beziehung aufeinander begrifflich konstruiert werden. Ferner ist der Körper Teil der Natur. So erschließen wir die Welt ausgehend von den Aktivitätstypen, die in unserer intimen Erfahrung auftreten.« (DW 149f.)

3. Wahrnehmungstheorien: ›...der mittlere Weg‹

Die beschriebenen Wissenschaftsentwicklungen gehen insbesondere damit einher, dass – an einem Konvergenzpunkt vieler und maßgeblicher Debatten – der Wahrnehmungsbegriff als wesentliche Größe einer naturalistischen Epistemologie deutlich wird. Das gilt sowohl für Whiteheads allgemeine philosophische Fassung als auch für die kognitionswissenschaftlichen Perspektiven. ›Wie kommt die Welt in den Kopf?‹, ist insbesondere auch eine wahrnehmungstheoretische Frage. Um das noch einmal auf die repräsentationstheoretische Ebene zu beziehen: Ist das klassische, gewissermaßen substanzbegriffbasierte Repräsentionsformat begreifbar als *amodal*, gehen Ansätze im Kontext der hier betrachteten Wissenschaftsentwicklungen aus von *Modalität,* Multi- und insbesondere Intermodalität.

»Grounded cognition rejects traditional views that cognition is computation on amodal symbols in a modular system, independent of the brain's modal systems for perception, action, and introspection. Instead, grounded cognition proposes that modal simulations, bodily states, and situated action underlie cognition.«[334]

Beim wahrnehmungstheoretischen Stand der Dinge lassen sich auf einer ersten allgemeinen Ebene drei grundsätzliche – wissenschaftshistorisch rückverfolgbare – Ansätze unterscheiden:

— die *konstruktivistischen*, die auf den indirekten, konstruktional-gestalterischen Charakter der Wahrnehmung abheben;
— die *ökologischen*, die der direkte Wahrnehmung des ›Außen‹, das heißt der kausalen Einbindung des Körpers in die Welt, erhebliche Relevanz beimessen; ein Ansatz mit zunehmender Prominenz ist hier etwa der Gibsons. »A key idea in this literature is that cognition does not just reside in organisms, but resides in their coupled interactions with the world (an idea that is also the heart of Gibsonian approaches to perception.«[335]
— Eine dritte Traditionslinie ist die *phänomenologische*, der es um die leibhaften Spielweisen direkter Wahrnehmung geht, um das Spüren, um die Körpersignale im Sinne des inneren Sensoriums für ›Selbst und Welt‹ – in Whiteheads Diktion: des Erlebenssinns.

Bezeichnend für den wahrnehmungstheoretischen Stand der Dinge – und wissenschaftshistorisch betrachtet in dieser Form neu – ist hinsichtlich dieser drei Ansätze eine Wende zu einem mittleren Weg. Beispielsweise verliefen speziell für den Sehsinn die wahrnehmungstheoretischen Debatten über Jahrzehnte außerordentlich polarisiert; standen ›ecological‹ und ›constructivist approach‹ einander verhältnismäßig ›unversöhnlich‹ gegenüber. ›Mittlerer Weg‹ meint hier, es zeichnen sich Synthesen ab: »both these flowers can blossom in the same flowerbed […] there is a common realization that vision can't be fully captured by either.«[336] Vergleichbares

334 Barsalou 2008, 617.

335 Thelen/Smith 2006, 287. Siehe zu Gibsons Ansatz (z.B. Gibson 1982) auch oben, *Kapitel 7:* »Direkte Wahrnehmungen – der ›ecological approach‹«.

336 Boden 2006, 472; siehe zu dieser Entwicklung aus wissenschaftshistorischer Sicht das Kapitel: »Let battle commence!« (ebd., 469ff.) sowie, als umfassendere Darstellung: Gardner 1989, 311ff.: »Die Welt wahrnehmen«. Zu den im engeren Sinn wahrnehmungstheoretischen Debatten siehe Norman 2002.

gilt für die dritte, die phänomenologische Traditionslinie, die in den ersten Jahrzehnten der Kognitionswissenschaft auf diesem interdisziplinären Terrain kaum eine Rolle spielte. Ein Charakterstikum der ›Embodiment‹-Wende ist, dass sie auch eine Wende zur Phänomenologie ist: »Es waren Überlegungen zur Rolle des Körpers in der Kognition, in denen sich der Einfluss der Phämenologie auf die Kognitionswissenschaft zuerst geltend gemacht hat.«[337] Deshalb wird der Begriff *Embodiment* ins Deutsche übersetzt sowohl mit *Verkörperung* oder auch mit dem phänomenologischen Begriff *Verleiblichung*. »Der Leib definiert sich dadurch, dass er die Welt erlebt (›erleibt‹). Er wird als Wahrnehmungs- und Handlungspotential erfahren. Der Mensch *ist* ein Leib.«[338]

›Mittlerer Weg‹ meint, zusammengefasst, Tendenzen zum wahrnehmungstheoretischen Zusammendenken bislang teils wohlgeschiedener Traditionslinien: *Phänomenologie, Ökologie, Konstruktivismus.* Ein Zusammendenken, das insbesondere dem für lebende Systeme elementaren Gefüge aus Umweltsensibilität und Autonomie Rechnung trägt, und wie es philosophischerseits Whitehead sucht mit dem Konzept der Verbindung von Modus Nr. 1, 2 und 3. Ein Zusammendenken, das möglichenfalls, so eine zuversichtliche Prognose, »zu einer Wissenschaft führt, die dem Menschen wirklich gerecht wird«.[339]

337 Gallagher 2012, 320. Siehe dazu z.B. auch Gallagher/Zahavi 2008, Thompson 2007.

338 Platz 2006, 10.

339 Gardner 1989, 334.

Kapitel 11.
Das Subjektive – ›embodied self‹

»Die organistische Philosophie gibt den unabhängigen Geist auf.« (PR 121)

»Mein Prozeß, ›ich selbst zu sein‹,
ist mein Entstehen aus meinem Besitz der Welt.« (PR 164)

1. Ein Theoriebeispiel

Der Rekonstruktion der Subjektivität gilt die zweite Großbaustelle einer Theorie des Mentalen; nicht um den epistemischen, sondern um den ›Selbst‹-Gehalt unserer Erfahrung geht es hier. ›Wie kommt das Selbst in die Welt?‹, so die Grundfrage, plakativ formuliert. Naturalisierungsskeptische Positionen tendieren hier, grob gesagt, zur Annahme eines nicht bedingten, nicht entwicklungstheoretisch fassbaren, sondern *unbedingten* – also im weitesten Sinn apriori ›gegebenen‹ – Selbst. Naturalistische Lösungsvermutungen zielen, grob gesagt, in Richtung der Revision eines solchen ›selbsttragenden‹ Subjektbegriffs.[340] Als systematischer Zugang bietet sich an die Betrachtung *eines* konkreten Modells – eines prominenten, als ›gut begründete Position‹ rezipierten Modells: die sogenannte ›Selbstmodell-Theorie der Subjektivität‹, im Folgenden: SMT.[341]

1.1 Grundlinien: Zielsetzung, Theoriedesign

Zielsetzung des Modells ist die systematische Rekonstruktion des ›Selbst‹-Gehalts der Erfahrung und seines Zustandekommens – anders gesagt, eine Theorie der Subjektivität. Ganz konkret geht es ihm beispielsweise um die

340 Zu naturalisierungsskeptischen Argumenten siehe z.B. Frank 1996 und 2006. Das breite und heterogene Spektrum naturalistischer Bemühungen bilden partiell etwa ab: Gallagher/Shear (Hg.) 1999, Newen/Vogeley (Hg.) 2000, Fuchs et al. (Hg.) 2007, Fuchs et al. (Hg.) 2010; Überblick bietet auch Thompson 2007.

341 Siehe Pauen 2001, 246. Das Modell ist ausführlich dargelegt in Metzinger 1999, in Kurzfassung z.B. in Metzinger 2000.

Erklärung der Entstehung von Erfahrungsqualitäten wie ›Meinigkeit‹, Perspektivitität, transtemporaler Einheit. Leitmotiv dieser Subjektjektivitätstheorie: »Brücken bauen von der Außen- in die Innenwelt«, ohne sich dabei von »cartesianischen Intuitionen blenden zu lassen«.[342] Kernthese: Der ›Selbst‹-Gehalt des Mentalen ist kein irreduzibel ›Gegebenes‹ – sondern Ertrag selbstorganisationaler, systemarchitektonisch vernetzter Integrations- und Syntheseprozesse.

Methodisch-systematisch lässt sich dieses Modell auf in weitem Sinn pragmatisch orientiertem Terrain insofern verorten, als der Anspruch auf empirische Adäquanz und Anwendbarkeit mit dem auf theorieinterne Kohärenz und Konsistenz verschränkt wird. Es ist ein Modell mit relativ ausgeprägtem Blick für den einzelwissenschaftlichen Stand der Dinge und für die formalen, systemtheoretischen Möglichkeiten; es verschränkt gewissermaßen ontologische Säule, systemtheoretisch konzipiert, mit wahrnehmungstheoretischer und repräsentationstheoretischer Säule.

Das Modell arbeitet mit der Differenzierung zwischen subsystemischer und systemischer Ebene. mit der Annahme subjektkonstitutiver subpersonaler Ebenen – mit der Strategie des ›thinking in levels‹; auf subsystemischer Elementarebene bringt es ›Sub-Ganzheiten‹, ›Holons‹ in Anschlag: finale, bedeutungskonstitutive Integrations- und Syntheseprozesse. Eingebunden ist dieses Grundelement in das Gesamtsystem, ein Netzwerk: »funktional aktive Analogrepräsentate« – eingebettet »in das kausal funktionale Netzwerk«.[343]

Weiter hat das Modell eine ausschlaggebende repräsentationstheoretische Säule, und zwar arbeitet es mit einer Ausformung des oben, *Kapitel 3*, vorgestellten repräsentationstheoretischen Konzepts ›mental model‹. Das ist entscheidend – und hier wurzeln Rezeptionsirrtümer: Der Repräsentationsbegriff – der ein Schlüsselbegriff dieses Subjektivitätsmodells ist – ist ein ›dynamizistisch‹ konzipierter, relationenbasierter Repräsentationsbe-

342 Metzinger 1999, 38.
343 Metzinger 1999, 134.

griff; man hat es hier also mit einer spezifischen repräsentationstheoretischen Ausrichtung zu tun.[344]

1.2 Wahrnehmungstheoretische Säule

Entscheidend ist nun in subjektivitätstheoretischer Hinsicht die Verschränkung von repräsentations- und wahrnehmungstheoretischem Ansatz: Entwickelt wird ein wahrnehmungstheoretisches Begriffsinstrumentarium, das distinkte Wahrnehmungsmodi unterscheidet. Im Detail wird hier angenommen die Differenzierung in primäre einfache und sekundäre komplexe Wahrnehmungsoptionen. Diese Differenzierung wird abgebildet auf das Begriffspaar ›Präsentation/Repräsentation‹. Unterschieden wird zwischen der Präsentation als primärem Informationsmodus und der Repräsentation als Informationsgeschehen höherer Ordnung. Als Standardmodus für das System ›Mensch‹ ist, so der Autor, grundsätzlich die Legierung beider Wahrnehmungsdimensionen anzunehmen: »Im Normalfall sind der Präsentationsaspekt und der Repräsentationsaspekt interner Zustände bruchlos integriert.«[345]

Die primäre Information, die indexikale Ebene: Das Präsentat

Die wahrnehmungstheoretische Differenzierung in Präsentat und Repräsentat ist fundamental für dieses Subjektivitätstheorem. Es ist eine Differenzierung, die sich über Whiteheads allgemeine philosophische Konzeption so aufhellen lässt: Das Wahrnehmungskonstrukt des Präsentats ist jene primäre Informationsform, die wir von Whitehead als Modus Nr. 1, als Modus der kausalen Wirksamkeit kennen. Das mentale Präsentat beschreibt nicht, es bezeichnet nicht; es signalisiert. Es indiziert Reiz-Reaktions-Ketten, Ursache-Wirkung-Ketten. »Mentale Präsentate sind spezifische innere Zustände, die die *aktuelle Präsenz* eines bestimmten Sachverhalts bezüglich der Welt oder des Systems anzeigen.«[346] Entschei-

344 Siehe Metzinger 1999, 60ff.: »Pflichtenheft für mentale Repräsentate«.

345 Metzinger 1999, 75f.

346 Metzinger 1999, 68.

dend charakterisiert ist dieser Wahrnehmungsmodus durch die vom Konzept des ›Modus Nr. 1‹ bekannten Aspekte:[347]

- Wahrnehmungsgüte: Mentale Präsentate haben Index- oder Signalcharakter. Sie zeigen nicht, sie indizieren.
- Veridität: Mentale Präsentate sind gebunden ans Faktische, sie haben keine Kompetenz für Kontrafaktizität, sind nicht irrtums-, nicht simulationsfähig.
- Attentative Zugänglichkeit, ›Bewusstseinsfähigkeit‹: Mentale Präsentate sind introspektiv unzugänglich.

Der epistemisch ertragreiche Informationsmodus ist der repräsentative – die bedeutsame Erfahrung ist die Re-Präsentation; wobei die Theorie dem repräsentationalen Ansatz des ›mental model‹ folgt: Sie begreift die Repräsentation als ein selbstorganisationales, relationen- und prozessbasiertes Integrations- und Synthesegeschehen. Entscheidend ist nun die Ergänzung des ›Mental-Model‹-Konzepts um das wahrnehmungstheoretische Konstrukt, das zum einen in Präsentation und Repräsentation differenziert – zum anderen beide notwendig verknüpft, amalgiert. Nach dieser wahrnehmungstheoretischen Konzeption kommt das Präsentat isoliert, für sich allein, im Standardmodus menschlicher Erfahrung nicht vor, sondern sind Präsentationsaspekt und Repräsentationsaspekt interner Zustände ›bruchlos integriert‹; im Normalfall sind also kausaler Aspekt und figurativer Aspekt – Präsentations- und Repräsentationsaspekt – unablösbar aneinander gebunden.

Das SMT-Modell geht nun einen von kognitiv-semiotischen Perspektiven her vertrauten Weg: Über die Verkettung von Integrations- und Syntheseprozessen sieht es sukzessive den epistemischen Gehalt der Erfahrung entstehen. Unterschieden werden hier distinkte Repräsentationslevel – wobei Einbettungsrelationen eine entscheidende Rolle spielen: Wahrnehmungsmodelle werden eingebettet in ein Selbstmodell – das heißt in eine kohärente Selbstrepräsentation des Systems; das Selbstmodell wird eingebettet in ein Weltmodell. Subjektivitätstheoretisch interessant ist in erster Linie das Selbstmodell.

---

347 Siehe Metzinger 1999, 75f.

Eine wesentliche Frage an dieses repräsentationale Setting ist die nach dem Verhältnis von ›Selbst‹-Gehalt und Selbstmodell: »Wie werden aus *aperspektivischen* internen Repräsentationen solche mit *subjektivem Charakter* und *qualitativem Gehalt?*«[348] Beantwortet wird sie wahrnehmungstheoretisch: Wie jede andere repräsentationale Erfahrung ist auch das Selbstmodell eine – im Normalfall unauflösbare – Synthese aus Präsentation und Repräsentation, spielen präsentativer Aspekt und repräsentativer Aspekt grundsätzlich und auf bedeutungskonstitutive Weise zusammen. Im Fall des Selbstmodells ist es eine subjektkonstitutive Weise, und zwar, und das ist entscheidend, dank des präsentativen Anteils. In seinem Präsentat-Aspekt unterscheidet sich das Selbstmodell signifikant von anderen Modellen wie etwa dem Weltmodell; als einziges der angenommenen repräsentationalen Konstrukte, der ineinander eingebetteten Modelle, hebt es in seinem Präsentat-Aspekt auf kontinuierliche Eigenpräsenz ab:[349]

> »Das *Präsentandum* der unser Körpergefühl durch afferente Signale aus den Propriozeptoren in Muskeln, Sehnen, Bändern, Gelenken und der Haut auslösende Körper ist trivialerweise immer gegeben, wenn das mentale Präsentat überhaupt entsteht. Durch diese besondere Situation, die Verankerung in *interner* Signalerzeugung, wird das Selbstpräsentat zu einem der stabilsten und konstantesten Elemente der phänomenalen Realität, weil es der zuverlässigste Teil unseres multimodalen inneren Bildes von uns selbst ist. Auch wenn wir nicht denken, keine Gefühle haben und uns nicht bewegen: Die permanente Signalquelle, auf der unser Körpergefühl beruht, stellt ihre Aktivität nicht ein, wir sind uns ›immer schon‹ als leibliche und verkörperte Wesen gegeben.«[350]

Das Distinktionskriterium zwischen phänomenalem Selbstmodell und anderen phänomenalen, aktiven Modellen ist also die nicht-sinnliche Wahrnehmung, die Wahrnehmung mit bloßem Signalcharakter: Einzig das Selbstmodell gründet auf stetiger nicht-repräsentationaler Information, ist »im Gehirn durch eine *kontinuierliche Quelle intern generierten Inputs* veran-

348 Metzinger 1999, 35.
349 Metzinger 1999, 267.
350 Metzinger 1999, 157.

kert«.[351] Als Haupttypen dieser intern erzeugten, nicht-repräsentationalen Information nennt der Autor: Propriozeption, Vegetativ-Viszerales, Bauchgefühle, Hintergrundemotionen, Gestimmtheiten...

> »Beim Menschen gibt es einen Teil des Selbstmodells, der permanent als *Präsentat* gegeben ist: Die aus der ›Eigenwahrnehmung‹ des Körpers entstehenden Erlebnisqualitäten unseres *inneren* sensorischen Bewußtseins. In normalen Wachzuständen sind wir immer schon, vom ersten Moment des Aufwachens bis zum Einschlafen, *verkörperte* Erlebnissubjekte. Das heißt: Wir sind uns in einer ganz bestimmten Art und Weise, nämlich durch unser Körpergefühl, gegeben.«[352]

Im entscheidenden Aspekt – dem Distinktionsgewinn des Selbst-Modells – ist diese Subjektivitätstheorie insofern, gewissermaßen, keine Repräsentations-, sondern eine Präsentationstheorie; entscheidende Information ist die über die Präsenz des körperlichen Funktionszusammenhangs, des »the body as subject«.[353] In Whiteheads Diktion: Das Auftauchen des ›Selbst‹ aus seinen Erfahrungen ist schlussendlich verdankt der kontinuierlichen Information im Modus Nr. 1, dank derer der eigene Körper als aktives ›Organ der Erfahrung‹ wirkt und erfahren wird. »Wir sind deshalb Wesen, welche sich in repräsentationalen Standardsituationen immer schon als konkrete und verkörperte Systeme erleben.«[354]

2. Diskussion: Die Bedingtheit der Subjektivität

3.1 Die Naturalisierungsstrategie, resümiert

Das SMT-Modell ist eine konkrete Ausformung der Naturalisierungsstrategie, das ›Auftauchen‹ des Subjekts aus seinen Erfahrungen zu erklären mittels der Verschränkung ontologischer, wahrnehmungs- und zeichen-/symboltheoretischer Bestände. Was Whitehead philosophisch, grundsätzlich und allgemein konzipiert, kann man nun entlang der Grundlinien dieses Modells weiter sichtbar machen – soweit diese Grundlinien, verein-

351 Metzinger 2000, 327.
352 Metzinger 1999, 156f.
353 Gallagher/Zahavi 2008, 136.
354 Metzinger 1999, 267f.

facht und schematisiert betrachtet, zumindest partiell vergleichbar verlaufen: Ein diesbezüglicher Kernaspekt ist, erstens, die wahrnehmungs-/informationstheoretische Differenzierung in direkte und indirekte, präsentative und repräsentative Erfahrungsaspekte. Ein theoretischer Kernaspekt ist zweitens ein ›dynamizistisches‹, ›analoges‹ repräsentationales Gegenstandsmodell – das erweist sich dann nicht nur hinsichtlich des Epistemischen, des Kognitiven, sondern auch hinsichtlich des Subjektiven als theorierelevant: Hier greift die wahrnehmungstheoretische Differenzierung zwischen direkter und indirekter Information insofern, als der Distinktionsgewinn hinsichtlich des ›Selbst‹-Gehalts der Erfahrung im direkten Informationsmodus liegt: im Erfahren der kontinuierlichen Präsenz des ›body as subject‹. Grundbedingung für die Genese des ›Selbst‹-Gehalts ist, auf dieser allgemeinen Ebene, mit Whitehead, das als solches erfahrene Dabeisein des Körpers.

3.2 *Aspekte der Diskussion*

Kritische Resonanz erfährt das SMT-Modell beispielsweise aus Perspektiven, die dafür plädieren, den Aspekt, dass es hier um *Lebewesen* geht, das heißt, den Gesamtorganismus und seine vielfältigen Einbindungen ›in sich selbst und in die Welt‹ umfänglicher und differenzierter zu betrachten. Ganz generell zielt diese Kritikrichtung darauf, das Naturalisierungsdesign stärker auf *Embodiment* auszurichten, und konkret darauf, die wahrnehmungstheoretische Stützung eines solchen Naturalisierungsdesigns auszubauen; unter anderem, jedoch nicht nur aus leibphänomenologischer Sicht.[355]

Eine weitere Richtung der Kritik hat zu tun mit grundsätzlicher Skepsis gegenüber repräsentationstheoretischen Zugängen, wobei, und das ist ein generell aufschlussreicher Aspekt, die dabei gelegentlich vertretene kategorial repräsentationskritische Sicht die jüngeren, ›dynamizistischen‹, ›analogen‹ Entwicklungen vielfach nicht im Blick hat – weshalb das SMT-Modell in bestimmten repräsentationstheoretischen Hinsichten mögli-

355 Zur Kritik siehe etwa Legrand 2005, 467, Fuchs 2007a.

cherweise missverstanden wird. Grundsätzlich liegt hier eine Ursache begrifflicher Konfusion: Wenn das Gegenstandsmodell ›Repräsentation‹ ausschließlich mit dem klassischen, ›digitalen‹, ›substanzbegriffbasierten‹ kognitionswissenschaftlichen Repräsentationsbegriff identifiziert wird, obwohl es für einen gänzlich anders gearteten repräsentationstheoretischen Ansatz steht, für eine Konzeption, die das repräsentationsbegriffliche Instrumentarium entscheidend in Richtung ›Analogizität‹, ›Ganzheitlichkeit‹, ›Dynamizität, ›Relationen- und Prozessbasiertheit‹ erweitert und differenziert – und als solche im Prinzip nur eine von vielen innovativen Repräsentationskonzeptionen ist.

Was die Dynamizität, Relationen- und Prozessbasiertheit der repräsentationalen Ebene betrifft, zieht das SMT-Modell im Übrigen längst nicht alle Register: In dieser Hinsicht zeigen beispielsweise zum einen explizit auf Verbindungen dynamizistischer und phänomenologischer Sichtweisen ausgerichtete Ansätze, etwa unter einem Stichwort wie ›Enactivism‹, zum anderen kognitiv-semiotische Arbeiten signifikante Fortschritte – für das vertiefte systematische Verständnis menschlicher Erfahrung dürften darin Schlüsselmomente liegen.[356] Die grundsätzliche Herausforderung, die hier gesehen wird, ist, nicht zurückfallen »into the clutches of ›Cartesian dualism‹«,[357] sondern effektiv die fundamentale Systemdynamik als entscheidenden Faktor theoretisch in den Blick zu bekommen. Um mit einer Überlegung zu schließen, die Whitehead aus philosophischer Sicht unterstreichen dürfte: »[...] therefore more dynamic representational forms might need to be developed«.[358] Denn die Repräsentation oder, anders gefasst, die Symbolisierung ist aus dieser Sicht beispielhaft:

> »Daher ist die Symbolisierung, einschließlich der symbolischen Transferenz, durch die sie bewirkt wird, nur ein Beispiel für die Tatsache, daß eine Einheit der Erfahrung aus dem Zusammenfluß vieler Komponenten besteht. Diese Einheit der Erfahrung ist komplex und daher analysierbar. Die Komponenten der Erfahrung sind nicht eine strukturlose Ansammlung, die ununterschieden zusammengebracht werden. Jede Komponente steht aufgrund ihrer eigenen Natur

356 Zu Ersterem siehe z.B. Thompson 2007, zu Letzerem Ziemke et al. (Hg.) 2007.
357 Zlatev 2007, 298.
358 Lindblom/Ziemke 2007, 152.

in einem bestimmten potentiellen Beziehungsschema zu den anderen Komponenten. Es ist die Transformation dieser potentiellen Einheit in eine reale Einheit, wodurch diejenige aktuale konkrete Tatsache, die ein Akt der Erfahrung ist, konstituiert wird. Aber in der Transformation von der Potentialität zur aktualen Tatsache können Hemmungen, Intensivierungen, Hin- oder Ablenkungen von Aufmerksamkeiten, emotionale Ergebnisse, Ziele und andere Erfahrungselemente entstehen. Solche Elemente sind ebenfalls wirkliche Komponenten des Erfahrungsakts [...] Ein Akt der Erfahrung ist das, wozu ein komplexer Organismus [...] gelangt.« (Sy 144f.)

»Die Philosophie ist zugleich allgemein und konkret;
sie steht der unmittelbaren Anschauung gleichzeitig kritisch und
mit Achtung gegenüber. Sie besteht nicht aus einer hitzigen Debatte zwischen
streitbaren Professoren – zumindest sollte sie nicht daraus bestehen.
Sie besteht vielmehr aus einem Überblick über das Mögliche und
seinem Vergleich mit dem Wirklichen; in ihr werden Fakten, Theorien,
Alternativen und Ideale gegeneinander abgewogen.
Sie vermittelt uns Einsicht und Voraussicht [...].« (AI 219f.)

»Nicht selten werden nämlich scheinbar offenkundige Muster in den Daten
erst wahrgenommen, nachdem man unter der Anleitung einer Hypothese
das Augenmerk gezielt darauf richtete.«[359]

Schluss: Vom Nutzen dieser Studie

Zusammengefasst: Was hat diese Studie erbracht? Sie zeigte eine Spannbreite von Theorien, Forschungsständen und -ansätzen, die dazu beitragen, die Kontinuität von ›mind and life‹ – die Bindung von *Erfahrung* an *Leben* – zu begreifen; die das Risiko verringern, die Analyseeinheit »Gehirn, Körper und Umwelt«[360] unterkomplex anzugehen; beispielsweise: a) die philosophische Naturalisierungskonzeption, die Ontologie, Wahrnehmungs- und Symboltheoretie systematisch verschränkt; b) explizite Theorien dynamischer Systeme; c) wahrnehmungstheoretische Traditionslinien wie Gestaltpsychologie, Leibphänomenologie, ökologischer und konstruktivistischer Ansatz, d) symbol- und repräsentationstheoretische Bestände, e) Bedeutungstheorien wie die Conceptual-Metaphor- und die Conceptual-Blending-Theorie, f) das SMT-Subjektivitätsmodell. Sie wurden exemplarisch herangezogen, erstens zur Verdeutlichung von Kernaspekten einer generellen, transdisziplinären forschungsprogrammatischen Ausrichtung,

359 Carrier 2006, 57.
360 Gallagher 2012, 333.

zweitens mit besonderem Interesse für die kritischen und konstruktiven Möglichkeiten und den Beitrag der Philosophie. Aufgezeigt wurde, welche wesentlichen Grundmomente diesen Theorien – der philosophischen und den wissenschaftlichen – zugrundeliegen, diese Theorien verbinden und beispielsweise als forschungsleitende Grundannahmen formulierbar sind und derzeit formuliert werden. Dabei ist das philosophische Angebot das allgemeinere – so ist es gedacht.

Der ganz generelle Titel philosophischer Debatten zum Thema ›mind and life‹ ist: *Naturalismus*, und als Beitrag zu diesen Debatten versteht sich die Studie, und zwar als ein Beitrag, der infolge seiner doppelten – philosophisch-interdisziplinären – Stoßrichtung ›at work‹ aufzeigt: Eine naturalistische Theorie des Geistes oder Theorie der Erfahrung ist nicht etwa vorrangig ein naturwissenschaftliches Projekt – wie das öffentlichkeitswirksame Naturalisierungsdebatten gelegentlich nahezulegen scheinen. Im Gegenteil profitiert das systematische, vertiefte Verständnis des Kontinuums von ›mind and life‹ ganz entscheidend von einer Vielfalt an Forschungs- und Theorieperspektiven, die in den öffentlichkeitswirksamen Naturalisierungsdebatten nicht sichtbar und im Mainstream der Philosophie des Geistes noch wenig angekommen sind. Die Studie hat sie nachgezeichnet:

Was erstens Gefahr läuft, in Naturalisierungsdebatten unterrepräsentiert zu sein, sind systemtheoretische Sicht- und Herangehensweisen – und zwar insofern sie, und das ist entscheidend, die Betrachtung *selbstorganisationaler, dynamischer Systeme* in den Mittelpunkt stellen: Über ›Systeme‹ zu reden heißt aus dieser Sicht, zu reden über Entwicklung und Zeitlichkeit, fundamentale Systemdynamik und dynamische Stabilität, konkret über das für Lebewesen konstitutive Gefüge aus Autonomie *und* Umweltsensibilität, beispielsweise als Gefüge aus innersystemischer, rekursiver Kausalität *und* kausaler, physischer, energetischer Einbindung in die Welt – oder das für menschliches Erleben sicherlich bezeichnende Spannungsfeld aus Geschichtlichkeit *und* offener Zukunft.

Weiter ist wesentlich, dass mit der Ontologie allein nicht viel gewonnen ist: Beispielsweise ist der Versuch, das Kontinuum von ›mind and life‹ zu begreifen, in ganz entscheidendem Ausmaß der Versuch, zu begreifen, wie Menschen zu ihren *Symbolisierungen* kommen. Damit einher gehen zum einen wahrnehmungstheoretische Entwicklungen, beispielsweise hin zu einem in dieser Form wissenschaftshistorisch neuen, ›mittleren Weg‹ dergestalt, dass Wahrnehmung sowohl *leibphänomenologisch* als auch *ökologisch* als auch *konstruktivistisch* gedacht wird. Damit einher gehen weiter grundlegende Weiterentwicklungen der bedeutungstheoretischen Sicht- und Herangehensweisen – beispielsweise insofern Fragen nach dem menschlichen *Symbolschaffen* forschungsleitend werden. Ganz konkret wird das beispielsweise sichtbar an Wandlungen wichtiger Gegenstandsmodelle und zentraler Begriffe, etwa des kognitionswissenschaftlichen *Repräsentationsbegriffs* –, Wandlungen, infolge derer beispielsweise Repräsentationen neu und anders, nämlich grob gesagt ›dynamizistisch‹, als »processes, that embody meaning«[361] in den Blick genommen werden – und mit denen außerdem »Begriffe wie kulturelle Evolution, Kommunikation und Sprachgemeinschaft ins Spiel kommen«.[362]

Das sind, für sich betrachtet und vor allem auch in ihrer wechselseitigen Bezugnahme und Anschließbarkeit, innovative Perspektiven auf das Kontinuum von ›mind and life‹, und die in dieser Studie dargelegte Philosophie kann unter anderem den Blick für das daran genuin Neue und das möglicherweise Weiterführende klären und schärfen.

Der Nutzen dieser Philosophie folgt im Grundsatz wesentlich aus der Konsequenz, mit der sie selbstorganisationale Systembildung systematisch durchdenkt: Konsequenz auf der logisch-begrifflichen Seite der Theoriebildung und Konsequenz im Einbeziehen jeder Form von – wissenschaftlicher wie alltäglicher – Erfahrung.

361 Thompson 2007, 59.

362 Bartels 1996, 190, mit Bezug auf R.B. Millikans Biosemantik (z.B. Millikan 2008).

Dank

Diese Studie ist zu allererst verdankt der Begegnung mit Jürgen Frese, dem großartigen Lehrer und Philosophen, der sie anstieß, ihre Fertigstellung nicht mehr erlebte; sehr vieles ist zu verdanken Martin Carrier, der die Anschlussbetreuung übernahm. Und zu danken ist weiter namentlich Michael Hampe und Rainer Wiehl, Hans-Jürgen Eikmeyer, Claus Michael Ringel, dem gesamten Whitehead-Arbeitskreis an der Abteilung für Philosophie der Universität Bielefeld, den außeruniversitären Bielefelder Arbeitskreisen und Gesprächsrunden. Und damit ist übergeleitet zum ganz persönlichen Dank: den Freunden, Weggefährten, der Wahlfamilie – denen, die einen täglich aufs Neue lehren, dass, mit Whitehead gesagt, ›das Beste an unserem Handeln seine Spur hinterlässt‹.[363]

363 »[...] jene gelassene Zuversicht des Geistes, die von der Überzeugung getragen ist, daß das Beste an unserem Handeln seine Spur in der Natur der Dinge hinterläßt.« (AI 276)

Literatur

Siglen, Whitehead

(AI) Whitehead, A.N. (2000): Abenteuer der Ideen. Einleitung von Rainer Wiehl. Aus dem Englischen von Eberhard Bubser. Frankfurt/M. – [Originalausgabe: Adventures of ideas, New York 1933.]

(BF) Whitehead, A.N., Brief vom 2.1.1936 an Charles Hartshorne. In: Hampe/Maaßen (Hg.) 1991b, 14-16.

(BN) Whitehead, A.N. (1990): Der Begriff der Natur. Weinheim. – [Originalausgabe: The concept of nature, Cambridge 1920.]

(DW) Whitehead, A.N. (2001): Denkweisen. Herausgegeben, übersetzt und eingeleitet von Stascha Rohmer. Frankfurt/M. – [Originalausgabe: Modes of thought, New York 1938.]

(FV) Whitehead, A.N. (1974): Die Funktion der Vernunft. Übersetzt und herausgegeben von Eberhard Bubser. Stuttgart. – [Originalausgabe: The function of reason, Princeton, NJ, 1929.]

(PR) Whitehead, A.N. (1995): Prozeß und Realität. Entwurf einer Kosmologie. Übersetzt und mit einem Nachwort versehen von Hans Günter Holl. Frankfurt/M. – [Engl. u. d. Titel: Process and reality. An essay in Cosmology. New York 1929.]

(Sy) Whitehead, A.N. (2000): Kulturelle Symbolisierung. Herausgegeben und übersetzt von Rolf Lachmann. Frankfurt/M. – [Originalausgabe: Symbolism, its meaning and effect, Cambridge 1927.]

(WW) Whitehead, A.N. (1988): Wissenschaft und moderne Welt. Übersetzt von Hans Günter Holl. Frankfurt/M. – [Originalausgabe: Science and the modern world, New York 1925.]

Literatur

Adam, M. (2002): Theoriebeladenheit und Objektivität. Zur Rolle von Beobachtungen in den Naturwissenschaften. Frankfurt/M.

Alloa, E., Bedorf, T., Grüny, C., Klass, T.N. (Hg.) (2012): Leiblichkeit: Geschichte und Aktualität eines Konzepts. Tübingen.

Bachmann-Medick, D. (2006): Cultural Turns. Neuorientierungen in den Kulturwissenschaften. Reinbek b. Hamburg.

Barcelona, A. (Hg.) (2003): Metaphor and Metonymy at the Crossroads. A cognitive Perspective. Berlin, New York.

Barkhoff, J., Böhme, H., Riou, Jeanne (Hg.) (2004): Netzwerke. Eine Kulturtechnik der Moderne. Köln.

Barsalou, L.W. (2008): Grounded Cognition. In: Annual Reviev of Psychology, 59, 617-645.

Bartels, Andreas (1996): Grundprobleme der modernen Naturphilosophie. Paderborn.

Bausch, T. (1999): Artikel »Rekonstruktion«. In: Prechtl, P., Burkard, F.-P. (Hg.) 1999, 504.

Bayer, K. (2007): Argument und Argumentation. Logische Grundlagen der Argumentationsanalyse. Göttingen.

Becker, B. (1996): Leiblichkeit und Kognition. Anmerkungen zum Programm der Kognitionswissenschaften. In: Engel/Gold (Hg.) 1996, 270-288.

Beckermann, A. (1999): Artikel »Philosophie des Geistes«. In: Sandkühler (Hg.) 1999, 1154-1159.

Beckermann, A. (2008): Das Leib-Seele-Problem. Eine Einführung in die Philosophie des Geistes. Paderborn.

Beckermann, A., Flohr, H., Kim, J. (Hg.) (1992): Emergence or Reduction? Essays on the Prospects of Nonreductive Physicalism. Berlin, New York.

Bennett, M.R., Hacker, P. (2010): Die philosophischen Grundlagen der Neurowissenschaften. Darmstadt.

Bermúdez, J.L., Marcel, A.J., Eilan, N. (1998): Self-Consciousness and the Body. In interdisciplanary Introduction. In: Bermúdez et al. (Hg.) 1998, 1-28.

Bermúdez, J.L., Marcel, A.J., Eilan, N. (Hg.) (1998): The body and the self. Cambridge.

Bertalanffy, L. v. (1973): General System Theory: Foundations, development, applications. New York.

Bieri, P. (1996): Was macht Bewusstsein zu einem Rätsel? In: Metzinger (Hg.) 1996, 61-77.

Bieri, P. (Hg.) (1993): Analytische Philosophie des Geistes. 2., verb. Aufl., Königstein/Ts.

Bierwisch, M. (1987): Linguistik als kognitive Wissenschaft – Erläuterungen zu einem Forschungsprogramm. In: Zeitschrift für Germanistik 8, 645-667.

Bingham, G. (1995): Dynamics and the problem of event recognition. In: Port/van Gelder (Hg.) 1995, 403-448.

Block, N. (1996): Eine Verwirrung über eine Funktion des Bewusstseins. In: Metzinger (Hg.) 1996, 523-581.

Böhme, G. (1980): Whiteheads Abkehr von der Substanz-Metaphysik. Substanz und Relation. In: E. Wolf-Gazo (Hg.): Whitehead. Eine Einführung in seine Kosmologie. Freiburg, 45-53.

Böhme, H. (2004): Netzwerke. Zur Theorie und Geschichte einer Konstruktion. Einführung. In: Barkhoff et al. (Hg.) 2004, 17-36.

Boden, M.A. (2006): Mind as Machine. A History of Cognitive Science. Volume 1 & 2, Oxford.

Bogdal, K.M. (2005): Neue Literaturtheorien: Eine Einführung. Göttingen.

Born, R. (1996): Artikel »Semiotik«. In: Strube et al. (Hg.) 1996, 619-620.

Brendel, E., Koppelberg, D. (1996): Artikel »Erkenntnistheorie/Epistemologie«. In: Strube et al. (Hg.) 1996, 151-157.

Brockhaus (1999): Artikel »Vernetzung«. In: Brockhaus. Die Enzyklopädie in 24 Bänden, Bd. 23. Leibzig, Mannheim.

Brüntrup, G. (2005): Liberaler Naturalismus und die Wirklichkeit des phänomenalen Erlebens. In: Goebel et al. (Hg.) 2005, 183-210.

Burge, T. (1996): Zwei Arten von Bewußtsein. In: Metzinger (Hg.) 1996, 583-594.

Carr, N. (2010): Wer bin ich, wenn ich online bin... und was macht mein Gehirn solange? München.

Carrier, M. (1986): Wissenschaftsgeschichte, rationale Rekonstruktion und die Begründung von Methodologien. In: Zeitschrift für allgemeine Wissenschaftstheorie 17, 201-228.

Carrier, M. (1992): Aspekte und Probleme kausaler Beschreibungen in der gegenwärtigen Physik. In: Bubner, R., Cramer, K. Wiehl, R. (Hg.): Kausalität. Neue Hefte für Philosophie, 32/33, 82-104.

Carrier, M. (1995): Artikel »Selbstorganisation«. In: Mittelstraß (Hg.) 1995, 761-764.

Carrier, M. (1996): Faktizität und Uniformität der Raum-Zeit: Whiteheads Philosophie der physikalischen Geometrie. In: Heidelberger Jahrbücher. XL. Hg. von der Universitätsgesellschaft Heidelberg. Berlin, Heidelberg, 61-79.

Carrier, M. (2000): Bedeutung und Naturbeschreibung. Bonner philosophische Vorträge und Studien, 10. Bonn.

Carrier, M. (2001): Der Wandel der Wissensformen. Zur Vielfalt und Rationalität der Wissenschaftsgeschichte. In: J. Büschenfeld et al. (Hg.): Wissenschaftsgeschichte heute. Festschrift für Peter Lundgreen. Bielefeld, 211-231.

Carrier, M. (2005): Artikel »Autopoiesis«. In: Mittelstraß (Hg.) 2005, 321-322.

Carrier, M. (2006): Wissenschaftstheorie zur Einführung. Hamburg.

Carrier, M. (2009): Raum-Zeit. Berlin, New York.

Carrier, M., Machamer, P. (1997): Introduction. In: Carrier/Machamer (Hg.) (1997), vii-xv.

Carrier, M., Machamer, P. (1997) (Hg.): Mindscapes: Philosophy, Science, and the Mind. Konstanz, Pittsburgh.

Carrier, M., Mittelstraß, J. (1989): Geist, Gehirn, Verhalten. Das Leib-Seele-Problem und die Philosophie der Psychologie. Berlin, New York.

Cassirer, E. (1927): Das Symbolproblem und seine Stellung im System der Philosophie. In: Zeitschrift für Ästhetik und allgemeine Kunstwissenschaft 21, 295-322.

Chomsky, N. (1959): A Review of Skinners ›Verbal Behavior‹. In: Language, 35, 26-58.

Clark, A. (1997): Being There: Putting the Brain, Body and World Together Again. Cambridge.

Clark, A., Chalmers, D. (1998): The extended mind. In: Analysis 58, 1, 7-19.

Croft, W., Cruse, D.A. (2004): Cognitive Linguistics. Cambridge.

Csordas, T.J. (1990): Embodiment as a Paradigm for Anthropology. In: Ethos, 18, 1, 5-47.

Csordas, T.J. (1994): Embodiment and Experience: The Existential Ground of Culture and Self. Cambridge.

Damasio, A.R. (1995): Descartes' Irrtum. Fühlen, Denken und das menschliche Gehirn. München, Leipzig.

Dress, A., Hendrichs, H., Küppers, G. (Hg.) (1986): Selbstorganisation. Die Entstehung von Ordnung in Natur und Gesellschaft. München, Zürich.

Dretske, F. (1998): Die Naturalisierung des Geistes. Paderborn.

Dück, M. (2001): Der Raum und seine Wahrnehmung. Würzburg.

Eagleman, D.M., Sejnowski, T.J. (2001): Motion Integration and Postdiction in Visual Awareness. In: Science, 28, 54-60.

Elman, J. (1995): Language as a dynamical system. In: R.F. Port, T. van Gelder (Hg.): Mind as Motion: Explorations in the Dynamics of Cognition. Cambridge, 196-225.

Elman, J. (2005): Connectionist models of cognitive development: where next? In: Trends in Cognitive Sciences, 9, 3, 111-117.

Emmet, D. (1991): Whitehead und Alexander. In: Hampe/Maaßen (Hg.) 1991b, 100-120.

Engel, A., Gold, P. (Hg.) (1996): Der Mensch in der Perspektive der Kognitionswissenschaft. Frankfurt/M.

Engel, P. (1999): Artikel »Wissen«. In: Sandkühler (Hg.) 1999, 1759-1763.

Engels, E.-M. (1982): Die Teleologie des Lebendigen. Eine historisch-systematische Untersuchung. Berlin.

Ernst, G. (2007): Der Wissensbegriff in der Diskussion. In: Information Philosophie3, 38-48.

Esfeld, M. (2006): Der neue Reduktionismus. In: G. Abel (Hg.): Kreativität. XX. Deutscher Kongress für Philosophie. Kolloquien. Hamburg, 951-965.

Esfeld, M. (2008): Naturphilosophie als Metaphysik der Natur. Frankfurt/M.

Fauconnier, G. (1985): Mental Spaces. Aspects of Meaning Construction in Natural Language. Cambridge.

Fauconnier, G. (1997): Mappings in Thought and Language. Cambridge.

Fauconnier, G., Turner, M. (1998): Conceptual Integration Network. In: Cognitive Science, 22, 2, 133-187.

Fauconnier, G., Turner, M. (2003): The Way We Think: Conceptual Blending and the Mind's Hidden Complexities. Jackson, NY.

Fazekas, C. (2006): Psychosomatische Intelligenz: Spüren und Denken – ein Doppelleben. Wien, New York.

Fetz, R.L. (1981): Prozessdenken und Substanzmetaphysik. München.

Fetz, R.L. (1984): Für eine Verbindung Whiteheadscher und Piagetscher Ansätze. In: Holz/Wolf-Gazo (Hg.) 1984, 220-239.

Finke, P. (1997): Das logische und das ökologische Netz. Gedanken zur Neuorientierung der Metalinguistik im Rahmen der ›feedback theory of science‹. In: Kertész (Hg.) 1997, 99-130.

Fischer, H.R. (1996): Artikel »Universalien«. In: Strube et al. (Hg.) 1996, 753-754.

Fodor, J. (1983): The Modularity of Mind. Cambridge.

Fortescue, M. (2001): Pattern and Process: A Whiteheadian Perspective on Linguistics. Amsterdam 2001.

Foucault, M. (1974): Die Ordnung der Dinge. Frankfurt/M.

Frank, M. (1996): Ist Subjektivität ein »Unding«? Über einige Schwierigkeiten der naturalistischen Reduktion von Selbstbewußtsein. In: Krämer (Hg.) 1996, 66-90.

Frank, M. (Hg.) (1994): Analytische Theorien des Selbstbewusstseins. Frankfurt/M.

Frank, M. (2007): Lässt sich Subjektivität naturalisieren? In: Fuchs at al. (Hg.) 2007, 29-48.

Freksa, C. (1996): Artikel »Analogisch«. In: Strube et al. (Hg.) 1996, 27.

Frese, J. (1985): Prozesse im Handlungsfeld. München.

Freud, S. (1915): Das Unbewusste. In: Gesammelte Werke, Bd. X. Frankfurt, 264-303.

Freund, A.M., Hütt, M.-T., Vec, Miloš: Selbstorganisation: Aspekte eines Begriffs- und Methodentransfers. In: Vec et al. (Hg.) 2006.

Frey, G.K. (1991): Naturalistische Metaphysik bei Whitehead und Russell. In: Hampe/ Maaßen (Hg.) 1991b, 160-193.

Friederici, A. (1997): Interview: Am Anfang war kein Wort. Ein Besuch bei Angela Friederici. In: Schnabel, U., Sentker, A. (Hg.) (1997): Wie kommt die Welt in den Kopf. Reise durch die Werkstätten der Bewußtseinsforscher. Reinbek b. Hamburg, 47-55.

Friedrich, A. (2010): Metaphorologie der Vernetzung. Begriff und Geschichte einer kulturellen Leitmetapher. Vortrag, 1. Juli 2010, Zentrum für Literatur- und Kulturforschung Berlin, Forum Begriffsgeschichte.

Fuchs, P. (2001): Theorie als Lehrgedicht. In: K.L. Pfeiffer et al. (Hg.): Theorie als kulturelles Ereignis. Berlin, New York, 62-74.

Fuchs, T. (2007a): Das Gehirn – ein Beziehungsorgan: eine phänomenologisch-ökologische Konzeption. Stuttgart.

Fuchs, T. (2007b): Verkörperte Subjektivität. In: Fuchs et al. (Hg.) 2007, 49-62.

Fuchs, T., Vogeley, K., Heinze, M. (Hg.) (2007): Subjektivität und Gehirn. Berlin.

Fuchts, T., Sattel, H., Henningsen, P. (Hg.) (2010): The Embodied Self. Dimensions, Coherence and Disorders. Stuttgart.

Gadamer, H.-G. (1974): Artikel »Hermeneutik«. In: Historisches Wörterbuch der Philosophie. Hg. v. J. Ritter, K. Gründer, G. Gabriel. Stuttgart, 1061-1073.

Gähde, U. (2007): Modelle der Struktur und Dynamik wissenschaftlicher Theorien. In: A. Bartels, M. Stöckler (Hg.): Wissenschaftstheorie. Ein Studienbuch. Paderborn, 45-65.

Gallagher, S. (1986): Lived body and environment. In: Research in phenomenology, 16, 139-170.

Gallagher, S. (2003): Bodily self-awareness and object perception. In: Theoria et Historia Scientiarum: International Journal for Interdisciplinary Studies, 7, 1, 53-68.

Gallagher, S. (2012): Kognitionswissenschaften – Leiblichkeit und Embodiment. In: Alloa et al. (Hg.) 2012, 320-333.

Gallagher, S., Zahavi, D. (2008): The phenomenological mind: an introduction to philosophy of mind and cognitive science. London.

Gallagher, S., Shear, J. (Hg.) (1999): Models of the self. Exeter.

Gardner, H. (1989): Dem Denken auf der Spur. Der Weg der Kognitionswissenschaft. Stuttgart.

Gendlin, E.G. (1962): Experiencing and the Creation of Meaning. A philosophical and psychological Approach to the Subjective. New York.

Gendlin, E.G. (1993): Die umfassende Rolle des Körpergefühls beim Denken und Sprechen. In: Deutsche Zeitschrift für Philosophie 41, 4, 693-706.

Gentner, D. (1999): Artikel »Analogy«. In: Wilson/Keil (Hg.) 1999, 17-20.

Gerdes, A. (2007): Prozesstheorie und gegenwärtige Naturalisierungsprojekte. Einige Verortungen. In: Sp. Koutroufinis (Hg.): Prozesse des Lebendigen. Freiburg, 231-251.

Gerdes, A. (2008): Spracherwerb und neuronale Netze. Die konnektionistische Wende. Marburg 2008. [Zuerst erschienen als Magisterarbeit, Universität Bielefeld, Fakultät für Linguistik und Literaturwissenschaft, u.d.T.: Spracherwerb und konnektionistische Modellierung. Eine integrative Bestandsaufnahme. Bielefeld 2000.]

Gibson, J.R. (1982): Wahrnehmung und Umwelt. Der ökologische Ansatz in der visuellen Wahrnehmung. München.

Giesecke, M. (o.J.): Theorie der Kommunikation und ihrer Medien. Modul: »Systeme«, Artikel: »Systeme in ontologischer und epistemologischer Perspektive«. In: http://www.michael-giesecke.de/theorie/dokumente/02_information3d/theoriediskussion/02_systeme_ontolog_epist_persp.htm [Stand: 1.6.2013].

Gießmann, S. (2005): Netzwerke als Gegenstand von Medienwissenschaft. Abgrenzungen und Perspektiven. In: Medienwissenschaft 4, 2005, 424-429.

Givón, T. (1989): Mind, Code, and Context: Essays in Pragmatics. Hillsdale, NJ, London.

Goebel, B., Hauk, A.M., Kruik, G. (Hg.) (2005): Probleme des Naturalismus. Philosophische Beiträge. Paderborn.

Gondek, H.-D. (1999): Artikel »Strukturalismus«. In: Sandkühler (Hg.) 1999, 1542-1548.

Guski, R. (1996): Wahrnehmen: ein Lehrbuch. Stuttgart.

Haas-Spohn, U. (Hg.) (2003): Intentionalität zwischen Subjektivität und Weltbezug. Paderborn.

Hadorn, E., Wehner, R. (1978): Allgemeine Zoologie. Stuttgart.

Haken, H. (1981): Erfolgsgeheimnisse der Natur. Synergetik: Die Lehre vom Zusammenwirken. Stuttgart.

Haken, H., Wunderlin, A. (1986): Synergetik. Prozesse der Selbstorganisation in der belebten und unbelebten Natur. In: Dress et al. (Hg.) 1986, 35-54.

Hampe, B. (Hg.) (2005): From perception to meaning. Berlin.

Hampe, M. (1990): Die Wahrnehmungen der Organismen. Über die Voraussetzungen einer naturalistischen Theorie der Erfahrung in der Metaphysik Whiteheads. Göttingen.

Hampe, M. (1991a): Whiteheads Metaphysik und das philosophische Selbstverständnis der Gegenwart. In: Hampe/Maaßen (Hg.) 1991a, 10-31.

Hampe, M. (1991b): Einleitung: Whiteheads Entwicklung einer Theorie der Ausdehnung. In: Hampe/Maaßen (Hg.) 1991a, 220-243.

Hampe, M. (1991c): Einleitung: Alternativen zu einem monolithischen Universum. In: Hampe/Maaßen (Hg.) 1991a, 92-100.

Hampe, M. (1997): Jenseits von Moderne und Postmoderne. Whiteheads Metaphysik und ihre Anwendungen in der theoretischen und praktischen Philosophie der Gegenwart, in: Philosophische Rundschau 44, 2, 95-112.

Hampe, M. (1998): Alfred North Whitehead. München.

Hampe, M. (2003): Natur, die wir sind. Über einige Spielarten des Naturalismus. In: Neue Rundschau, 3, 9-20.

Hampe, M., Maaßen, H. (Hg.) (1991a): Prozeß, Gefühl und Raum-Zeit. Materialien zu Whiteheads ›Prozeß und Realität‹, Bd. 1. Frankfurt/M.

Hampe, M., Maaßen, H. (Hg.) (1991b): Die Gifford Lectures und ihre Deutung. Materialien zu Whiteheads ›Prozeß und Realität‹, Bd. 2. Frankfurt/M.

Hanson, N.R. (1958): Patterns of Discovery. An Inquiry into the Conceptual Foundations of Science. Cambridge.

Harrington, A. (2002): Die Suche nach Ganzheit. Die Geschichte biologisch-psychologischer Ganzheitslehren: Vom Kaiserreich bis zur New-Age-Bewegung. Reinbek b. Hamburg.

Helson, Harry (1951): Theoretical Foundations of Psychology. New York.

Hoenen, J.F.M.: Artikel »Universale/Universalien«. In: Sandkühler (Hg.) 1999, 1665-1668.

Heil, J. (1999): Artikel »Mental Causation«. In: Wilson/Keil (Hg.) 1999, 524-525.

Hermanns, F. (2002): Dimensionen der Bedeutung I: ein Überblick. In: Cruse, D.A. et al. (Hg.): Lexikologie. Lexicology. Ein internationales Handbuch. Berlin, New York, 343-350.

Herrmann, T. (2003): Theorien und Modelle der Sprachproduktion. In: Rickheit, G. et al. (Hg.): Psycholinguistik. Ein internationales Handbuch. Berlin, New York, 213-228.

Hierschauer, S. (2008): Körper macht Wissen – Für eine Somatisierung des Wissensbegriffs. In: Rehberg, K.-S. (Hg.): Die Natur der Gesellschaft. Verhandlungen des 33. Kongresses der Deutschen Gesellschaft für Soziologie in Kassel, Bd. II. Frankfurt/M., New York, 974-984

Hölling, Joachim (1971): Realismus und Relativität. Philosophische Beiträge zum Raum-Zeit-Problem. München.

Hogrebe, W. (Hg.) (1998): Subjektivität. München.

Hohenberger, A., Peltzer-Karpf, A. (2009): Language learning from the perspective of non-linear dynamic systems. In: Katrin, L., Hohenberger, A. (Hg.): Special Issue of Linguistics: Current approaches to language learning. Linguistics 47, 2, 481-511.

Holl, H.G. (1992): Nachwort des Übersetzers. In: Whitehead, A.N., Prozeß und Realität. Entwurf einer Kosmologie. Übersetzt und mit einem Nachwort versehen von Hans Günter Holl. 2. Auflage. Frankfurt/M., 629-652.

Holz, H., Wolf-Gazo, E. (Hg.) (1984): Whitehead und der Prozessbegriff: Beiträge zur Philosophie Alfred North Whiteheads auf dem 1. Internat. Whitehead-Symposion 1981. München.

Hoyningen-Huene, P. (1999): Artikel »Paradigma«. In: Sandkühler (Hg.) 1999, 989-990.

Hume, D. (1993): Eine Untersuchung über den menschlichen Verstand. Hamburg.

Husserl, E. (1911/1965): Philosophie als strenge Wissenschaft. In: Logos, 1, 1911, 289-341. Nachdruck: Frankfurt/M., 1965.

Itkonen, E., Haukioja, J. (1997): A Rehabilitation of Analogy in Syntax (and Elsewhere). In: Kertész (Hg.) 1997, 131-177.

Jacobs, W.G. (1974/2003): Artikel »Bewußtsein«. In: H. Krings, H.M. Baumgartner, C. Wild (Hg.): Handbuch philosophischer Grundbegriffe. Eine Selbstdarstellung der Philosophie der Gegenwart. 2. Auflage 2003, CD-ROM, Berlin.

Jaeger, H. (1996): Dynamische Systeme in der Kognitionswissenschaft. In: Kognitionswissenschaft, 5, 151-174.

Janssen, T., Redeker, G. (Hg.) (1999): Cognitive linguistics: Foundations, scope and methodology. Berlin, New York.

Jantzsch, E. (1976): Artikel »System, Systemtheorie«. In: Seiffert et al. (Hg.) 1976, 331-338.

Jetschke, G. (1989): Mathematik der Selbstorganisation. Braunschweig, Wiesbaden.

Jetzkowitz, J. (2003): Funktionale Analyse als Zeichenprozess – Parsons Soziologie als Theorie semiotischer Subjekte. In: Jetzkowitz, J., et al. (Hg.): Soziologischer Funktionalismus. Opladen, 141-176.

Jörissen, B. (2000): Identität und Selbst. Systematische, begriffsgeschichtliche und kritische Aspekte. Berlin.

Johnson-Laird, P.N. (1983): Mental Models: Towards a Cognitive Science of Language, Inference and Consciousness. Cambridge.

Johnson-Laird, P.N. (1999): Artikel »Mental Models«. In: Wilson/Keil (Hg.) 1999, 525-527.

Jung, W. (1980): Über Whiteheads Atomistik der Ereignisse. In: Wolf-Gazo (Hg.) 1980, 54-104.

Junghans, C. (1999): Artikel »Intentionalität«. In: Sandkühler (Hg.) 1999, 646-648.

Kanitscheider, B. (1984): Kosmologie. Stuttgart.

Kanitscheider, B. (2006): Chaos und Selbstorganisation in Natur und Geisteswissenschaft. In: Vec et al. (Hg.) 2006, 66-90.

Kann, C. (2001): Fußnoten zu Platon. Philosophiegeschichte bei A.N. Whitehead. Hamburg.

Karmiloff-Smith, A. (1994): Precis of »Beyond modularity: A developmental perspective on cognitive science«. Behavioral and Brain Sciences, 4, 17.

Katz, D. (1925): Der Aufbau der Tastwelt. Leipzig.

Keil, G., Schnädelbach, H. (Hg.) (2000): Naturalismus. Philosophische Beiträge. Frankfurt/M.

Keller, R. (1994): Sprachwandel. Von der unsichtbaren Hand in der Sprache. Tübingen, Basel.

Kelso, J.A.S. (1995): Dynamic Patterns: The Self-organization of Brain and Behavior. Cambridge.

Kelso, J.A.S. (2000): Principles of Dynamic Pattern Formation and Change for a Science of Human Behaviour. In: Bergman, L.R., et al. (Hg.): Developmental Science and the Holistic Approach, 63-83.

Kelter, S. (2003): Mentale Modelle. In: Rickheit, G., Herrmann, T., Deutsch, W. (Hg.): Psycholinguistik – Psycholinguistics. Berlin, New York, 505-517.

Kemmerling, A. (1996): Artikel »Philosophie des Geistes, analytische«. In: Strube et al. (Hg.) 1996, 482-496.

Kertész, A. (Hg.) (1997): Metalinguistik im Wandel. Die ›kognitive Wende‹ in Wissenschaftstheorie und Linguistik. Frankfurt/M.

Kim, J. (1998): Philosophie des Geistes. Wien.

Kim, J., Sosa, E., Rosenkrantz, G.S. (Hg.) (2009): A Companion to Metaphysics. Second Edition. Oxford, Cambridge.

Köchy, K. (1995): Ganzheit und Wissenschaft. Würzburg.

Köhler-Bußmeier, M. (2010): Koordinierte Selbstorganisation und selbstorganisierte Koordination: eine formale Spezifikation reflexiver Selbstorganisation in Multiagentensystemen unter spezieller Berücksichtigung der sozialwissenschaftlichen Perspektive. Habilitationsschrift, Universität Hamburg, Department Informatik, Zentrum für Verteilte Informations- und Kommunikationssysteme (VIKS). In: http://epub.sub.uni-hamburg.de/informatik/volltexte/2010/144/ [Stand: 1.6.2013].

Koestler, A. (1972): Die Wurzeln des Zufalls. Frankfurt/M.

Koppelberg, D. (1996a): Artikel »Begriffsanalyse«. In: Strube et al. (Hg.) 1996, 60-61.

Koppelberg. D. (1996b): Artikel »Naturalismus«. In: Strube et al. (Hg.) 1996, 420-421.

Korzybski, A. (1933): Science and Sanity: An Introduction to Non-Aristotelian Systems and General Semantics.

Krämer, S. (1996): Einleitung. In: Krämer, S. (Hg.) 1996: Bewusstsein. Philosophische Beiträge. Frankfurt/M., 9-15.

Kralemann, B. (2006): Umwelt, Kultur, Semantik – Realität: eine Theorie umwelt- und kulturabhängiger semantischer Strukturen der Realität auf der Basis der Modellierung kognitiver Prozesse durch neuronale Netze. Leipzig.

Krohn, W., Küppers, G. (Hg.) (1992): Emergenz: Die Entstehung von Ordnung, Organisation, Bedeutung. Frankfurt/M.

Krohn, W. Küppers, G., Paslack, R. (1987): Selbstorganisation – zur Genese und Entwicklung einer wissenschaftlichen Revolution. In: S.J. Schmidt (Hg.) 1987, 441-465.

Krohn, W., Küppers, G., Steinbacher, K. (1999): Artikel »System/Systemtheorie. 3. Systemtheorie«. In: Sandkühler (Hg.) 1999, 1584-1588.

Kühne, U. (1999): Artikel »Wissenschaftstheorie«. In: Sandkühler (Hg.) 1999, 1778-1791.

Küppers, G. (1999): Artikel »Selbstorganisation«. In: Sandkühler (Hg.) 1999, 1448-1453.

Kurthen, M. (1996): Zur Naturalisierung des phänomenalen Bewußtseins. In: Metzinger (Hg.) 1996, 133-152.

Lachmann, R. (2000a): Einleitung. In: Whitehead, A.N.: Kulturelle Symbolisierung. Herausgegeben und übersetzt von Rolf Lachmann. Frankfurt/M., 7-55.

Lachmann, R. (2000b): Susanne K. Langer. Die lebendige Form menschlichen Fühlens und Verstehens. München.

Lachmann, R. (2000c): Whiteheads naturphilosophische Konzeption der Symbolisierung. In: Zeitschrift für philosophische Forschung, 54, 2, 196-217.

Lakoff, G. (1987): Women, Fire and Dangerous Things. What Categories Reveal about the Mind. Chicago.

Lakoff, G., Johnson, M. (1980): The Metaphorical Structure of the Human Conceptual System. In: Cognitive Science, 4, 195-208.

Lakoff, G., Johnson, M. (1998): Leben in Metaphern. Heidelberg.

Lakoff, G., Johnson, M. (1999): Philosophy in the Flesh. The Embodied Mind and its Challenge to Western Thought. New York.

Langacker, R.W. (1987): Foundations of Cognitive Grammar. Vol. I: Prerequisites. Stanford, CA.

Langacker, R.W. (1990): The rule controversy: a cognitive grammar perspective. CRL Newsletter, 4, 3, June 1990, Center for Research in Language, San Diego, CA.

Langacker, R.W. (1991): Foundations of Cognitive Grammar. Vol. II: Stanford, CA.

Langacker, R.W. (2008): Cognitive grammar: a basic introduction. Oxford.

Langer, S.K. (1984): Philosophie auf neuen Wegen. Frankfurt/M.

Latour, B. (1995): Wir sind nie modern gewesen. Versuch einer symmetrischen Anthropologie, Berlin.

Latour, B. (1996): Haben auch Objekte eine Geschichte? Ein Zusammentreffen von Pasteur und Whitehead in einem Milchsäurebad. In: Latour, Bruno: Der Berliner Schlüssel. Erkundungen eines Liebhabers der Wissenschaften. Berlin, 87-112.

Latka, T. (2003): Topisches Sozialsystem. Die Einführung der japanischen Lehre vom Ort in die Systemtheorie und deren Konsequenzen für eine Theorie sozialer Systeme. Heidelberg.

Laudan, L. (1977): Progress and Its Problems. Toward a Theory of Scientific Growth. Berkley.

Legrand, D. (2005): Transparently Oneself. Commentary on: »Metzinger, T. (2003) Being No One. The Self-Model Theory of Subjectivity.« In: Psyche, 11, 5.

Legrand, D. (2006): The bodily self: The sensori-motor roots of pre-reflective self-consciousness. In: Phenomenology and the Cognitive Sciences, 5, 89-118.

Legrand, D., Grünbaum, T., Krueger, J. (2009): Dimensions of bodily subjectivity. In: Phenomenology and the Cognitive Sciences, 8, 3, 279-283.

Leidlmair, K. (1996): Artikel »Symbol«. In: Strube et al. (Hg.) 1996, 707-708.

Lenk, H., Küttner, M. (1992): Artikel »Erklärung«. In: Seiffert/Radnitzky (Hg.) 1992, 68-73.

Lenk, H., Ropohl, G. (1978): Vorwort. In: Lenk/Ropohl (Hg.) 1978, 3-8.

Lenk, H., Ropohl, G. (Hg.) (1978): Systemtheorie als Wissenschaftsprogramm. Königstein/Ts.

Lenzig, U. (2006): Das Wagnis der Freiheit. Der Freiheitsbegriff im philosophischen Werk von Hans Jonas aus theologischer Perspektive. Stuttgart.

Lewis, M.D. (2000): The promise of dynamic systems approaches for an integrated account of human development. In: Child Development, 71, 1, 36-43.

Lewis, M.D. (2005): Bridging emotion theory and neurobiology through dynamic systems modeling. In: Behavioral and Brain Sciences, 28, 169-245.

Lindblom, J., Ziemke, T. (2007): Embodiment and social interaction. A cognitive science perspective. In: Ziemke et al. (Hg.) 2007, 129-163.

Linz, E., Jäger, L. (2004): Einleitung. In: Linz/Jäger (Hg.): Medialität und Mentalität: theoretische und empirische Studien zum Verhältnis von Sprache, Subjektivität und Kognition. München, 9-14.

Löbach, B. (2000): Semantikerwerb. Eine Studie zu einer empiristisch-naturalistischen Bedeutungstheorie. Tübingen.

Löbner, S. (2003): Semantik. Eine Einführung. Berlin.

Lorenz, S. (2010): Von der Akteur-Netzwerk-Theorie zur prozeduralen Methodologie. Kleidung im Überfluss. In: Stegbauer, C. (Hg.): Netzwerkanalyse und Netzwerktheorie. Ein neues Paradigma in den Sozialwissenschaften. Wiesbaden, 579-588.

Lotter, M.S. (1991): Erfahrung und Natur. Von der Philosophie der Naturwissenschaft zur pragmatistischen Metaphysik der Erfahrung. In: Hampe/Maaßen (1991b), 234-275.

Lotter, M.S. (1996): Die metaphysische Kritik des Subjekts. Eine Untersuchung von Whiteheads universalisierter Sozialontologie. Hildesheim.

Lübbe, H. (1971): Theorie und Entscheidung. Freiburg.

Luhmann, N. (1987): Soziale Systeme. Grundriß einer allgemeinen Theorie. Frankfurt/M.

Lyre, H. (2006): Strukturenrealismus. In: Information Philosophie, 4, 32-37.

Mach, E. (1917): Erkenntnis und Irrtum. Skizzen zur Psychologie der Forschung. Leipzig.

Mahr, P. (1999): Stichwort »Empfindung«. In: Sandkühler (Hg.) 1999, 310-313.

Markowitsch, H.-J. (2002): Dem Gedächtnis auf der Spur. Vom Erinnern und Vergessen. Darmstadt.

Markowitsch, H.-J., Welzer, H. (2001): Umrisse einer interdisziplinären Gedächtnisforschung. In: Psychologische Rundschau, 52, 4. Göttingen, 205-214.

Mausfeld, R. (2005): Wahrnehmungspsychologie: Geschichte und Ansätze. In: Funke, J., French, P. (Hg.) (2005): Handwörterbuch Allgemeine Psychologie: Kognition. Göttingen, 97-107.

May, M. (1996a): Artikel »Modell, mentales«. In: Strube et al. (Hg.) 1996, 406.

May, M. (1996b): Artikel »Repräsentation, analoge«. In: Strube et al. (Hg.) 1996, 580-581.
McClelland, J.L., Rumelhart, D.E., and the PDP Research Group (1986): Parallel Distributed Processing: Explorations in the Microstructure of Cognition, Vol. 2: Psychological and Biological Models. Cambridge.
McGinn, C. (2001): Wie kommt der Geist in die Materie? Das Rätsel des Bewusstseins. München.
McLaughlin, B. (1992): The Rise and Fall of British Emergentism. In: Beckermann et al. (Hg.) (1992), 49-93.
McNeill, D. (Hg.) (2000): Language and Gesture. Cambridge.
Meehl, P., Sellars, W. (1956): The Concept of Emergence. In: Feigl, H., Scriven, M.: The Foundations of Science and the Concepts of Psychology and Psychoanalysis. Minneapolis, 239-252.
Merleau-Ponty, M. (1966): Phänomenologie der Wahrnehmung. Aus dem Französischen übersetzt von R. Boehm. Berlin, New York.
Metzinger, T. (1996a): Einleitung: Das Problem des Bewusstseins. In: Metzinger (Hg.) 1996, 15-53.
Metzinger, T. (1996b): Einleitung zu »Fünfter Teil: Qualia«. In: Metzinger (Hg.) 1996, 323-327.
Metzinger, T. (1999): Subjekt und Selbstmodell. Die Perspektivität phänomenalen Bewusstseins vor dem Hintergrund einer naturalistischen Theorie mentaler Repräsentation. 2., durchgesehene Auflage. Paderborn.
Metzinger, T. (2000): Philosophische Perspektiven auf das Selbstbewusstsein: Die Selbstmodell-Theorie der Subjektivität. In: W. Greve (Hg.): Psychologie des Selbst. Weinheim, 317-363.
Metzinger, T. (Hg.) (1996): Bewusstsein. Beiträge aus der Gegenwartsphilosophie. 3., ergänzte Auflage. Paderborn.
Millikan, R.B. (2008): Die Vielfalt der Bedeutung: Zeichen, Ziele und ihre Verwandtschaft. Frankfurt/M.
Mittelstraß, J. (1989): Der Flug der Eule. Von der Vernunft der Wissenschaft und der Aufgabe der Philosophie. Frankfurt.
Mittelstraß, J. (1995): Artikel »Rekonstruktion«. In: Mittelstraß (Hg.) 1995, 550-552.
Mittelstraß, J. (1998): Interdisziplinarität oder Transdisziplinarität? In: Mittelstraß, J.: Die Häuser des Wissens. Frankfurt/M., 29-48.
Mittelstraß, J. (2003): Transdisziplinarität – wissenschaftliche Zukunft und institutionelle Wirklichkeit. Konstanz.
Mittelstraß, J. (Hg.) (1980): Enzyklopädie Philosophie und Wissenschaftstheorie, Bd. 1, A-G. Mannheim.
Mittelstraß, J. (Hg.) (1984): Enzyklopädie Philosophie und Wissenschaftstheorie, Bd. 2, H-O. Stuttgart.
Mittelstraß, J. (Hg.) (1995): Enzyklopädie Philosophie und Wissenschaftstheorie, Bd. 3, P-So. Stuttgart.
Mittelstraß, J. (Hg.) (1996): Enzyklopädie Philosophie und Wissenschaftstheorie, Bd. 4, Sp-Z. Stuttgart.
Mittelstraß, J. (Hg.) (2005): Enzyklopädie Philosophie und Wissenschaftstheorie, 2., neubearb. und wesentlich erg. Aufl., Bd. 1, A-B. Stuttgart.

Mittelstraß, J. (Hg.) (2005): Enzyklopädie Philosophie und Wissenschaftstheorie, 2., neubearb. und wesentlich erg. Aufl., Bd. 2, C-F. Stuttgart.
Mittelstraß, J. (Hg.) (2008): Enzyklopädie Philosophie und Wissenschaftstheorie, 2., neubearb. und wesentlich erg. Aufl., Bd. 3, G-Inn. Stuttgart.
Mittelstraß, J. (Hg.) (2010): Enzyklopädie Philosophie und Wissenschaftstheorie, 2., neubearb. und wesentlich erg. Aufl., Bd. 4, Ins-Loch. Stuttgart.
Münch, D. (1996): Artikel »Intentionalität«. In: Strube et al. (Hg.) 1996, 283-284.
Musil, R. (1978): Ansätze zu neuer Ästhetik. Anmerkungen über eine Dramaturgie des Films, in: Gesammelte Werke, hg. v. A. Frisé, Bd. 8. Reinbek b. Hamburg, 1137-1154.
Nagel, T. (1993): Wie ist es, eine Fledermaus zu sein? In: Bieri, P. (Hg.) 1993, 261-276.
Nancy, J.-L. (2003): Corpus, Berlin.
Newen, A., Vogeley, K. (Hg.) (2000): Selbst und Gehirn. Menschliches Selbstbewusstsein und seine neurobiologischen Grundlagen. Paderborn.
Nöth, W. (2000): Handbuch der Semiotik. 2., vollständig neu bearbeitete u. erweiterte Auflage. Stuttgart.
Norman, J. (2002): Two visual systems and two theories of perception: An attempt to reconcile the constructivist and ecological approaches. In: Behavioral and Brain Sciences, 25, 73-96.
Núñez, R. (1999): Could the Future Taste Purple? Reclaiming Mind, Body, and Cognition. In: Rafael Núñez, Walter J. Freeman (Hg.): Reclaiming Cognition: The Primacy of Action, Intention and Emotion. Journal of Consciousness Studies, 6, 11/12, 41-60.
Oeser, E. (1996): Artikel »Begriff, Begriffsbildung«. In: Strube et al. (Hg.) 1996, 58-59.
Oestermeier, U. (1995): Artikel »Repräsentation, mentale«. In: Mittelstraß (Hg.) 1995, 591-593.
Opwis, K., Lüer, G. (1996): Artikel »Modelle der Repräsentation von Wissen«. In: Albert, D., Stapf, K.-H. (Hg.): Enzyklopädie der Psychologie, Themenbereich C, Theorie und Forschung, Serie II: Kognition. Bd. IV, Gedächtnis. Göttingen, 337-431.
Palm, G. (1996): Artikel »Netze, künstliche neuronale«. In: Strube et al. (Hg.) 1996, 423-427.
Panther, K.W., Radden, G. (Hg.) (1996): Metonymy in language and thought. Papers presented at a workshop held June 23-24, 1996, Hamburg University, Amsterdam.
Pasemann, F. (1996): Repräsentation ohne Repräsentation: Überlegungen zu einer Neurodynamik modularer kognitiver Systeme. In: Rusch, G., Schmidt, S.J., Breidbach, O. (Hg.): Interne Repräsentationen. Frankfurt/M., 423-427.
Pauen, M. (2001): Grundprobleme der Philosophie des Geistes. Eine Einführung. Frankfurt/M.
Pauen, M., Stephan, A. (Hg.) (2002): Phänomenales Bewusstsein – Rückkehr zur Identitätstheorie? Paderborn.
Paulsen, F. (1982): Einleitung in die Philosophie. Berlin.
Peirce, C.S. (1931ff.): Collected Papers, Bd. 5, hg. v. C. Hartshorne, P. Weiss. Cambridge.
Peña Cervel, M.S., Ruiz de Mendoza Ibáñez, F.J.: Conceptual interaction, cognitive operations and projection spaces. In: Peña Cervel/Ruiz de Mendoza Ibáñez (Hg.): Cognitive Linguistics: Internal Dynamics and Interdisciplinary Interaction, Berlin, Boston, 249-282.

Petitot, J. (2002): Die Bedeutung der Mathematik in den Humanwissenschaften. In: Bauer, L., Hamberger, K. (Hg.): Gesellschaft denken: eine erkenntnistheoretische Standortbestimmung der Sozialwissenschaften. Wien, 79-89.

Petitot, J. (2003): Morphogenesis of Meaning. Bern.

Piaget, J. (1975): Nachahmung, Spiel und Traum: Die Entwicklung der Symbolfunktion beim Kinde. Stuttgart.

Pinkal, M. (1996): Artikel »Sprache, natürliche«. In Strube et a. (Hg.) 1996, 639-640.

Platz, T. (2006): Anthropologie des Körpers. Vom Körper als Objekt zum Leib als Subjekt von Kultur. Berlin.

Plessner, H. (1931/1932, 2002): Elemente der Metaphysik. Eine Vorlesung aus dem Wintersemester 1931/1932. Hg. v. H.U. Lessing. Berlin.

Plümacher, M. (1999): Artikel »Symbol/Symbolische Form«. In: Sandkühler (Hg.) 1999, 1572-1576.

Pöppel, E. (1997): Grenzen des Bewusstseins. Wie kommen wir zur Zeit und wie entsteht Wirklichkeit? Frankfurt/M.

Pöppel, E. (2000): Drei Welten des Wissens – Koordinaten einer Wissenswelt. In: Maar, Ch., Obrist, H.U., Pöppel, E. (Hg.): WeltwissenWissenswelt. Das globale Netz von Text und Bild. Köln, 21-39.

Pollman, S. (2008): Allgemeine Psychologie. München.

Port, R., van Gelder, T. (Hg.) (1995): Mind as Motion: Explorations in the Dynamics of Cognition. Cambridge.

Poser, H. (1986): Whiteheads Kosmologie als revidierbare Metaphysik. In: Rapp/Wiehl (Hg.) 1986, 105-126.

Poser, H. (1987): Metaphysik und die Einheit der Wissenschaften. In: Oelmüller, W. (Hg.): Metaphysik heute? Paderborn, 202-220.

Posner, R., Robering, K., Sebeok, T.A. (Hg.) (2003): Semiotik: Ein Handbuch zu den zeichentheoretischen Grundlagen von Natur und Kultur. Dritter Teilband: Semiotik und andere interdisziplinäre Wissenschaften. Berlin, New York.

Prechtl, P., Burkard, F.-P. (Hg.) (1999): Metzler Philosophie Lexikon. Begriffe und Definitionen. 2. überarb. u. aktual. Aufl. Stuttgart, Weimar.

Price, L. (1977): Dialogues of Alfred North Whitehead: as recorded by Lucien Price. Westport, CT.

Prigogine, I. (1979): Vom Sein zum Werden: Zeit und Komplexität in den Naturwissenschaften. München.

Pschyrembel (2002): Klinisches Wörterbuch. 259. Auflage. Berlin.

Putnam, H. (1993): Von einem realistischen Standpunkt. Schriften zu Sprache und Wirklichkeit. Reinbek b. Hamburg.

Quine, W.V.O. (1975): Natürliche Arten. In: Ontologische Relativität und andere Schriften. Übersetzt von Wolfgang Spohn. Stuttgart, 157-192.

Radnitzky, G. (1992): Artikel »Explikation«. In: Seiffert/Radnitzky (Hg.) 1992, 73-80.

Rapp, F., Wiehl, R. (Hg.) (1986): Whiteheads Metaphysik der Kreativität. Internationales Whitehead-Symposium Bad Homburg 1983. Freiburg, München.

Rauh, R. (1996): Artikel »Begriff«. In: Strube et al. (Hg.) 1996, 58-60.

Rehkämper, K. (1995): Analoge Repräsentationen. In: Sachs-Hombach (Hg.) 1995, 63-105.

Rehkämper, K. (1996): Artikel »analog – digital«. In: Strube et al. Hg. 1996, 25-26.
Rehkämper, K. (2003): Philosophische Aspekte der Psycholinguistik. In: Rickheit, G. et al. (Hg.) 2003, 1-14.
Rescher, N. (2009): Artikel »process philosophy«. In: Kim et al. (Hg.) 2009, 515-517.
Reusser, K. (1996): Artikel »Erkenntnistheorie, genetische, (3)«. In: Strube et al. (Hg.) 1996, 158-160.
Rickheit, G., Herrmann, Th., Deutsch, W. (Hg.) (2003): Handbuch der Psycholinguistik. Berlin.
Rickheit, G., Strohner, H. (1993): Grundlagen der kognitiven Sprachverarbeitung. Tübingen.
Rieger, B. (1989): Unscharfe Semantik. Frankfurt/M.
Rieger, B. (2002): Bedeutungskonstitution und semantische Granulation. In: Pohl, Inge (Hg.): Prozesse der Bedeutungskonstruktion. Frankfurt/M., 407-444.
Riffert, F. (1995): Whitehead und Piaget. Zur interdisziplinären Relevanz der Prozessphilosophie. Frankfurt/M.
Riffert, F., Weber, M. (Hg.) (2003): Searching for New Contrasts. Whiteheadian Contributions to Contemporary Challenges in Neurophysiology, Psychology, Psychotherapy and the Philosophy of Mind. Frankfurt/M.
Ringel, C.-M. (2007): Extensions in PR Part IV. In: Weber, M., Desmond, W.: Handbook of Whiteheadian Process Thought, 131-148.
Rohmer, R. (2000): Whiteheads Synthese von Kreativität und Rationalität. Freiburg, München.
Rohrer, T. (2008): The body in space. Dimensions of embodiment. In: Ziemke et al. (Hg.) 2007, 339-378.
Rojas, R. (1993): Theorie der Neuronalen Netze. Eine systematische Einführung. Berlin.
Rolf, E. (2006): Symboltheorien. Berlin, New York.
Ropohl, G. (1978): Einführung in die allgemeine Systemtheorie. In: H. Lenk, G. Ropohl (Hg.) (1978): Systemtheorie als Wissenschaftsprogramm. Königstein/Ts., 9-49.
Ropohl, G. (2005): Allgemeine Systemtheorie als transdisziplinäre Integrationsmethode. In: Technikfolgenabschätzung. Theorie und Praxis, 14, 2, 24-31.
Rosch, E., Lloyd, B.B. (1978) (Hg.): Cognition and categorization. Hillsdale, N.J.
Russell, B. (1950/2012): Philosophie des Abendlandes. Ihr Zusammenhang mit der politischen und sozialen Entwicklung. Zürich (1950), Köln (2012).
Sachs-Hombach, K. (Hg.) (1995): Bilder im Geiste. Zur kognitiven und erkenntnistheoretischen Funktion piktorialer Repräsentationen. Amsterdam, Atlanta.
Sacks, O. (1990): Der Mann, der seine Frau mit einem Hut verwechselte. Reinbek b. Hamburg.
Sandkühler, H.J. (Hg.) (1999): Enzyklopädie der Philosophie. 2 Bde. Hamburg.
Scheffler, U. (2001): Ereignis und Zeit: Ontologische Grundlagen der Kausalrelationen. Berlin.
Schmidt, S.J. (Hg.) (1987): Der Diskurs des Radikalen Konstruktivismus. Frankfurt/M.
Schmidt, S.J. (Hg.) (1998): Gedächtnis. Probleme und Perspektiven der interdisziplinären Gedächtnisforschung. Frankfurt/M.
Schnädelbach, H. (2002): Erkenntnistheorie. Hamburg.

Schneider, N. (1998): Erkenntnistheorie im 20. Jahrhundert. Klassische Positionen. Stuttgart.
Schoeller, D. (2008). Nahes Denken. Die empfindliche Ordnung bei Eugene Gendlin. In: Deutsche Zeitschrift für Philosophie, 56, 3, 385-397.
Schönrich, G. (1999): Artikel »Semiotik«. In: Sandkühler (Hg.) 1999, 1460-1465.
Schröter, J. Böhnke, A. (Hg.) (2004): Analog/Digital – Opposition oder Kontinuum? Zur Theorie und Geschichte einer Unterscheidung. Bielefeld.
Schulze, H. (2008): Bewegung. Berührung. Übertragung, in: Schulze, H. (Hg.): Sound Studies: Traditionen – Methoden – Desiderate. Bielefeld, 143-165.
Schulze, H. (Hg.) (2009): Sound Studies. Gespür. Empfindung. Kleine Wahrnehmungen. Bielefeld.
Schumacher, R. (1999): Artikel »Sinnesdaten«. In: Sandkühler (Hg.), 1469-1473.
Schwegler, H. (1992): Systemtheorie als Weg zur Vereinheitlichung der Wissenschaften? In: Krohn/Küppers (Hg.) 1992, 27-56.
Schwegler, H. (2001): Reduktionismen und Physikalismen. In: Pauen, M., Roth, G. (Hg.): Neurowissenschaft und Philosophie. München, 59-82.
Seibt, J. (2005): Der Mythos der Substanz. In: Trettin, K. (Hg.): Substanz. Neue Überlegungen zu einer klassischen Kategorie des Seienden. Frankfurt, 197-228.
Seiffert, H. (1992): Artikel »Theorie«. In: Seiffert/Radnitzky (Hg.) 1992, 368-369.
Seiffert, H., Radnitzky, G. (Hg.) (1992): Handlexikon zur Wissenschaftstheorie. München.
Sellars, W. (1999): Der Empirismus und die Philosophie des Geistes. Hg. v. Th. Blume. Paderborn.
Serres, M. (1993): Die fünf Sinne. Eine Philosophie der Gemenge und Gemische, Frankfurt.
Shapiro, L. (2007): The Embodied Cognition Research Programme. In: Philosophy Compass, 2, 2, 338-346.
Sinha, C. (2007): Artikel »Cognitive linguistics, psychology and cognitive science«. In: D. Geeraerts, H. Cuyckens (Hg.): Handbook of Cognitive Linguistics. Oxford, 1266-1294.
Skirke, U. (1998): Technologie und Selbstorganisation. Zum Problem eines zukunftsfähigen Fortschrittsbegriffs. Dissertation am Fachbereich Philosophie der Universität Hamburg. In: http://www.on-line.de/~u.skirke [Stand: 1.6.2013].
Smith, L.B., Thelen, E. (2003): Development as a dynamic system. In: Trends in Cognitive Sciences, 7, 8, 343-348.
Spitzer, M. (1996): Der Geist im Netz. Modelle für Lernen, Denken und Handeln. Heidelberg, Berlin, Oxford.
Stachowiak, H. (1978): Erkenntnis in Modellen. In: Lenk/Ropohl (Hg.) 1978, 50-64.
Stadler, M. (1999): Artikel »Wahrnehmung. 3. Wahrnehmungstheorien: Philosophie und Wissenschaften«. In: Sandkühler (Hg.) 1999, 1727-1730.
Stegmaier, W. (1974): Der Substanzbegriff der Metaphysik. Aristoteles – Descartes – Leibniz. Dissertation, Universität Tübingen, 1974. – [Auch u.d.T.: Substanz. Grundbegriff der Metaphysik. Stuttgart/Bad Cannstatt 1977.]
Stegmaier, W. (2011): Niklas Luhmann als Philosoph. In: Gansel, C. (Hg.): Systemtheorie in den Fachwissenschaften. Zugänge, Methoden, Probleme. Göttingen, 11-32.

Stephan, A. (1999). Emergenz. Von der Unvorhersagbarkeit zur Selbstorganisation. Dresden, München.

Strube, G. (1996a): Artikel »Emergenz«. In: Strube et al. (Hg.) 1996, 139.

Strube, G. (1996b): Artikel »Kognition«. In: Strube et al. (Hg.) 1996, 303-316.

Strube, G., Becker, B., Freksa, C., Hahn, U., Opwis, K. Palm, G. (Hg.) (1996): Wörterbuch der Kognitionswissenschaft. Stuttgart.

Strube, G., Schlieder, C. (1996): Artikel »Wissen und Wissensrepräsentation«. In: Strube et al. (Hg.) 1996, 799-815.

Sturma, D. (2008): Bewusstsein, Selbstbewusstsein und humane Lebensform. In: von Ganten et al. (Hg.) 2008, 83-102.

Switalla, B. (2006): Sign-Mind-Brain-Problem: die Perspektive(n) der Hirnforschung. In: http://signmindbrain.wordpress.com/sign-mind-brain/ [Stand: 1.6.2013].

Teller, P. (1992): A Contemporary Look at Emergence. In: Beckermann et al. (Hg.) 1992, 139-153.

Tetens, H. (2003): Farben, die sich zeigen. Vom Verschwinden einer Erklärungslücke bei näherer Betrachtung. In: Neue Rundschau, 3, 54-65.

Thelen, E., Smith. L.B. (1994): A Dynamical Systems Approach to the Development of Cognition and Action. Cambridge.

Thelen, E., Smith. L.B. (2006): Artikel »Dynamic Systems Theories«. In: Lerner, R.M. (Hg.): Handbook of Child Psychology. Volume I: Theoretical Models of Human Development. Hoboken, NJ, 258-312.

Thompson, E. (2007): Mind in Life: Biology, phenomenology, and the sciences of mind. Cambridge.

Trettin, K. (1996): Kausalität und Erklärung. Zum Problem der mentalen Verursachung. In: Engel/Gold (Hg.) 1996, 289-325.

Tshisuaka, Barbara I. (2004): Artikel »Sherrington, Sir Charles Ccott«. In: Gerabek, W., Haage, B., Keil, G., Wegner, W. (Hg.): Enzyklopädie Medizingeschichte. Berlin, New York.

Unternbäumen, E.H. (2001): Von ›image-schemas‹ zu syntaktischen Schemata. Eine Studie zu der Emergenz, zur kognitiven Repräsentation und zum prozeduralen Charakter syntaktischen Wissens. Dissertation, Universität Bielefeld.

Van Gelder, T.J. (1995): The Distinction between Mind and Cognition. In: Houng; Y.-H., Ho, H.C. (Hg.): Collected Papers from the 1993 International Symposium on Mind and Cognition. Taipei, 57-82.

Van Gelder, T.J. (1997): Connectionism, dynamics, and the philosophy of mind. In: Carrier/Machamer (Hg.) 1997, 245-269.

Van Gelder, T.J. (1998): The roles of philosophy in cognitive science. In: Philosophical Psychology, 11, 17-136.

Van Gelder, T.J. (1999): Dynamic Approaches to Cognition. In: Wilson/Keil (Hg.) 1999, 244-246.

Van Gelder, T.J., Port, R.F. (1995): It's About Time: An Overview of The Dynamical Approach to Cognition. In: Port/van Gelder (Hg.) 1995, 1-43.

Van Gulick, R. (1992). Nonreductive Materialism and Intertheoretical Constraint. In: Beckermann et al. (Hg.) 1992, 157-179.

Varela, F., Thompson, E., Rosch. E. (1991): The Embodied Mind: Cognitive science and human experience. Cambridge. [Dt.: Varela, F., Thompson, E., Rosch. E. (1992): Der Mittlere Weg der Erkenntnis. Die Beziehung von Ich und Welt in der Kognitionswissenschaft – der Brückenschlag zwischen wissenschaftlicher Theorie und menschlicher Erfahrung. München.]

Vec, M., Hütt, M.-T., Freund, A.M. (Hg.): Selbstorganisation: Ein Denksystem für Natur und Gesellschaft. Köln 2006.

Vogeley, K. (1995): Repräsentation und Identität. Zur Konvergenz von Hirnforschung und Gehirn-Geist-Philosophie. Berlin.

Vogeley, K., Newen, A. (2000): Selbst und Gehirn: Menschliches Selbstbewusstsein und seine neurobiologischen Grundlagen. Paderborn.

Von Eckardt, B. (1999): Artikel »Mental Representation«. In. Wilson/Keil (Hg.) 1999, 527-529.

Von Ganten, D., Gerhardt, V., Nida-Rümelin, J.v. (Hg.) (2008): Funktionen des Bewusstseins. Berlin.

Von Kempski, J. (1952): Charles Sanders Peirce und der Pragmatismus. Stuttgart.

Von Savigny, E. (1990): Die Philosophie der normalen Sprache. Frankfurt.

Wagner, K. (1999): Artikel »Konstruktion«. In: Sandkühler (Hg.) 1999, 719-722.

Waldenfels, B. (2000): Das leibliche Selbst. Vorlesungen zur Phänomenologie des Leibes. Frankfurt/M.

Welsch, W. (1996): Grenzgänge der Ästhetik. Stuttgart 1996.

Welsch, W. (1998): Ästhetisches Denken. Stuttgart 1998.

Whitehead, A.N. (1929): The Aims of Education and Other Essays. New York.

Whitehead, A.N. (1947): Essays in Science and philosophy. New York.

Whitehead, A. N., Russell, B. (1910-13): Principia Mathematica, 3 Bde., 1910 (1), 1912 (2), 1913 (3). Cambridge.

Wiehl, R. (1959): Der Begriff in den Anschauungsformen der Mittelbarkeit und Unmittelbarkeit. Nebst Anhang über die Kategorien in Whiteheads ›Process and Reality‹. Dissertation, Frankfurt/M.

Wiehl, R. (1991): Aktualität und Extensivität in Whiteheads Kosmo-Psychologie. In: Hampe/Maaßen (Hg.) 1991b.

Wiehl, R. (1996): Metaphysik und Erfahrung. Philosophische Essays. Frankfurt/M.

Wiehl, R. (1998): Zeitwelten. Philosophisches Denken an den Rändern von Natur und Geschichte. Frankfurt/M.

Wiehl, R. (2000a): Einleitung in die Philosophie A.N. Whiteheads. In: Whitehead, A.N.: Abenteuer der Ideen. Aus dem Englischen von Eberhard Bubser. Frankfurt/M., 7-71.

Wiehl, R. (2000b): Zum Problem der Komplexität in den Systemtheorien Whiteheads und Luhmanns. In: Ders., Subjektivität und System. Frankfurt/M., 374-392.

Wildgen, W. (1987/2005): Das dynamische Paradigma in der Linguistik. Bochum. Komm. Reprint 2005; mit zwei Anhängen zur Entwicklung der Theorie zwischen 1987 und 2005. In: http://nbn-resolving.de/urn:nbn:de:gbv:46-ep000100286 [Stand: 1.6.2013].

Wildgen, W. (2000): Hand und Auge. Eine Studie zur Repräsentation und Selbstrepräsentation (kognitive und semantische Aspekte). Bremen.

Wildgen, W. (2008): Kognitive Grammatik. Klassische Paradigmen und neue Perspektiven. Berlin, New York.
Wilkes, K. (1988): Real People – Personal Identity without Thought Experiments. Oxford.
Wilkes, K. (1996): Das Bewußtsein verlieren. In: Metzinger (Hg.) 1996, 119-131.
Willke, H., (2006): Systemtheorie I. Grundlagen. Eine Einführung in die Grundprobleme sozialer Systeme. 7., überarb. Aufl. Stuttgart.
Wilson, M. (2002): Six views of embodied cognition. In: Psychonomic Bulletin & Review 9, 4, 625-636.
Wilson, R. (1999): Introduction. In: Wilson/Keil (Hg.) 1999, xv-xxxvii.
Wilson, R. (2004): Boundaries of the Mind. The Individual in the Fragile Sciences. Cambridge.
Wilson, R., Keil, F. (Hg.) (1999): The MIT Encyclopedia of Cognitive Sciences. Cambridge.
Wirth, U. (1995): Abduktion und ihre Anwendungen. In: Zeitschrift für Semiotik, 17, 3/4, 405-424.
Wirth, U. (2003): Die Phantasie des Neuen als Abduktion. In: Deutsche Vierteljahresschrift, 77, 4, 591-618.
Wirth, U. (Hg.) (2000): Die Welt als Zeichen und Hypothese. Perspektiven der Peirceschen Zeichentheorie. Frankfurt/M.
Wittgenstein, L. (1922): Tractatus Logico-Philosophicus. London.
Wittgenstein, L. (1953): Philosophische Untersuchungen. Philosophical Investigations. (Erstausgabe dt.-engl.). Oxford.
Wolf-Gazo, E. (Hg.) (1980): Whitehead. Einführung in seine Kosmologie. Freiburg, München.
Wuchterl, K. (1987): Methoden der Gegenwartsphilosophie. 2., verb. u. neubearb. Auflage, Bern.
Wuchterl, K. (1999): Methoden der Gegenwartsphilosophie. Rationalitätskonzepte im Widerstreit. 3., neubearb. u. erweit. Auflage, Bern.
Yalom, Y. (2006): Die Schopenhauer-Kur. Roman. München.
Ziem, A. (2009): Sprachliche Wissenskonstitution aus Sicht der Konstruktionsgrammatik und Kognitiven Grammatik. In: Felder, E., Müller, M. (Hg.): Wissen durch Sprache. Theorie, Praxis und Erkenntnisinteresse des Forschungsnetzwerks »Sprache und Wissen«. Berlin, New York, 173-206.
Ziemke, T., Frank, R.M. (2007): Introduction: The body eclectic. In: Ziemke et al. (Hg.) 2007, 1-14.
Ziemke, T., Zlatev, J., Frank, R.M. (Hg.) (2007): Body, language, and mind. Volume I: Embodiment. The Hague, Berlin.
Zimmer, R. (2009): Alfred North Whitehead, Prozess und Realität. In: Zimmer, R. (Hg.): Basisbibliothek Philosophie. 100 klassische Werke.
Zimmerli, W.Ch. (1989). Artikel »Geisteswissenschaften«. In: Seiffert/Radnitzky (Hg.) 1989, 88-101.
Zlatev, J. (2007): Embodiment, language, and mimesis. In: Ziemke et al. (Hg.) 2007, 97-337.